Accounting
Classics

21世纪会计系列教材

Accounting
Classics

财务报表分析

（第二版）

Financial Statement
Analysis

岳虹 编著

中国人民大学出版社
· 北京 ·

序 言

我记得第一次见到岳虹，是在一次会计界的学术会议上，那时她还是经济学专业的研究生，但是对会计问题研究很有兴趣。我一向认为，从事会计教学和学术研究，具有交叉专业背景是有优势的，所以当时半开玩笑地鼓励岳虹在研究生毕业以后转到会计学领域。后来她毕业到北京城市学院任教，不但转到了会计学领域，而且在认真勤恳教学的同时撰写出《财务报表分析》一书，即将由中国人民大学出版社出版。我很乐意接受邀请为本书写序。

财务报表分析不仅是会计学、财务管理学专业的核心课程，也是商学院（管理学院）所有学生都热衷学习的一门课程。这是因为，人们要解析公司经营活动的效率和效果、为特定证券或投资给出定价、评价风险、进行信用评级、揭示舞弊、实施纳税检查、衡量公司价值等，都必须首先进行财务报表分析，以获取基础信息。

我认为，本书具有以下四个显著特点：

第一，建立以公司价值分析与评价为目标，以增长、盈利、风险等价值驱动因素分析为内容的财务报表分析体系与内容框架，以财务报表分析的多种技术方法及其综合运用为重点，注重权责发生制信息与现金流量信息的交互验证，以及财务报表价值信息的挖掘，不再突出特定主体、特定分析目的的分析思路，从而界定财务分析与财务报表分析课程的区别与联系。同时，基于价值的财务报表分析，有助于学生建立统一的财务分析框架，把学习的重点放在财务报表分析的通用技术方面。其他基于特定主体、特定目的的分析也是以这样的框架和技术为基础，如基于定价的证券分析、基于风险的信用分析、基于监管的舞弊分析等，都是财务报表分析方法在专业领域的进一步延伸。本教材在不影响财务报表分析框架的基础上，通过多种方法对这些问题的处理进行了适当延伸。

第二，通过大量的案例（引导案例和案例讨论）有效实现了财务报表分析的思路与方法向财务分析的延伸，在案例公司所处行业以及公司影响力等方面的选择标准独具匠心，比如案例讨论主要选择制造业，同时兼顾了房地产、航空等行业。所有案例都是最新的真实案例，学生可以搜集该公司的其他信息以进一步对分析结论进行验证。这些案例不仅能够训练学生的财务报表分析思路与方法，而且对其形成财务报表分析的实战能力具有一定的效果。本书通过各种方法，摒弃了就财务报表分析而分析的偏见，强调财务报表分析是建立财务结果与公司经营业务之间关联的桥梁，并总结出典型的价值驱动因素。因此，财务报表分析是全面分析评价公司经营成败、决策未来的基础工作。与此同时，指出财务报表分析如何克服报表局限与主观臆断的思路与方法，对于学生建立客观、科学的分析方法具有重要意义。

第三，在教材写作风格上做到了言简意赅、深入浅出。运用大量的图表、例题来阐述有关知识和技能，尽量避免大段的说教与烦琐的理论阐述，突出应用性教学目标。大部分例题来自同一家上市公司的数据，这样，各章的分析数据可以前后对照，有利于读者全面理解公司的财务状况与价值情况，综合掌握书中介绍的理论与方法。

第四，本书的结构安排构成了符合教学与学习规律的有效形式，不仅有利于教学，而且便于学生自学和复习。通过这些形式与方法，财务报表分析的复杂性与广阔的应用前景呈现在读者面前，有利于深化对财务报表分析及其应用的认识。

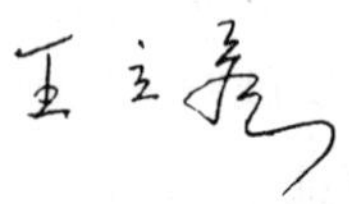

于北京大学

前言

财务报表分析作为会计学专业与财务管理专业的核心课程，对学生专业知识结构的建立及以后的职业发展具有重要的意义。财务报表分析不仅是连接会计与财务的桥梁，而且是解密公司价值与公司活动之间内在机制的神奇钥匙。现实中几乎所有的微观经济管理工作都需要财务报表分析知识与能力，如以财务报表分析为基础的证券或投资定价成为金融投资的核心工作，以财务报表分析为基础的风险评价成为银行或信用评级机构的核心工作，以舞弊分析为目的的财务报表分析是注册会计师及政府审计的重要工作，通过财务报表分析判断企业是否足额纳税或资本金是否满足法律要求是税务部门与工商部门的重要工作。另外，财务报表分析还是公司制定战略与评价经营业绩，甚至是个人理财的重要工具。即便宏观经济管理工作也需要财务报表分析，如通过银行的财务报表分析，可以了解和评价中央银行货币政策的执行效果，了解宏观调控效果与国家经济安全情况等。

财务报表功能的广泛性以及分析的目标与重点的多样性，对财务报表分析课程的内容边界与分析结构冲击很大，导致对财务报表分析课程的内容体系的理解存在很大的差异。一个极端是认为财务报表分析就是孤立地计算一些比率，通过这些比率就能得出正确的结论，甚至忽视公司的业务特征与财务报表本身的局限性，这样显然达不到财务报表分析课程的教学目标。另一个极端则是过分注重公司的行业与业务分析，把财务报表分析的基本方法与技术放到与行业分析和业务分析平等的地位，并把财务报表分析更名为财务分析，虽然这样的知识结构是全面的，但是，对于本专科学生来讲，庞杂的知识内容和凌乱的分析线索使他们难以对财务报表分析的原理与框架有清晰深入的理解，更不容易熟练掌握财务报表分析的方法与技术，也会制约学生未来的职业发展。因此，财务报表分析课程的内容需要科学界定。

从另一个角度看，财务报表分析对公司不同的利益相关者具有不同的作用，不同的利益相关者进行财务报表分析的目的也不同。投资者财务报表分析的重点在于公司盈利性与风险性，债权人财务报表分析的重点在于公司长短期偿债能力，管理人员财务报表分析的重点在于评价公司经营管理状况，政府监管部门财务报表分析的重点在于公司经营的合法性与舞弊的可能性，等等。从一般意义上讲，财务报表使用者都有财务报表分析的需求，且目标各有差异，这是由公司利益相关者的利益格局所决定的，而公司各利益相关者之间具有利益一致性，即公司价值。公司价值是各利益相关者利益保证的基础，经营者的管理水平是公司价值维持与创造的关键。只要公司具有较高的内涵价值，投资者的投资收益、债权人的债权收回就有保障，相应的监管风险就会降低，所以公司价值分析是各利益相关方财务报表分析的基本需求。各利益相关方的特定的财务报表分析是在满足基本需求基础上的更为专业和深入的分析，甚至演化为特定的分析，如证券分析师的证券定价分析、信用评级机构的信用评级等。因此，财务报表分析尽管服务的主体不同，分析目标不同，但是抓住了价值分析这一关键目标，并以此为基础建立基础性分析框架与分析技术，是确立本课程内容边界与教学目标的基本原则。

基于以上认识和原则，本人于2009年出版了反映上述教学成果的《财务报表分析》教材。该教材一经出版，受到广大老师和学生的青睐，选用该教材的学校达到50多所，在5年的时间里重印6次，累计发行量达到5万册。在广大读者和会计同仁的支持和鼓励下，我们开始对财务报表分析的教学成果与教材编写经验进行总结提升，目前已经形成了“以学生为中心，以案例教学为基础，强化分析、实践与创新能力培养”的全新教学模式。该教学模式的主要做法是：第一，教师用很少的课堂时间教授主要知识框架和分析方法，同时以本教材为基础给出案例分析指导手册；第二，根据班级人数把学生分成若干小组（一般每组5～7人），这些小组在同一行业中各选择一家上市公司，然后根据案例分析指导手册和教材给出的方法与分析思路，按照课堂教学进度对该公司展开案例分析；第三，从第三次课开始每堂课都由2～3个小组对章节内容进行陈述并辅之以PPT课件，陈述按照事前约定的顺序（如按照小组编号顺序）进行，对陈述的评价计入平时成绩；第四，期末要求各小组撰写分析报告，并进行综合答辩，每人3～4分钟，报告成绩与答辩成绩记为期末成绩，取消传统的闭卷考试。该教学模式在几所大学的实践效果良好，本教材在这种新型教学模式中起到了至关重要的作用。

为进一步满足财务报表分析教学和改革的需要，我们在上一版的基础上，对教材进行了修订和完善。本教材仍以公司价值分析为核心与主线来组织逻辑结构，以公司价值驱动因素与衡量标准来设计具体的内容框架，以评价与预测公司价值为基本目标，根据公司价值驱动因素之间的逻辑关系，分别对公司的风险、盈利与增长情况展开分析。公司风险分析包括资产流动性与短期偿债能力分析、资本结构与长期偿债能力分析、资产结构与营运能力分析，其中，资产结构与营运能力分析既涉及公司风险分析，也涉及公司盈利能力分析。公司盈利能力分析主要包括资产结构与营运能力分析和盈利能力与盈利质量分析。公司增长分析主要包括增长能力与风险分析。由于公司的现金流量不仅是盈利的质量保证，更体现了公司的风险水平与增长限制，因此现金流量与财务舞弊分析是公司增长、盈利与风险分析的深化与补充。上述分析需要通过综合财务分析技术方法，按照公司价值及其驱动因素的内在逻辑进行，从而实现公司价值分析。公司价值分析连同上述各驱动因素分析共同实现财务报表分析的目标，即对公司价值的评估与预测。

为了便于教学和学生自学，每章分别设置了学习目的与要求、引导案例、本章小结、思考与练习、案例讨论等内容。学习目的与要求提出该章的学习目标，便于老师设定教学目标及学生评价学习效果；引导案例主要是揭示该章内容的重要性，建立学习与应用的联系，提高学生兴趣；本章小结系统概括本章的内容，便于学生复习和掌握相关内容；思考与练习可用于学生课后练习或教师布置作业，以深化对本章知识和技能的掌握；案例讨论不仅是该章分析方法的应用训练，而且把财务报表分析向财务分析与专业分析延伸，同时为学生提供知识应用的平台，是对教学内容的深化与延伸，所有案例涉及的数据与公开披露的数据完全一致，有利于学生将专业分析结论与财经媒体所提供的案例材料进行对比。本书所用的大部分例题基于中国石油（601857）这家上市公司，其报表资料以附录的形式附在教材最后，便于学生通过各章学习对该公司的价值状况产生循序渐进的认识，最终形成全面的分析结论。

本教材专门为会计学、金融学与财务管理专业的本科生所设计，也适用于专科学生，还可以作为 MBA、MPAcc 以及实务工作者财务报表分析的入门读物。

本书在写作过程中得到北京大学王立彦教授、北京工商大学谢志华教授等会计前辈的指导和帮助，得到中央财经大学袁淳教授、对外经济贸易大学雷光勇教授、北京工商大学何玉润副教授与北京语言大学杜美杰副教授的指导和支持，在此表示由衷的感谢。同时感谢北京城市学院田培源教授、胡丽琴教授、公共管理学部刘雪梅教授、姚燕副教授的鼓励和支持。

由于作者水平所限，书中难免存在不足之处，希望广大读者不吝赐教，以便及时更正。

岳 虹

目 录

第1章

财务报表分析概述

学习目的与要求

1. 了解财务报表分析的功能。
2. 掌握财务报表分析的原则。
3. 理解并掌握财务报表分析的原理与框架。
4. 掌握财务报表分析的方法。
5. 了解财务报表分析资料的范围。

引导案例

厦门航空利润之争中的“会计魔术”

根据会计的客观性原则，不同主体对同一公司同一会计年度会计数字的核算不应当有巨大差异。然而，南方航空（600029）和厦门建发（600153）因各自披露的子公司厦门航空有限公司2002年财务数据差异悬殊而备受关注。

厦门航空有限公司（以下简称厦航）原股东为中国南方航空股份有限公司（以下简称南航），占60%股权，厦门建发股份有限公司（以下简称厦门建发）占40%股权。南航（600029）与厦门建发（600153）均为上市公司，其中厦门建发的大股东厦门建发集团（以下简称建发集团）拥有其72.97%的股份。根据南航2003年7月公布的招股说明书，厦航2002年实现净利润4.4亿元，截至2002年12月31日的净资产为28.7亿元。2003年5月，厦门建发以5.76亿元将该部分股权转让给了其大股东厦门建发集团，股权转让后，相关股权关系发生变化。根据厦门建发公布的财务数据，厦航2002年实现净利润0.78亿元，截至2002年12月31日的净资产为12亿元。南航与厦门建发对厦航2002年度净利润及净资产的披露数据及其差异见下表：

披露主体 披露对象	南航	厦门建发	披露数据差异
厦航2002年度净利润（亿元）	4.40	0.78	3.62
厦航2002年12月31日净资产（亿元）	28.70	12.00	16.70

如同变魔术一样，两大股东披露的同一子公司同一会计年度的净利润竟相差3.62亿元，而截至同一时点的净资产相差达16.7亿元。

根据股权结构可知，厦航属于合资公司，其每年由厦航董事会聘请会计师事务所审计的公司财务报告只有一份，而南航与厦门建发只能依据这份经过审计的财务报告来编制各自的合并报表。但是，0.78亿元和4.4亿元，两个相距甚远的数据，成为厦门建发、南航两家公司对厦航2002年净利润的描述。如果以厦门建发披露的数据为准，则意味着南航虚增2002年净利润3.62亿元；如果以南航披露的数据为准，则意味着厦门建发虚减2002年净利润3.62亿元。那么厦航真实的会计数据到底是多少？究竟是哪一家上市公司的数据有问题呢？针对市场质疑，虽然南航和厦门建发分别对在厦航上演的“会计魔术”——厦航利润之争进行了解释，但是依据同一份经过审计的厦航财务报告编制的两份合并报表，所反映的同一子公司同一会计年度的财务数字却产生如此悬殊的落差，且两股东各执一词，这不得不令会计报表使用者深感迷茫。通过对厦航及南航与厦门建发的会计报表及会计处理进行分析，才能透过现象看清公司真实的财务状况，报表使用者才可能据此作出正确的经济决策，而不被这“荒唐”的会计报表所迷惑。

第1节 财务报表分析的功能与原则

正确认识财务报表分析的功能与原则，是财务报表分析的前提，也是学习和全面掌握财务报表分析技术的基础。财务报表分析的功能决定了其特定的分析原则，而财务报表分析的局限性及应对措施则是实现其功能，遵循特定原则的依据之一。

一、财务报表分析的功能

财务报表的基本功能是为报表使用者提供据以作出正确经济决策的信息。财务报表信息使用者包括投资者、债权人、管理人员和员工、政府和监管部门以及专业机构人员（如会计师、审计师、证券分析师、独立董事）等，他们统称为公司利益相关者。财务报表使用者中尽管不乏熟悉甚至精通会计者，但他们往往不是会计专业人员。财务报表是会计的专业产品，如同压缩文件，包含着令人眼花缭乱的大量会计专业规则、职业判断与隐秘的行为动机，财务报表使用者对财务报表信息往往不能一眼看透，需要通过解压才能够正确理解与运用财务报表所提供的信息。财务报表分析就是这一解压过程。正如开篇引导案例所描述的“会计魔术”一样，只有通过对财务报表及其相关资料进行深入分析，报表使用者才能解密会计信息的真实含义。

（一）通过财务报表分析评估公司价值，保护投资者利益

财务报表是公司披露其基本信息的主要渠道，投资者是报表的主要使用者。公司从投资者那里获取资金，同时公布财务报表帮助投资者进行决策。这里的投资者是指股权投资者，主要包括公司现有和潜在的股权投资者，他们又分为控股股东和中小投资者。控股股东能够决定公司的经营政策和财务政策，可以依法干预公司经营，在对经营层不满的时候，可以利用投票权更换经营管理者；而中小股东往往不能决定公司的经营政策与财务政策，当对公司经营不满时，往往靠卖掉手中的股份以行使“用脚投票”的权利。

从保护投资者利益的角度来讲，最重要的问题是要使投资者能够正确判断、评估公司真正的内在价值。投资者往往借助投资顾问或证券分析师进行财务报表分析，并利用估值模型对公司股票的内在价值作出评估和预测，判断股票价格是否偏离了实际价值，以帮助他们选择自己能够接受的风险、报酬、股利水平。例如巴菲特以 5 元/股的价格购买了中石油股票，以 35 元/股的价格成功卖出了中石油的股票，而众多的投资者却被这只股票牢牢套住了。巴菲特就是利用以财务报表分析为基础的估值技术，从而避免了巨额损失。

投资者在评价公司管理人员或对其进行激励时，也要使用财务报表信息，因为激励合同往往是以会计利润等业绩指标作为评价依据的。通过财务报表分析确定利润质量并据此适当调整利润指标，可以实现公司价值最大化，保护投资者利益。

（二）通过财务报表分析评估信用风险，保护债权人利益

债权人包括公司的贷款银行及其他金融机构、购买公司债券的单位与个人、公司的供应商、公司管理者与员工、税务部门等。债权人最关心的是债权的安全，

包括债权的到期收回和利息的偿付。因此，他们一是需要了解公司偿债能力的大小；二是需要了解债务者的收益状况与风险程度是否相适应。为此，他们应将偿债能力分析、盈利能力分析和现金流量分析相结合。更为专业的信用风险评估包括信用评级、债券评级等。财务报表分析是银行发放贷款、供应商制定信用政策以及税务部门进行税务检查不可缺少的工作步骤。

（三）通过财务报表分析评价公司经营管理状况，改善公司管理

公司经营者主要是指公司的经理以及各分厂、部门、车间管理人员。从对公司所有者负责的角度来看，经营管理者关心的不仅仅是盈利的结果，而且包括盈利的原因及过程，如资产结构分析、营运状况分析与效率分析、经营风险与财务风险分析、支付能力与偿债能力分析等。分析的目的是及时发现生产经营中存在的问题与不足，并采取有效的措施解决这些问题，不仅使公司利用现有的资源更多地盈利，而且使公司盈利能力保持持续增长，最大化公司价值。

（四）通过财务报表分析发现公司舞弊及其他风险，强化公司外部监管

外部监管是公司合法经营的重要保障，也是保护公司利益相关者利益的制度基础。公司舞弊或隐含重大风险，无论对宏观经济还是对公司利益相关者都是极为有害的，财务报表分析是发现公司舞弊及其他风险的重要手段。已有大量案例揭示了财务报表分析在发现公司舞弊及其他风险方面的重要作用。如中央财经大学的刘姝威教授利用本书第 2 章介绍的短期偿债能力分析技术发现了蓝田股份的虚假业绩；郎咸平教授通过财务报表分析揭示了许多公司的重大舞弊；伊利股份的独立董事通过公司报表所反映的国债投资亏损揭露了公司舞弊；上海国家会计学院财务舞弊研究中心会计打假的基本手段也是财务报表分析。此外，中国证监会的各外派机构也定期通过对所管辖的上市公司的财务报表分析，提示投资者投资风险，并要求上市公司限期整改。可见，财务报表分析在公司外部监管方面发挥了重要作用。

二、财务报表分析的主体与目标

通过财务报表分析的功能可以看出，财务报表分析对公司不同的利益相关者具有不同的作用，不同的利益相关者进行财务报表分析的目的也不同。投资者财务报表分析的重点在于公司的盈利性与风险性，债权人财务报表分析的重点在于

公司的长短期偿债能力，管理人员财务报表分析的重点在于评价公司经营管理状况，政府监管部门财务报表分析的重点在于公司经营的合法性与舞弊的可能性，等等。从一般意义上讲，财务报表使用者都有财务报表分析的需求，且目标各有差异，这是由公司利益相关者的利益格局决定的。但是，公司各利益相关者之间仍具有利益一致性，即公司价值。公司价值是保证各利益相关者利益的基础，经营者的管理水平是维持与创造公司价值的关键。只要公司具有较高的内含价值，投资者的投资收益、债权人的债权偿还就有保障，相应的监管风险就会降低，因此公司价值分析是各利益相关方财务报表分析的基本需求。各利益相关方特定的财务报表分析是在满足了基本需求基础上的更为专业和深入的分析，甚至演化为特定的分析，如证券分析师的证券定价分析、信用评级机构的信用评级等。财务报表分析作为本科生课程，需要强调财务报表分析的基本原理和方法，强调满足各利益相关方基本信息需求的分析方法与技术，因此，本书中财务报表分析是基于公司层面的分析，并不区分特定的利益相关者主体，分析目标是评价和预测公司价值。全书是以公司价值评估为核心与主线来组织逻辑结构的。

三、财务报表分析的原则

1. 实事求是

要从实际出发，坚持实事求是，反对主观臆断、结论先行、搞数字游戏。

2. 系统性

要全面看问题，坚持一分为二，反对片面地看问题。要兼顾有利因素与不利因素、主观因素与客观因素、经济问题与技术问题、外部问题与内部问题。

3. 因果关系与平衡关系

要注重事物之间的联系，反对孤立地看问题。要注意局部与全局的关系、偿债能力与盈利能力的关系、报酬与风险的关系。

4. 动态分析

要发展地看问题，反对静止地看问题。要注意过去、现在和将来之间的联系。

5. 定量分析与定性分析相结合

定性分析是基础和前提，没有定性分析就弄不清本质、趋势及与其他事物的联系。定量分析是工具和手段，没有定量分析就弄不清数量界限、阶段性和特殊性。财务报表分析要透过数字看本质，没有数字就得不出结论。

四、财务报表分析的局限性与应对措施

（一）财务报表分析的局限性

由于财务报表分析的主要依据之一是公司的财务报告，因此由财务报告本身缺陷所造成的财务报表分析的局限性也就在所难免。这种局限性一般反映在以下几个方面。

（1）公司财务报告是对公司以往发生的经济业务事项的信息反映，以历史成本为主要计价基础（仅在个别项目上允许采用公允价值计量），这就使得它所提供的信息缺乏一定的时效性，从而影响到财务报表分析对未来经济事项的预测结果。

（2）财务报告是基于公司具体的会计政策与会计估计而编制的，不同会计政策与会计估计的运用在一定程度上会影响到公司财务信息的可比性，进而影响到财务报表分析结果的合理性与可用性。

（3）财务报告所反映的信息没有涵盖公司所有可以利用的经济资源。一方面，会计报表中反映的是符合货币计量前提要求的可计价的经济资源；另一方面，现行会计报表附注与财务情况说明书，主要侧重的是对公司会计政策与会计估计的选择与确定及其变更、或有事项、表外事项、关联方关系及关联方交易、重要的资产转让、出资、企业合并、分立等事项的说明，以及对盈亏、投资、融资等重大事项的解释说明等。但有关人力资源、产品质量与市场占有率及其他等内容却并未得以全面披露，而这些内容对财务报表分析以及相关的经营与投资决策等也具有重大的影响。因此，以财务报告为主要信息依据的财务分析结果，难免在反映内容方面存在局限性。

（4）财务报告在编制过程中存在一定的主观性并会受到其他人为因素的影响，使得它所反映的有关信息有可能被人为操纵或粉饰，在此基础上所进行的财务报表分析便不可避免地留有人为修饰过的痕迹，不够客观。

（5）财务报表分析中，使用较为频繁的当属各类比率分析。然而，在比率计算中，一些数据的确定、时间上对应与否等问题，也会影响比率所反映内容的可比性及准确度。例如，计算各类周转率时，周转额的确定以及相关资产平均占用资金的计算需要使用一定程度的估计，也就难免与公司的实际情况发生一定程度的脱节。

（二）应对措施

1. 注重实地考察

通过对公司进行实地考察、与当事人交谈等方式，获取反映公司真实状况的信息。

2. 注重行业分析与公司毛利率分析

如果公司的毛利率大大高出行业水平，或者公司毛利率波动幅度较大，就需要特别关注。

3. 注重公司技术分析

比如一会计师在评估某木器加工厂的价值时，没有直接对公司账簿进行分析，而是要求公司提供最近三年的电费交费单，并根据电费交费单显示的用电量和机器功率推算出公司产能及价值。

4. 注重业务与财务之间的平衡关系与勾稽关系

公司提取的福利基金、工会会费、工资总额、缴纳的所得税以及林业公司所提取的育林基金等，可以反映公司的真实情况。

5. 注重现金流量分析

公司流入和流出的现金流量，可以全面、真实地反映公司财务状况。

6. 注重公司的负面报道

媒体或竞争对手对公司的负面报道可以为公司财务报表分析提供需要关注的线索，尤其是有关表外事项和风险的线索。

第 2 节　财务报表分析原理与框架

财务报表分析的基本目标是评估公司价值，因此公司价值及其驱动因素框架构成了财务报表分析的原理与路径。

一、财务报表分析原理

公司价值最大化是公司管理的目标，也是公司保证利益相关者利益的物质基础。公司的一切经营活动与决策都是以是否最大化公司价值作为根本的评价标准。

财务报表分析就是通过财务报表及其相关资料所提供的信息，运用特定的方法分析、评价公司价值，为各利益相关方作出最佳经济决策服务。那么什么是公司价值？如何衡量公司价值？哪些因素驱动了公司价值最大化？对这些问题的回答构成了财务报表分析的指导原理与分析框架。

二、公司价值及其驱动因素

（一）公司价值及其衡量

公司通常被定义为生产产品或提供服务并能获取利润的实体。投资者通过出资实现对公司资产及其未来获利的控制权和所有权，公司通过生产经营为投资者带来现金流。公司的价值取决于它未来创造现金流的能力和风险水平。在市场经济中，公司本身可以作为商品，作为交易对象通过兼并收购进行买卖，公司也具有交换价值，这样看来，公司价值就是公司在市场上值多少钱或者能够卖多少钱。

如何对公司价值进行衡量呢？根据经典财务理论，公司的价值等于未来现金流量的折现值。这就需要对公司未来现金流量进行预测，确定未来现金流量的大小；对公司风险进行分析，确定必要报酬率，即折现率。未来现金流量不仅取决于现有的资产及其盈利水平，还取决于公司投资所带来的增长水平。公司风险不仅取决于现有资产结构与资本结构所确定的风险水平，还取决于新增投资与融资所导致的公司新的风险。所有这些因素，都需要通过财务报表分析所获得的信息进行分析、评价与预测。

从公司价值计量形式角度来看，公司价值具有多种不同的表现形式，如账面价值、内含价值与市场价值。

账面价值是会计账面所体现的公司价值，是根据会计的历史成本原则与权责发生制原则确认的公司价值。其中，资产负债表集中反映了公司在某一特定时点的价值水平，揭示公司所掌握的资源、所承担的负债及其所有者在公司中的权益。公司的账面价值既体现为公司资产的价值，也体现为公司负债与所有者权益之和。由于历史成本原则与权责发生制原则的限制，账面价值只是反映公司过去的交易或事项的财务结果，还不能体现公司真实的价值。账面价值往往是评估公司内含价值或市场价值的基础。

内含价值是指公司预期未来现金流收益以适当的折现率进行折现后的现值。公司内含价值是利益相关方决策的根本依据。内含价值不仅体现了本期公司的收益与风险状况，而且反映了未来公司的收益与风险状况，是公司的真实价值。

市场价值是指公司的出售价格。市场价值通常不等于账面价值，由于受市场供求状况和市场有效性的影响，市场价值往往与内含价值发生背离。对这种价值背离的识别是投资获利的关键。从本质上看，市场价值是由内含价值所决定的。

因此，我们所讲的公司价值最大化，是指公司的内含价值，既不是账面价值，也不是现行市场价值。

（二）公司价值驱动因素

公司价值是在公司各价值驱动因素共同作用下的最终结果，公司的价值驱动因素则是公司各种资源要素及其经营状况的综合体现。因此，分析公司的资源状况以及由此形成的价值驱动因素，是分析、评估公司内含价值的关键。公司最基本的价值驱动因素是增长、盈利与风险，三者动态均衡是公司价值最大化的保证，而公司的资源来源与成本以及资源配置是决定公司增长、盈利与风险水平及其能否动态均衡的决定因素。公司价值驱动因素的基本关系如图 1—1 所示。

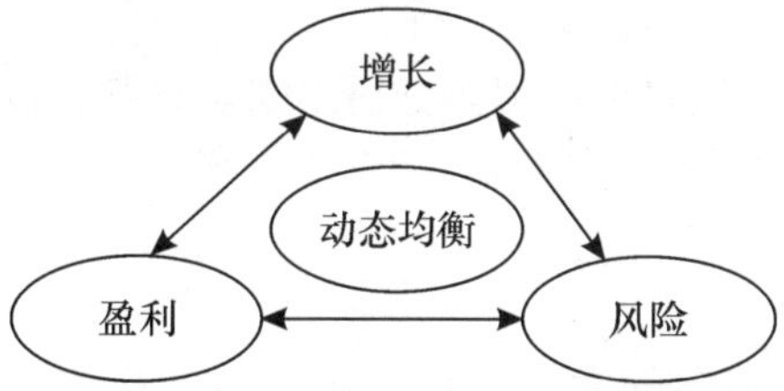

图 1—1　公司价值驱动因素关系图

1. 公司增长

公司增长是指公司营业收入的增加和资产规模的扩张。其中，资产规模的扩张是营业收入增长的源泉，即在其他条件不变的情况下，资产规模越大，营业收入越高。资产规模扩张又是由新增固定资产投资和营运资本投资增加所决定的，即由投资决定。从资产负债表上可以清楚地看到，资产规模扩大所需要的资金来源有三个：一是盈利及留存收益的增加；二是权益资本的增加；三是负债的增加。其中第一个途径属于公司通过自我“造血”实现良性循环；后两个途径则是公司的“输血”机制，其中通过负债增加来扩大资产规模，会极大提高公司的风险水平。

公司增长所导致的资产规模扩大是公司营业收入与利润的源泉，没有增长，就不可能最大化公司价值。但是否公司增长速度越快公司价值越大呢？显然不是。

随着公司增长速度加快，超过公司自有资源的限制，风险水平就会加大，最终导致财务危机或破产，进而破坏甚至导致公司价值丧失。道理很简单，比如公司新增投资 1 000 万元，假定每年由此带来的利润为 300 万元，且所有的利润都是以现金方式实现，即没有应收账款等。这已经属于极好的投资，因为投资报酬率达到了 30%，且利润质量很高。但是即便这样，公司还有 700 万元的资金缺口（1 000－300＝700 万元），如果公司不能通过上述三种途径补充资金的话，公司就有可能因为资金断流而陷入财务危机，损害企业价值。如果公司进一步扩大投资规模，则资金缺口更大。现实中公司不可能完全实现现金利润，更何况现金利润的流入与投资所导致的现金流出相比具有滞后性，这会加大现金流入与流出的不匹配。现金是公司的“血液”，一刻也不能断，否则公司就会陷入财务危机。

因此，公司增长是公司价值的重要保证。但是，过快增长会导致公司风险水平大大提高，尤其在经济环境不好时，公司极有可能陷入财务危机或破产状态，连生存都困难，何谈公司价值最大化。现实中因增长过快而导致破产或重组的例子比比皆是。如在这次全球金融危机中破产的雷曼兄弟公司、章末案例中的顺驰集团等。即便现在看起来不错的公司也存在增长过快的风险，如国美电器、蒙牛集团等。

公司增长的快慢可以通过财务报表分析出来，有关分析方法与技术将在第 6 章讲述。

2. 公司盈利

盈利是指公司获取利润的大小，是公司价值的根本性来源。在一定条件下，公司利润最大化常等同于公司价值最大化。公司盈利越多，公司价值越大吗？当然不是，这也许有些令人费解。但是通过分析，我们可以明白其中的道理。

首先，盈利是基于历史成本和权责发生制原则的会计概念，具有短期效应。降低成本或增加收入都可以提高当期盈利。不做广告，不进行新产品研发，不进行员工培训都可以降低当期成本，而对当期收入影响不大。另外，放宽销售信用政策，对信用不好的企业都允许赊销，在权责发生制下赊销产品也能够增加收入。这些措施无疑都提高了当期利润，但对公司价值的损害是显而易见的。因为必要的支出与投资是公司价值的重要来源，而赊销产生的坏账则增加了公司现金不足的风险。

另外，在公司财务资源一定的情况下，更多地投资固定资产与无形资产，可以提高公司盈利。非流动资产的特点是盈利性高、流动性差，更多地投资固定资产与无形资产势必导致流动资产不足，从而使公司丧失偿债能力。一旦没有足够的流动资产偿债，公司就被迫用非流动资产偿债，这样一来，公司的盈利能力就会受到影响，最终会使公司陷入财务危机或进行破产重组。

因此，用公司资源来保障的投资与提高公司运营水平、增加盈利是公司价值最大化的保证，而损害公司长期利益与不当增加公司风险的盈利则会损害公司价值，通过财务报表分析营运能力与盈利能力是正确评价公司价值的重要组成部分，也是利益相关者决策的基础。相关内容将分别在第 4 章和第 5 章讲述。

3. 公司风险

公司面临很多风险，如系统风险与非系统风险，非系统风险又包括公司的经营风险与财务风险，公司的一切风险最终反映在财务风险上。公司的财务风险是指不能偿还到期债务的可能性。由于公司偿债主要取决于其货币资金，因此，现金流量水平是公司风险水平的重要标志。如果公司由于缺乏偿债资金而被迫拍卖资产或破产重组的话，公司的资产就有可能被低价出售或转让，从而把公司价值拱手让人。因此，在公司管理中有“现金为王”的说法。

除了宏观与微观经济因素，公司的投融资决策与资源配置决策都会影响公司的风险水平。投资增长过快、债权融资规模过大、非流动资产配置过多都会增加公司风险，降低公司价值。另外，舞弊等行为会给公司带来致命风险。

是否公司风险越低，公司价值就越大呢？也不是。因为公司获取价值是以承担风险为前提的，公司承担的风险过低，会使公司丧失投资或盈利机会，或承担过高的资金成本，进而损害公司价值。因此，公司自有资源所能承受的风险水平是公司价值最大化的前提之一。

由于一切风险都最终反映在财务风险上，因此，通过公司短长期偿债能力与现金流量分析，可以有效评估公司风险，进而为评价公司价值提供支持。本书第 2，3，7 章将分别讲述有关内容与方法。

4. 增长、盈利与风险的动态均衡是公司价值最大化的具体体现

从以上分析可以看出，尽管增长、盈利和风险是公司价值的根本驱动因素，但是，孤立地强调某一方面，不但不能最大化公司价值，反而会损害公司价值。因此，实现公司增长、盈利与风险的动态均衡是公司价值最大化的保证。

公司在不同时期、不同环境下，其增长水平、盈利水平与风险水平的配置是不一样的，但是只有当增长水平、盈利水平与风险水平不断根据公司环境与资源状况实现动态均衡时，公司的价值才能实现最大化。正如驾驶汽车一样，速度越快，越节约时间，但是风险越高；速度过慢，则驾车的价值要减小，可是风险会降低。那么多快的速度是合适的呢？其实没有固定的最佳速度，要根据路况、汽车马力与道路拥堵情况调整速度，实现速度与时间成本、风险的动态均衡，从而

实现驾车效益最大化。公司增长、盈利与风险的动态均衡要视公司的市场环境、经济环境、行业竞争、融资环境、公司资源状况以及管理水平而定。这些环境分析与财务报表分析一起构成了财务分析。公司价值及其驱动因素的逻辑框架构成了财务报表分析的基本原理与分析框架。

三、财务报表分析框架

根据财务报表分析原理——公司价值及其驱动因素之间的逻辑关系，本书建立的财务报表分析框架如图 1—2 所示。

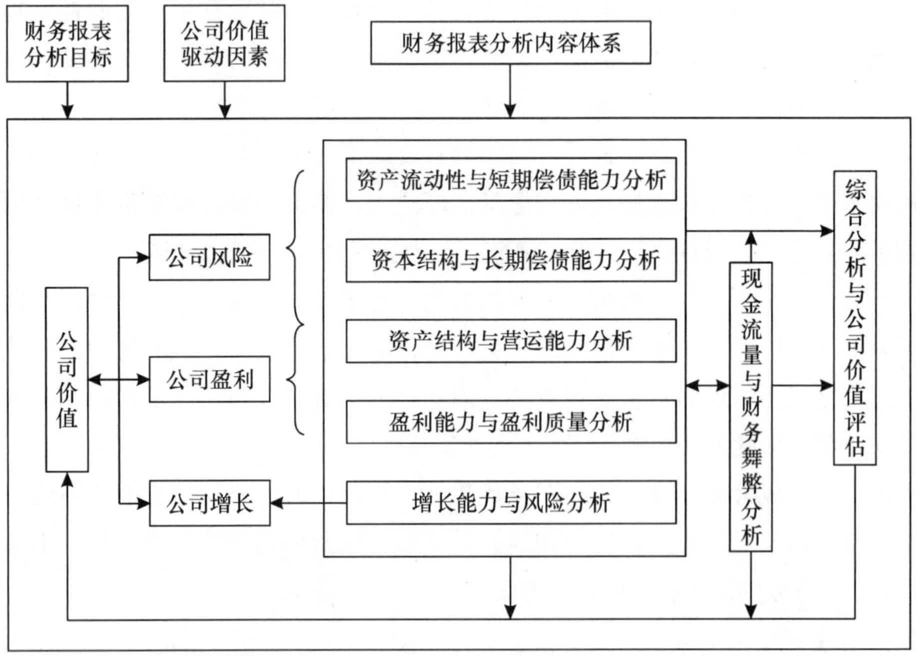

图 1—2 财务报表分析框架

财务报表分析的基本目标是评价与预测公司价值。要根据公司价值驱动因素之间的逻辑关系，分别对公司的风险、盈利与增长情况展开分析。公司风险分析包括资产流动性与短期偿债能力分析、资本结构与长期偿债能力分析、资产结构与营运能力分析。其中，资产结构与营运能力分析既涉及公司风险分析，也涉及公司盈利能力分析。公司盈利能力分析主要包括资产结构与营运能力分析和盈利能力与盈利质量分析。公司增长分析主要包括增长能力与风险分析。由于公司的现金流量不仅是盈利的质量保证，更体现了公司的风险水平与增长限制，因此现金流量与财务舞弊分析是公司增长、盈利与风险分析的深化与补充。上述分析需要通过综合财务分析技术方法，按照公司价值及其驱动因素的内在逻辑进行，从而实现公司价值分析。公司价值分析连同上述各驱动要素分析共同实现财务报表分析的目标，即对公司价值的评估与预测。

四、本书的内容结构

按照上述财务报表分析原理与框架，本书的内容结构如下。

第 1 章——财务报表分析概述。作为本书绪论，介绍了财务报表分析的功能与原则、财务报表分析的原理与框架、财务报表分析方法以及财务报表分析的依据与资料，为具体展开财务报表分析提供指导与技术准备。

第 2 章——资产流动性与短期偿债能力分析。本章在阐述资产流动性与短期偿债能力关系的基础上，介绍了短期偿债能力的分析方法、衡量短期偿债能力的指标以及影响公司短期偿债能力的经济因素。

第 3 章——资本结构与长期偿债能力分析。资本结构是公司财务风险的基本决定因素，影响公司长期偿债能力，进而影响公司风险。本章在介绍公司资本结构及其影响因素的基础上，探讨了长期偿债能力分析方法，并强调了影响公司长期偿债能力的其他因素对报表分析的影响。

第 4 章——资产结构与营运能力分析。本章在分析资产结构与公司营运能力的基础上，讨论了公司营运能力分析的主要方法，重点介绍了应收账款、存货、流动资产、固定资产与总资产的周转能力，系统探讨了影响公司营运能力的因素。

第 5 章——盈利能力与盈利质量分析。本章介绍了以营业收入和营业成本费用为基础的盈利能力分析、以资产为基础的盈利能力分析、以权益资本为基础的盈利能力分析和上市公司特有的盈利能力分析方法体系。在此基础上重点介绍了通过盈利结构分析公司盈利质量的方法，通过现金流量分析公司盈利质量的内容将在第 7 章集中讨论。

第 6 章——增长能力与风险分析。本章在阐述公司增长与公司价值关系的基础上，探讨了公司实际增长率的计量与分析方法、公司可持续增长能力分析方法，论证了以可持续增长率作为公司整体风险评价标准的可行性。

第 7 章——现金流量与财务舞弊分析。现金流量分析是财务报表分析的深化，贯穿于财务报表分析的始终。财务报表舞弊是公司的最大风险，会使财务报表分析失去意义，而现金流量分析是发现财务报表舞弊的有效手段。本章主要介绍了现金流量分析方法与财务舞弊分析。

第 8 章——综合财务分析与公司价值评估。本章主要介绍了综合财务分析方法的功能与技术以及如何运用综合财务分析，通过公司价值驱动因素之间的因果关系，运用前面各章的分析结果与信息，对公司价值进行评估与预测，以最终实现财务报表分析的基本目标。

第 3 节　财务报表分析方法

熟练掌握与正确运用各种财务报表分析方法是实现财务报表分析功能与目标的基础，不同的分析方法有着各自的适用范围与功能。根据财务报表分析原理与分析目标，合理选用财务报表分析方法是必须具备的基本技能。

一、比较分析法

比较分析法是将相关经济指标与选定的比较标准进行对比分析，以确定分析指标与标准之间的差异，明确差异方向、差异性质与差异大小，并进行差异分析与趋势分析的方法。所谓差异分析是指通过差异揭示成绩或差距，作出相关评价，并找出产生差异的原因及其对差异的影响程度，为今后改进公司的经营管理指明方向。所谓趋势分析是指将实际达到的结果与不同时期财务报表中同类指标的历史数据进行比较，从而确定财务状况、经营成果和现金流量的变化趋势和变化规律。由于差异分析和趋势分析都是建立在比较的基础上，所以统称为比较分析法。比较分析法是财务报表分析方法中最基本、最主要的方法。

（一）比较数据

1. 绝对数指标的比较

即利用两个或两个以上的总量指标进行对比，以揭示这些绝对数指标之间的数量差异。如去年公司的净利润为 100 万元，今年实现的净利润为 110 万元，则今年与去年的利润差异是＋10 万元。

2. 相对数指标的比较

即利用两个或两个以上的相对数指标进行对比，以揭示这些相对数指标之间的数量差异。如去年公司的销售毛利率为 15%，今年的销售毛利率为 14%，则今年与去年的销售毛利率差异是－1%。

一般来说，绝对数指标比较只通过差异数说明差异金额，但无法表明变动程度，而相对数指标比较则可以进一步说明变动程度。比如上例中，用该公司的产品销售毛利占产品营业收入的比重进行比较，就能求得今年比去年降低了1%的变动程度。在实际工作中，绝对数比较和相对数比较可以交互应用，以便通过比较作出更充分的判断和更准确的评价。

（二）比较标准

在财务报表分析中经常使用的比较标准有以下几种：

1. 历史标准

公司本期实际指标与多期历史指标比较。这种分析可以把握公司在不同历史时期有关指标的变动情况，了解公司财务活动的发展趋势和管理水平的提高情况。在实际工作中，最典型的形式是本期实际与上期实际或历史最高水平的比较。

2. 预算标准

公司本期实际指标与计划或预算指标比较。这种分析主要揭示公司实际与计划或预算之间的差异，有助于掌握该项指标的计划或预算的完成情况。

3. 行业标准

本公司指标与国内外行业先进公司指标或同行业平均水平比较。这种分析能够找出本公司与国内外先进公司、行业平均水平的差距，明确本公司财务管理水平或财务效益在行业中的地位，推动本公司努力赶超先进水平。

（三）比较方法

在财务报表分析中最常用的比较分析法是横向比较法和纵向比较法。

1. 横向比较法

横向比较法又称水平分析法，是指将实际达到的结果同某一标准，包括某一期或数期财务报表中的相同项目的实际数据作比较。可以用绝对数作比较，也可以用相对数作比较。

例1—1

中国石油天然气股份有限公司（简称中国石油公司）2011年的净利润为146 007百万元，2012年的净利润为130 618百万元，2012年与2011年比较，净利润减少了15 389百万元，或者说，中国石油公司2012年的净利润为2011年的89.46%，减少了10.54%，具体数据如表1—1所示。

表 1—1　　中国石油公司 2010—2012 年营业收入和净利润计算表　　单位：百万元

项　目	2012 年	2011 年	规模变动情况		2010 年
			增减额	增减率	
营业收入	2 195 296	2 003 843	191 453	9.55%	1 465 415
净利润	130 618	146 007	−15 389	−10.54%	150 675

这是一种简单的横向比较，常用于差异分析。

例 1—2

中国石油公司 2007—2012 年连续六年的营业收入金额与净利润金额如表 1—2 所示。

表 1—2　　中国石油公司 2007—2012 年营业收入和净利润　　单位：百万元

项　目	2007 年	2008 年	2009 年	2010 年	2011 年	2012 年
营业收入	836 353	1 072 604	1 019 275	1 465 415	2 003 843	2 195 296
净利润	154 311	126 097	106 378	150 675	146 007	130 618

表 1—2 可用于趋势分析，其中包括定基分析和环比分析。如果以 2007 年作为基年，用各年的数值除以基年的数值，则可得出以下的定基趋势百分比，现分别以表 1—3 和图 1—3 列示如下。

表 1—3　　中国石油公司 2007—2012 年营业收入和净利润定基变动趋势表（%）

项　目	2007 年	2008 年	2009 年	2010 年	2011 年	2012 年
营业收入	100	128.25	121.87	175.21	239.59	262.48
净利润	100	81.72	68.94	97.64	94.62	84.65

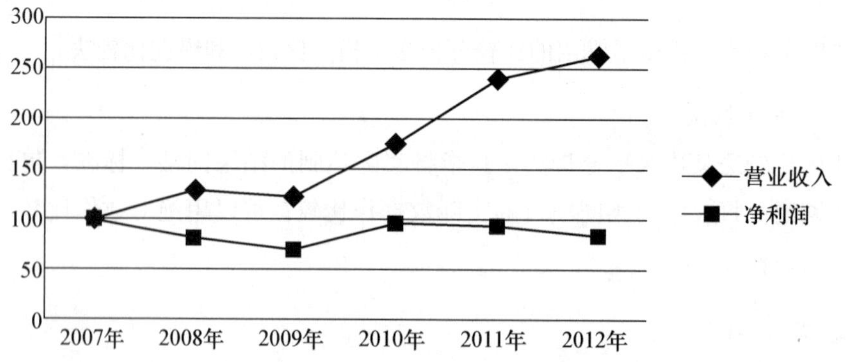

图 1—3　中国石油公司 2007—2012 年营业收入和净利润定基变动趋势图

表 1—3 和图 1—3 的定基趋势百分比表明，与 2007 年相比，中国石油公司六年内营业收入均呈现上升趋势，其中 2012 年比 2007 年增长了 1 倍多，而净利润均

呈现下降趋势，与 2007 年相比，2012 年下降了 15.35%。所以通过百分比不仅能清晰地看到总的趋势，而且能更精确地表明各年的变动程度。但应当注意的是对基年的选择要有代表性，如果基年选择不当，情况异常，则以其为基数而计算出的百分比趋势会导致分析者判断失误或做出不准确的评价。

如果用分析期某指标数值除以前期某指标数值，则可得出以下的环比趋势百分比，现以表 1—4 列示如下。

表 1—4　　中国石油公司 2007—2012 年营业收入和净利润环比变动趋势表（%）

项　目	2008 年	2009 年	2010 年	2011 年	2012 年
营业收入	128.25	95.03	143.77	136.74	109.55
净利润	81.72	84.36	141.64	96.90	89.46

表 1—4 的环比趋势百分比表明，中国石油公司每年的营业收入与上一年相比，除了 2009 年同比下降了 4.97%外，均呈现上升趋势，而每年的净利润与上一年相比，除了 2010 年同比上升了 41.64%外，均呈现下降趋势。

横向比较分析法经常采用的一种形式是编制比较财务报表。比较财务报表是将最近两三期或数期的报表并列编制而成的报表。为了便于分析者进行分析，易于掌握变化动向，比较财务报表除列示各期报表金额，通常还列示增减金额及增减百分比。现分别以中国石油公司 2011 年和 2012 年两年的资产负债表和利润表的部分数据为例，以表 1—5 和表 1—6 分别列示其比较资产负债表和比较利润表。

表 1—5　　中国石油公司合并资产负债表水平分析表　　单位：百万元

项　目	2012 年	2011 年	规模变动情况	
			增减额	增减率（%）
流动资产：				
货币资金	49 953	64 299	−14 346	−22.31
应收票据	9 981	12 688	−2 707	−21.34
应收账款	64 450	53 822	10 628	19.75
预付款项	32 813	39 296	−6 483	−16.50
其他应收款	14 165	8 576	5 589	65.17
存货	214 117	182 253	31 864	17.48
其他流动资产	32 561	24 486	8 075	32.98
流动资产合计	418 040	385 420	32 620	8.46
非流动资产：				
可供出售金融资产	1 756	1 788	−32	−1.79
长期股权投资	79 615	70 275	9 340	13.29
固定资产	545 479	456 085	89 394	19.60
油气资产	733 583	644 605	88 978	13.80
在建工程	283 059	261 361	21 698	8.30

续前表

项　目	2012 年	2011 年	规模变动情况	
			增减额	增减率（%）
工程物资	7 486	9 610	－2 124	－22.10
无形资产	56 426	47 600	8 826	18.54
商誉	7 582	7 282	300	4.12
长期待摊费用	24 351	21 793	2 558	11.74
递延所得税资产	1 443	505	938	185.74
其他非流动资产	10 017	11 204	－1 187	－10.59
非流动资产合计	1 750 797	1 532 108	218 689	14.27
资产总计	2 168 837	1 917 528	251 309	13.11
流动负债：				
短期借款	143 409	99 827	43 582	43.66
应付票据	2 265	2 458	－193	－7.85
应付账款	278 427	232 618	45 809	19.69
预收款项	38 131	34 130	4 001	11.72
应付职工薪酬	4 161	5 991	－1 830	－30.55
应交税费	72 045	119 740	－47 695	－39.83
其他应付款	23 642	21 995	1 647	7.49
一年内到期的非流动负债	7 838	37 871	－30 033	－79.30
其他流动负债	4 830	5 408	－578	－10.69
流动负债合计	574 748	560 038	14 710	2.63
非流动负债：				
长期借款	207 540	112 928	94 612	83.78
应付债券	86 234	67 747	18 487	27.29
预计负债	83 928	68 702	15 226	22.16
递延所得税负债	22 209	20 671	1 538	7.44
其他非流动负债	13 412	4 876	8 536	175.06
非流动负债合计	413 323	274 924	138 399	50.34
负债合计	988 071	834 962	153 109	18.34
股东权益：				
股本	183 021	183 021	0	0.00
资本公积	115 878	112 878	3 000	2.66
专项储备	10 054	9 107	947	10.40
盈余公积	161 623	151 280	10 343	6.84
未分配利润	598 686	551 598	47 088	8.54
外币报表折算差额	－5 115	－4 999	－116	2.32
归属于母公司股东权益合计	1 064 147	1 002 885	61 262	6.11
少数股东权益	116 619	79 681	36 938	46.36
股东权益合计	1 180 766	1 082 566	98 200	9.07
负债及股东权益总计	2 168 837	1 917 528	251 309	13.11

说明：由于四舍五入，个别数字会有误差。以下各表情况相同。

从表 1—5 可以看出，中国石油公司 2012 年总资产比 2011 年末增加 251 309 百万元，增长幅度为 13.11%，说明公司 2012 年资产规模增长，其中：流动资产比 2011 年末增加 32 620 百万元，增长 8.46%，增长的主要原因一是应收账款及其他应收款增加，二是存货上升；非流动资产比 2011 年末增加 218 689 百万元，增长 14.27%，增长的主要原因是投资增加，物业、厂房及机器设备（包括固定资产、油气资产、在建工程等）增加。

中国石油公司 2012 年权益总额增加的主要原因是：(1) 总负债比 2011 年末增长 18.34%，使权益总额增长了 7.98%。其中：流动负债增加 14 710 百万元，增长 2.63%，增长的主要原因是短期借款和应付账款增加；非流动负债增加 138 399 百万元，增长 50.34%，增长的主要原因是长期借款增加。(2) 股东权益比 2011 年末增长 9.07%，使权益总额增长了 5.12%，增长的主要原因是留存收益增加。

表 1—6　　中国石油公司合并利润表水平分析表　　单位：百万元

项　目	2012 年	2011 年	规模变动情况	
			增减额	增减率（%）
营业收入	2 195 296	2 003 843	191 453	9.55
减：营业成本	1 634 819	1 425 284	209 535	14.70
营业税金及附加	246 078	258 027	−11 949	−4.63
销售费用	55 032	52 946	2 086	3.94
管理费用	83 936	77 124	6 812	8.83
财务费用	16 824	9 816	7 008	71.39
资产减值损失	1 963	8 759	−6 796	−77.59
加：投资收益	8 787	12 630	−3 843	−30.43
营业利润	165 431	184 517	−19 086	−10.34
加：营业外收入	11 578	9 480	2 098	22.13
减：营业外支出	10 199	9 721	478	4.92
利润总额	166 810	184 276	−17 466	−9.48
减：所得税费用	36 192	38 269	−2 077	−5.43
净利润	130 618	146 007	−15 389	−10.54
归属于：				
母公司股东	115 323	132 984	−17 661	−13.28
少数股东	15 295	13 023	2 272	17.45
每股收益				
基本每股收益（元）	0.63	0.73	−0.10	−13.70
稀释每股收益（元）	0.63	0.73	−0.10	−13.70
其他综合收益（损失）	−42	−5 406	5 364	−99.22
综合收益总额	130 576	140 601	−10 025	−7.13
归属于：				
母公司股东	115 337	129 078	−13 741	−10.65
少数股东	15 239	11 523	3 716	32.25

从表1—6可以看出，中国石油公司2012年度的营业收入为2 195 296百万元，比上年同期增长9.55%，主要原因是原油、天然气、汽油、柴油等主要产品价格上升和销售量增加。实现净利润130 618百万元，同比下降10.54%。实现归属于母公司股东的净利润115 323百万元，同比下降13.28%，主要是受进口天然气数量增加及进销价格倒挂、国内成品油价格宏观调控等因素的综合影响。

2. 纵向比较法

纵向比较分析法又称垂直分析法或动态分析法，即以资产负债表、利润表等财务报表中某一关键项目为基数项目，以其金额为100，而根据其余项目表示的金额分别计算出各占关键项目金额的百分比，这个百分比则表示各项目的比重，通过比重对各项目作出判断和评价。这种仅有百分比而不表示金额的财务报表称为共同比财务报表，它是纵向分析的一种重要形式。资产负债表的共同比财务报表通常以资产总额为基数。利润表的共同比财务报表通常以产品营业收入总额为基数。现分别以中国石油公司2011年和2012年两年资产负债表和利润表的部分数据为例，以表1—7和表1—8分别列示其共同比资产负债表和共同比利润表。

表1—7　　中国石油公司合并资产负债表垂直分析表　　单位：百万元

项　目	2012年	2011年	结构（占总资产的比重%）		
			2012年	2011年	变动情况
流动资产：					
货币资金	49 953	64 299	2.30	3.35	−1.05
应收票据	9 981	12 688	0.46	0.66	−0.20
应收账款	64 450	53 822	2.97	2.81	0.16
预付款项	32 813	39 296	1.51	2.05	−0.54
其他应收款	14 165	8 576	0.65	0.45	0.21
存货	214 117	182 253	9.87	9.50	0.37
其他流动资产	32 561	24 486	1.50	1.28	0.22
流动资产合计	418 040	385 420	19.27	20.10	−0.82
非流动资产：					
可供出售金融资产	1 756	1 788	0.08	0.09	−0.01
长期股权投资	79 615	70 275	3.67	3.66	0.01
固定资产	545 479	456 085	25.15	23.79	1.37
油气资产	733 583	644 605	33.82	33.62	0.21
在建工程	283 059	261 361	13.05	13.63	−0.58
工程物资	7 486	9 610	0.35	0.50	−0.16
无形资产	56 426	47 600	2.60	2.48	0.12
商誉	7 582	7 282	0.35	0.38	−0.03
长期待摊费用	24 351	21 793	1.12	1.14	−0.01
递延所得税资产	1 443	505	0.07	0.03	0.04

续前表

项　目	2012 年	2011 年	结构（占总资产的比重%）		
			2012 年	2011 年	变动情况
其他非流动资产	10 017	11 204	0.46	0.58	−0.12
非流动资产合计	1 750 797	1 532 108	80.73	79.90	0.82
资产总计	2 168 837	1 917 528	100.00	100.00	0.00
流动负债：					
短期借款	143 409	99 827	6.61	5.21	1.41
应付票据	2 265	2 458	0.10	0.13	−0.02
应付账款	278 427	232 618	12.84	12.13	0.71
预收款项	38 131	34 130	1.76	1.78	−0.02
应付职工薪酬	4 161	5 991	0.19	0.31	−0.12
应交税费	72 045	119 740	3.32	6.24	−2.92
其他应付款	23 642	21 995	1.09	1.15	−0.06
一年内到期的非流动负债	7 838	37 871	0.36	1.97	−1.61
其他流动负债	4 830	5 408	0.22	0.28	−0.06
流动负债合计	574 748	560 038	26.50	29.21	−2.71
非流动负债：					
长期借款	207 540	112 928	9.57	5.89	3.68
应付债券	86 234	67 747	3.98	3.53	0.44
预计负债	83 928	68 702	3.87	3.58	0.29
递延所得税负债	22 209	20 671	1.02	1.08	−0.05
其他非流动负债	13 412	4 876	0.62	0.25	0.36
非流动负债合计	413 323	274 924	19.06	14.34	4.72
负债合计	988 071	834 962	45.56	43.54	2.01
股东权益：					
股本	183 021	183 021	8.44	9.54	−1.11
资本公积	115 878	112 878	5.34	5.89	−0.54
专项储备	10 054	9 107	0.46	0.47	−0.01
盈余公积	161 623	151 280	7.45	7.89	−0.44
未分配利润	598 686	551 598	27.60	28.77	−1.16
外币报表折算差额	−5 115	−4 999	−0.24	−0.26	0.02
归属于母公司股东权益合计	1 064 147	1 002 885	49.07	52.30	−3.24
少数股东权益	116 619	79 681	5.38	4.16	1.22
股东权益合计	1 180 766	1 082 566	54.44	56.46	−2.01
负债及股东权益总计	2 168 837	1 917 528	100.00	100.00	0.00

从中国石油公司的资产结构可以看出：该公司 2012 年流动资产的比重为 19.27%，非流动资产的比重为 80.73%，说明公司资产的流动性相对较弱，具有一定的经营风险。从动态方面分析，公司流动资产比重下降了 0.82%，非流动资产比重上升了 0.82%，从调整后的资产结构看，公司经营风险加大，结合各资产项目的结构变动情况来看，货币资金较上年下降了 1.05%，进一步说明该公司的

资产结构属于风险型结构。

从中国石油公司的资本结构可以看出：该公司 2012 年股东权益比重为 54.44%，负债比重为 45.56%，资产负债率适当，发生财务风险的可能性较小。这样的财务结构是否合适，仅凭以上分析难以做出判断，必须结合公司盈利能力，通过资本结构优化分析才能予以说明。从动态方面分析，负债比重上升了 6.54%，财务风险有所增加。具体应结合趋势分析和同业比较分析说明公司资本结构是否合理并判断公司的财务风险。

表 1—8　　中国石油公司合并利润表垂直分析表　　单位：百万元

项　目	2012 年	2011 年	结构（占营业收入的比重%）		
			2012 年	2011 年	变动情况
营业收入	2 195 296	2 003 843	100.00	100.00	0.00
减：营业成本	1 634 819	1 425 284	74.47	71.13	3.34
营业税金及附加	246 078	258 027	11.21	12.88	−1.67
销售费用	55 032	52 946	2.51	2.64	−0.14
管理费用	83 936	77 124	3.82	3.85	−0.03
财务费用	16 824	9 816	0.77	0.49	0.28
资产减值损失	1 963	8 759	0.09	0.44	−0.35
加：投资收益	8 787	12 630	0.40	0.63	−0.23
营业利润	165 431	184 517	7.54	9.21	−1.67
加：营业外收入	11 578	9 480	0.53	0.47	0.05
减：营业外支出	10 199	9 721	0.46	0.49	−0.02
利润总额	166 810	184 276	7.60	9.20	−1.60
减：所得税费用	36 192	38 269	1.65	1.91	−0.26
净利润	130 618	146 007	5.95	7.29	−1.34
归属于：					
母公司股东	115 323	132 984	5.25	6.64	−1.38
少数股东	15 295	13 023	0.70	0.65	0.05
每股收益					
基本每股收益（元）	0.63	0.73	0.00	0.00	0.00
稀释每股收益（元）	0.63	0.73	0.00	0.00	0.00
其他综合收益（损失）	−42	−5 406	0.00	−0.27	0.27
综合收益总额	130 576	140 601	5.95	7.02	−1.07
归属于：					
母公司股东	115 337	129 078	5.25	6.44	−1.19
少数股东	15 239	11 523	0.69	0.58	0.12

从表 1—8 可看出中国石油公司 2012 年度各项财务成果的构成情况：营业利润占营业收入的比重为 7.54%，比上年度降低了 1.67%；利润总额的比重为

7.60%，比上年度降低了 1.60%；净利润的比重为 5.95%，比上年度降低了 4.29%。从利润构成情况看，公司的盈利能力较上年有所下降，主要是由于公司近两年的营业成本增加，其中四大板块中天然气与管道业务的主营业务成本比上年同期增长 31.6%，导致毛利率下降了 11.2%。经营成本增长的主要原因：一是购气支出增加；二是受进口中亚天然气及液化天然气（LNG）支出增加影响。

（四）指标之间的可比性

在运用比较分析法进行分析时，必须注意指标之间的可比性。如果对本来就不可比的指标进行分析比较，肯定会得出错误的结论。所谓指标的可比性是指所对比的同类指标之间在指标内容、计算方法、计价标准、时间长度等方面完全一致。如果在不同公司之间对指标进行比较，还必须注意公司行业归类、财务规模的一致性。具体说来：

（1）实际财务指标与标准指标的计算口径必须保持一致。所谓计算口径一致，是指实际财务指标所包含的内容、范围要与标准指标保持一致，否则，二者不具可比性。

（2）实际财务指标与标准指标的时间宽容度必须保持一致。所谓时间宽容度一致，是指实际财务指标的计算期限要与标准指标保持一致，如果实际指标是年度指标，那么标准指标也应是年度指标，否则，二者不可比。

（3）实际财务指标与标准指标的计算方法必须保持一致。这里说的计算方法不仅是指计算指标的程序，还包括影响指标的各项因素，否则，二者不可比。

（4）绝对数指标比较与相对数指标比较必须同时进行。因为绝对数指标与企业生产经营规模的大小有直接关系，采用绝对数指标比较虽然能反映出财务指标的表面差异，但不能深入揭示其财务现象的内部矛盾，而采用相对数指标比较则能做到这一点。

另外，需要注意价格水平与会计政策不同也会影响指标之间的可比性。由于不同地区的价格水平存在差异，各公司业务关系在区域上又不尽相同，必然导致不同公司的价格水平存在差异，从而使之缺乏可比性。价格水平的波动尤其削弱了不同时期的数据间可比性。会计政策也会导致指标之间失去可比性，如固定资产折旧方法的不同，必然导致公司资产价值、成本费用大小和利润高低的不同，使相关指标不可比；存货计价有加权平均法、先进先出法等多种方法可供选择，两个公司或同一公司在不同时期，即使实际情况完全相同，只因采用不同计价方法，也将对期末存货与公司利润产生重大影响。

二、比率分析法

比率分析法是利用两个指标的某种关联关系，通过计算比率来考察、计量和评价财务活动状况的分析方法。比率分析法根据相关联的不同项目、指标之间的关系计算一定的比率，以说明项目之间的关系，并解释和评价由此所反映的某方面的情况。

采用比率分析法进行分析时，需要根据分析的内容和要求，计算出有关的比率，然后进行分析。财务比率分析通常建立在一套比率指标体系的基础上。由于各种比率的计算方法各不相同，通过计算出来的各种比率进行分析，其分析的目的以及所起的作用也各不相同。大体上可以将财务比率分为以下三类。

（一）相关比率

相关比率是将两个具有因果关系或相关关系的财务指标的数额相除后得出的，据以对公司财务状况及其影响原因进行分析。如流动资产是偿还流动负债的主要资源，可以通过流动资产除以流动负债得到的流动比率来反映公司的短期偿债能力。通过相关比率分析，可以使财务报表分析更全面、深刻。将这些相关比率的实际数与目标数、上期或历史数、同行业平均数进行对比，能够充分揭示公司财务状况及发展变化情况。

（二）构成比率

构成比率指某项财务分析指标的各构成部分数值占总数值的百分比。其计算公式为：

$$构成比率=\frac{指标某部分的数值(部分)}{指标总数值(总体)}\times 100\%$$

这样计算出来的比率也就是通常所说的比重。在财务报表分析中常用的构成比率包括：市场占有率，某类商品销售额占公司总销售额等的销售构成比率，流动资产、固定资产、无形资产占总资产的比率所形成的公司资产结构比率，长期负债与流动负债分别占全部债务的比率，财务费用、销售费用和管理费用分别占费用总额的比率，营业利润和营业外收支净额占利润总额的比率等。分别将这些比率与目标数、上期或历史数、同行业平均数进行对比，可以充分揭示公司的财务状况及变化情况。

（三）动态比率

动态比率分析就是运用动态比率对公司某些同类经济现象各个时期的变化加以对比分析，以掌握其发展规律和发展趋势，也称为趋势分析。公司的经济现象是复杂的，受多方面因素变化的影响，只从某一时期或某一时点上很难看清它的发展规律和趋势。必须把若干数据按时期或时点的先后整理为数列，并计算出它的发展速度、增长速度、平均发展速度和平均增长速度等，才能探索其发展潜力和发展趋势。

在财务分析中使用动态比率分析，是将连续数年的财务报表中的某重要项目进行比较，计算该项目前后期的增减方向和幅度，以说明公司财务状况或经营成果的变动趋势。其中，计算定基发展速度或环比发展速度是最为常见的趋势分析。

$$定基发展速度=\frac{分析期某指标数据}{固定基期某指标数据}$$

$$环比发展速度=\frac{分析期某指标数据}{前期某指标数据}$$

在财务报表分析中，通常应对营业收入、总资产进行趋势分析以衡量公司规模发展状态，对净利润进行趋势分析以衡量公司长期盈利能力。进行趋势分析时应注意剔除偶发性特殊项目的影响，尤其是定基发展速度的基期选择必须具有代表性，否则将影响分析结果的准确性。

三、因素分析法

因素分析法是通过分析影响财务指标的各项因素，并计算其对指标的影响程度，用以说明本期实际与计划或基期相比，财务指标发生变动或差异的主要原因的一种分析方法。因素分析法适用于多种因素构成的综合性指标的分析，如成本、利润、资产周转率等方面的指标。

公司的财务活动是十分复杂的，比如公司利润的多少受到商品销售额、费用、税金等因素的影响和制约。也就是说，任何一项综合性财务指标都是由许多因素组合而成的，各因素之间的组合和排列又有多种形式，这些因素的不同变动方向、不同变动程度对综合指标的变动产生重要的影响。因此，要想在错综复杂、交互作用的诸多因素中，分别测算出各个因素对综合性财务指标变动的影响程度，就必须运用抽象法，即在假定其他因素不变，而只有某一因素变动的情况下，测定这一因素的影响程度。

进行因素分析最常用的方法有两种，即连环替代法和差额计算法。

（一）连环替代法

连环替代法是把经济指标分解为各个可以计量的因素，根据因素之间的相互依存关系，依次测定这些因素对财务指标的影响方向和影响程度的方法。

连环替代法的一般计算程序如下：

第一步：确定分析指标与其影响因素之间的关系。根据综合财务指标形成的过程，找出该项财务指标受哪些因素变动的影响，以及财务指标与各影响因素的内在关系，建立分析计算公式，如：

$$Y=a\times b\times c$$

式中，Y 表示综合财务指标；a，b，c 表示构成综合财务指标 Y 的各项具体因素。

第二步：分别列出分析对象的算式。按构成综合财务指标的因素之间的关系，列出基准值的算式和比较值的算式：

基准值 $Y_0=a_0\times b_0\times c_0$ ①

比较值 $Y_1=a_1\times b_1\times c_1$ ②

差异值 $\Delta Y=Y_1-Y_0$（ΔY 为分析对象）

第三步：连环顺序替代，计算替代结果。按构成综合财务指标的各因素的排列顺序，逐一用构成比较值的各因素代替基准值的各因素，并计算出每次替代的结果。

基准值：$Y_0=a_0\times b_0\times c_0$ ③

替换 a 因素：$a_1\times b_0\times c_0$ ④

替换 b 因素：$a_1\times b_1\times c_0$ ⑤

替换 c 因素：$a_1\times b_1\times c_1$ ⑥

第四步：比较各因素的替代结果，确定各因素对分析指标的影响程度。比较替代结果是连环进行的，即将每次替代所计算的结果与这一因素被替代前的结果进行对比，计算出各因素变动对综合财务指标的影响程度。

④－③＝Δa　即为 a 因素变动对 Y 指标的影响

⑤－④＝Δb　即为 b 因素变动对 Y 指标的影响

⑥－⑤＝Δc　即为 c 因素变动对 Y 指标的影响

第五步：检验分析结果。将各因素变动影响程度之和相加，检验是否等于总差异。各个因素的影响数额的代数和应等于财务指标的实际数与基数（计划数）

之间的总差异值，即

$$\Delta a+\Delta b+\Delta c=\Delta Y$$

根据上面的步骤，可以看出连环替代法有以下几个特点：

1. 计算条件的假定性

应用连环替代法测定某一因素变化的影响程度时，是以假定其他因素不变为条件的。因此，计算结果只能说明是在某种假定条件下的结果。这一特点是由分析本身的性质所决定的。分析的任务在于确定事物内部各种因素的影响程度，以便更深刻地认识事物运动的过程及其规律性。为了研究某一因素的影响，必须排除其他因素的变动影响，这种科学的抽象分析方法在研究复杂的经济活动时是必不可少的。

2. 因素替换的顺序性

应用连环替代法时，要正确规定各个因素的替换顺序，以保证分析计算结果的可比性。如果改变替换顺序，在计算每一个因素的影响程度时，所依据的其他因素的条件不同，计算结果也会发生变化，分析的结论也会有所不同。

确定因素的替换顺序必须根据分析的目的，以及各因素的相互依存关系和重要程度，从而使分析结果有助于加强管理，正确区分经济责任。根据因素之间的相互依存关系，一般的替换顺序是：基本因素在前，从属因素在后；数量因素在前，质量因素在后；实物量指标在前，价值量指标在后。也就是在分析的因素中，如果既有基本因素又有从属因素，一般先替换基本因素，然后再替换从属因素；如果既有数量指标又有质量指标，一般先替换数量指标，再替换质量指标；如果影响因素中既有实物量指标又有价值量指标，一般先替换实物量指标，再替换价值量指标。可以看出，连环替代法实际上是比较法的发展和补充，是以指标的对比分析为基础的。

3. 计算程序的连环性

应用连环替代法计算各因素的影响程度时，是按规定的因素替换顺序，逐次以一个因素的实际数替换基数，而且每次替换都是在前一次因素替换的基础上进行的。这样每次比较的基础是不固定的，这就形成了计算程序的连环性。

正是由于这些特点，使连环替代法既有优点，也有问题。优点是：通过这一方法计算所得的各因素影响程度的合计数与财务指标变动的总差异一致。这样，用这些数据来论证分析的结论较有说服力。问题是，若改变因素的排列和替换顺序将会得出不同的计算结果，只要改变各因素的排列顺序和替换顺序，虽然求出的各因素影响程度的合计数仍与财务指标变动的总差异相一致，但各个因素的影响可能完全不同，在有的情况下，甚至会发生影响方向上的改变（“+”号影响变为“−”号影响），从而影响分析结论的正确性。

例 1—3

某工业公司甲产品的材料消耗情况如表 1—9 所示。

表 1—9 某工业公司甲产品的材料消耗情况

项　目	上年	本年	差异
产品产量（台）	5 000	5 100	100
单位产品消耗：			
消耗量（公斤）	22	20	−2
材料单价（元）	6	7	1
材料消耗总额（元）	660 000	714 000	54 000

试用连环替代法分析：

（1）分析对象为材料消耗总额，它受产品产量、单位产品材料消耗量和材料单价三个因素的影响。根据这三个因素与材料消耗总额之间的数量关系，可列下式：

材料消耗总额＝产品产量×单位产品材料消耗量×材料单价

根据公式计算总差异数为：

材料消耗总差异数＝5 100×20×7−5 000×22×6＝54 000(元)

（2）进行连环替代，计算各因素对材料消耗总额变化的影响程度和方向：

上年材料消耗总额：5 000×22×6＝660 000(元) ①

第一次替代：5 100×22×6＝673 200(元) ②

第二次替代：5 100×20×6＝612 000(元) ③

第三次替代：5 100×20×7＝714 000(元)(本年材料消耗总额) ④

利用上述计算结果，测定产品产量、单位产品材料消耗量和材料单价变动对材料消耗额的影响。

产量变动对材料消耗额的影响数＝②−①＝673 200−660 000
＝13 200(元)

单耗变动对材料消耗额的影响数＝③−②＝612 000−673 200
＝−61 200(元)

单价变动对材料消耗额的影响数＝④−③＝714 000−612 000
＝102 000(元)

材料消耗总差异数＝产量变动对材料消耗额的影响数

＋单耗变动对材料消耗额的影响数

＋单价变动对材料消耗额的影响数

＝13 200＋(－61 200)＋102 000

＝54 000(元)

(二) 差额计算法

差额计算法是上述连环替代法的一种简化形式。它是利用各个因素的比较期与基期数额之间的差异，依次按顺序替换，直接计算出各个因素变动对综合指标变动的影响程度。

由连环替代法已知：

$\Delta Y=Y_1-Y_0$

a 因素变动对 Y 指标的影响：$(a_1-a_0)\times b_0\times c_0$

b 因素变动对 Y 指标的影响：$(b_1-b_0)\times a_1\times c_0$

c 因素变动对 Y 指标的影响：$(c_1-c_0)\times a_1\times b_1$

仍按上例资料，改用差额计算法测算各因素变动对综合指标变动的影响。

产量变动对材料消耗额的影响数＝673 200－660 000＝13 200(元)

单耗变动对材料消耗额的影响数＝612 000－673 200＝－61 200(元)

单价变动对材料消耗额的影响数＝714 000－612 000＝102 000(元)

材料消耗总差异数＝产量变动对材料消耗额的影响数

＋单耗变动对材料消耗额的影响数

＋单价变动对材料消耗额的影响数

＝13 200＋(－61 200)＋102 000＝54 000(元)

由此可见，两种方法计算结果相同。

四、平衡分析法

平衡分析法是对经济活动中具有某种平衡关系的经济指标进行分析的一种方法。该方法能够查明这些指标间是否表现为平衡关系，或者按照指标间平衡关系测定各项因素对分析对象的影响程度。例如，在分析公司销售额变动原因时，可以将“本期销售额（进价）＝期初商品存货额＋本期购进额－期末商品存货额”中各指标的实际值与计划值进行对比，分析查明实际销售额脱离计划的具体原因，如表 1—10 所示（表中数据均按进价计算）。

表 1—10　　　　公司存货情况表　　　　单位：万元

指　标	计划数	实际数	差异数
期初商品存货	60	68	8
本期购进量	500	490	−10
期末商品存货	70	75	5
本期商品销售量	490	483	−7

由上述分析可见，本期商品销售未能完成计划的原因是购进量低于计划、期末存货超出计划。

平衡分析法有着广泛的用途，例如，上例通过对商品的购进、销售、储存之间平衡关系的分析，可以了解商品流转各个环节之间是否协调，商品经营情况是否合理。公司的资产与权益之间具有一定的平衡关系；也就是说，资金来源和资金使用的有关项目之间存在着一定的对应平衡关系。我们可以利用资产负债表来对公司的资金来源和资金使用情况进行平衡分析，以便了解公司对资金的利用是否合理，资金的来源结构是否恰当。所以，正确运用平衡分析法，对做好公司财务报表分析具有特殊的意义。

五、综合分析法

（一）杜邦分析法

公司的各项财务活动、财务指标是相互联系并且相互影响的，这便要求财务分析人员将公司财务活动看作大系统，对系统内相互依存、相互作用的各种因素进行综合分析。杜邦分析法就是利用各个主要财务比率指标之间的内在联系，综合分析公司财务状况和经营成果的方法。

（二）沃尔比重评分法

沃尔比重评分法的先驱者之一是亚历山大·沃尔。他在 20 世纪初出版的《信用晴雨表研究》和《财务报表比率分析》中提出了信用能力指数的概念，把若干个财务比率用线性关系结合起来，以此评价公司的信用水平。他选择了七种财务比率，分别给定其在总评价中的比重，总和为 100 分，然后确定标准比率，并与实际比率相比较，评出每项指标的得分，最后求出总评分。沃尔比重评分法是一种综合评价公司信用能力的方法。

（三）综合评分法

综合评分法主要用于对公司经济效益或公司价值的综合评价。综合评分法是针对多维度财务指标通过一定的层次分析确定其权重，最终转化为单一综合指标进行财务评价的方法。

以上各种方法将贯穿本书的各个章节。

第 4 节　财务报表分析资料

财务报表分析资料是财务报表分析的原材料。财务报表分析使用的主要资料是对外发布的财务报表，但财务报表不是财务报表分析唯一的信息来源。公司还以各种形式发布补充信息，分析时经常需要查阅这些补充来源的信息。在进行比较分析时还要使用行业数据，在进行预测分析时还要使用宏观经济信息等。

一、财务报表分析资料的来源渠道

财务报表分析资料的主要来源渠道包括：公司财务报表及报表附注；公司年度报告、中期报告；公司重大公告；行业报告；高等院校和科研、咨询机构报告；政府机构和中介机构报告；新闻媒介，尤其是财经、商业类的报刊、网站、电台、电视台等，都会及时报道甚至分析有关行业的经济指标，这常常是同业比较分析的依据；公司自己的研究机构及人员报告等。

二、财务报表分析的基本资料

财务报表分析的基本资料是根据会计准则编制，并经过注册会计师审计的反映公司财务状况、经营成果及现金流量的财务报表，包括：（1）资产负债表；（2）利润表；（3）现金流量表；（4）股东权益变动表；（5）财务报表附注等。

财务报表和相关披露是为了告诉报表使用者公司的三项基本活动的状况。财务报表是一组描述公司在市场经济中运行情况的报表，其不同部分反映不同的活动，各个部分又是相互联系、相互补充的。

（一）资产负债表

资产负债表是反映公司在某一特定日期财务状况的会计报表。它与公司基本活动的关系如表1—11所示。

表1—11　　资产负债表与公司的基本活动

资　产	投资活动的结果(经营活动占用的资源)	负债及股东权益	筹资活动的结果
货币资金	投资剩余(满足经营意外支付)	短期借款	银行信用筹资
应收账款	应收账款投资(促进销售)	应付账款	商业信用筹资
存货	存货投资(保证销售或生产连续性)	长期负债	长期负债筹资
长期股权投资	对外长期投资(控制子公司经营)	股本	权益筹资
固定资产	对内长期投资(经营的基本条件)	留存收益	内部筹资

该表的左半部分列示资产。资产是投资活动的结果，也是可供经营活动使用的物质资源，代表未来经营活动收益的潜在来源。公司为了从事经营活动，必须要将获得的现金投资于各类实物资产。但是，资产规模不是公司成败的标志。有的公司需要巨额的资产，如航空航天、石油开采、核能发电等；有的公司只需要有限的资产，如软件开发、会计服务等。能否为股东增加财富的关键是运用这些资产的效率和效益，而不是资产的多少。不同的经营活动需要不同的资产，资产的总量与结构应当适合经营活动的规模和类型，以便资产能发挥最大效用。

该表的右半部分列示公司的资金来源，即负债和股东权益项目，它们是筹资活动的结果，代表公司的义务。负债是来自债权人的资金，代表公司对债权人的义务，它是债权人的索偿权。股东权益是股东缴入资本和留存收益之和，代表公司对股东的义务，在持续经营状态下它是所有者要求收益的权利，在进入清算后它是所有者对公司的索偿权。由于债务到期时必须偿还，债务越多则无法偿债的概率越大，因此债务占整个资金来源的比重可以反映公司的偿债能力。

资产负债表的会计等式是“资产＝负债＋股东权益”，从公司基本活动看是“投资＝筹资”。投资和筹资是平衡的，筹资总是以投资（包括现金）的形式出现，投资额不能超过筹资额。如果投资需求增加，公司就要扩大筹资。通常，首先是加大留存收益的比例，从内部筹资；其次是在合理的负债率内增加借款，用负债筹资；最后是股东缴入，用股权筹资。

如果投资需求萎缩，找不到可以增加股东财富的机会，就应把钱还给资金的提供者。资产负债表不但要列出本年度的资产、负债和股东权益金额，还要列出各项目上年度金额，以揭示会计期间的资金来源和资金占用的变化情况。

（二）利润表

利润表是反映公司在一定会计期间经营成果的会计报表。我国的利润表采用多步式格式，分为营业收入、营业利润、利润总额和净利润四个程序，分步反映净利润的形成过程；该表的最后列示了属于普通股股东的净利润。利润表和公司基本活动的关系如表 1—12 所示。

表 1—12 利润表与公司的基本活动

项　目	公司的基本活动
一、营业收入	经营活动收入
减：营业成本	经营活动费用
营业税金及附加	经营活动费用
销售费用	经营活动费用
管理费用	经营活动费用
财务费用	筹资活动费用（债权人所得）
资产减值损失	非经营活动损失
加：公允价值变动收益	非经营活动利得或损失
投资收益	投资活动收益
其中：对联营企业和合营企业的投资收益	投资活动收益
二、营业利润	全部经营活动利润（已扣债权人利息）
加：营业外收入	非经营活动收益
减：营业外支出	非经营活动损失
其中：非流动资产处置损失	非经营活动损失
三、利润总额	全部活动净利润（未扣除政府所得）
减：所得税费用	全部活动费用（政府所得）
四、净利润	全部活动净利润（所有者所得）
五、每股收益	按每股收益准则规定计量的全部活动净利润
（一）基本每股收益	
（二）稀释每股收益	

对利润表进行分析时应着重分析其中反映公司经营活动的项目，经营活动损益是正常的、有目的的经营活动的产物，与公司经营管理的水平密切相关，可以反映公司的盈利能力。需要注意的是，该表将"财务费用"列为"营业收入"的减项，似乎是经营活动的一部分，但是在现金流量表中将利息支出列为筹资活动现金流出，两者在概念上存在不一致。由于财务报表分析必须保持概念和逻辑的一致性，因此现行报表并不满足分析的要求，需要进行调整。依据分析的目的与要求，可以在"财务费用"之前增加"息前、税前经营利润"一项，以准确表达经营活动的损益。

（三）现金流量表

现金流量表是反映公司一定会计期间内有关现金和现金等价物的流入与流出的会计报表。该表的项目按经营活动、投资活动和筹资活动三项基本活动分别列示。现金流量表与公司基本活动的关系如表1—13所示。

表1—13　　现金流量表与公司的基本活动

现金流量表项目	公司的基本活动
经营活动现金流入	经营活动：会计期间经营活动现金流量
经营活动现金流出	
经营活动产生的现金流量净额	
投资活动现金流入	投资活动：会计期间投资活动现金流量
投资活动现金流出	
投资活动产生的现金流量净额	
筹资活动现金流入	筹资活动：会计期间筹资活动现金流量
筹资活动现金流出	
筹资活动产生的现金流量净额	

现金流量表是对资产负债表和利润表的补充说明，主要表现在反映现金流量的状况方面。对于经营活动业绩，利润表以权责发生制为基础进行反映，而现金流量表以收付实现制为基础进行反映。对于筹资和投资活动，资产负债表反映本会计期末的现金存量，而现金流量表则反映本会计期间的现金流量。

（四）股东权益变动表

股东权益变动表是对资产负债表中“股东权益”项目的进一步说明。在资产负债表中，股东权益类的项目包括股本、资本公积、盈余公积和未分配利润四项。资产负债表只列出了这四个项目年初和年末金额，而股东权益变动表则反映了构成股东权益的各组成部分当期的增减变动数额及原因。一个具有发展潜力的公司，其股东权益应当不断增加。

上述四张主要财务报表分别从不同侧面反映三项基本活动。无论是分析公司的经营活动还是筹资或投资活动，都会涉及四张报表，而不仅仅是一张报表，各报表之间具有固定的内在勾稽关系。

（五）财务报表附注

财务报表附注是对在资产负债表、利润表、现金流量表和股东权益变动表等报表中列示项目的进一步说明。附注是财务报表不可或缺的组成部分，相对于报表而言，附注同样具有重要性。

增加财务报表附注的目的是增加财务报表的信息量，提高披露的充分性，防止公司粉饰报表，减少报表使用者的误解。会计规范制定机构抑制报表粉饰的方法，一是减少会计政策的选择性和会计估计的范围，二是扩大披露的范围。从某种意义上说，报表附注的多少是规范制定机构与粉饰报表行为进行博弈的结果。仔细阅读报表附注有助于发现报表粉饰行为，以便在分析时进行必要的数据调整，使分析数据建立在更加真实、可靠和可比的基础上。

按照企业会计准则的要求，在财务报表附注中至少应披露以下内容：

1. 财务报表的编制基础

编制财务报表所遵循的会计准则是在会计假设基础上建立的，而会计处理的具体程序和方法又建立在会计准则基础之上。会计报表数据实际上是在会计假设基础上所作出的估计，只有理解会计假设才能真正理解报表数据的准确含义。如果公司面临的实际情况不符合这些正常情况下的假设前提，就应在报表附注中加以说明，以免报表使用者对报表数据产生误解。

2. 遵循企业会计准则的声明

公司应当在附注中明确说明编制的财务报表符合企业会计准则体系的要求，真实、完整地反映了公司的财务状况、经营成果和现金流量等有关信息。

3. 重要会计政策和会计估计的说明

重要的会计政策是指如不说明就会引起报表使用者误解的会计政策，具体包括合并的原则、外币折算方法、收入确认的原则、存货的计价方法、长期股权投资的核算方法、其他会计政策等。

会计估计是指公司对其结果不确定的交易或事项以最近可利用的信息为基础所作的判断。许多外行人以为良好的会计数据具有唯一性，其实会计并不是一门精密的科学，许多数据是估计的。由于某些经济业务本身具有不确定性，以及采用权责发生制编制财务报表需要估计未来交易或事项的影响，因此进行合理的会计估计是不可避免的。需要进行会计估计的事项主要有：(1) 坏账是否会发生以及坏账的数额；(2) 存货的毁损和过时损失；(3) 固定资产的使用年限和净残值大小；(4) 无形资产的受益期；(5) 长期待摊费用的摊销期；(6) 收入能否实现以及实现的金额；(7) 或有损失和或有收益的发生以及发生的数额。会计估计不是没有根据的主观臆断，而是根据以往的经验和当时的情况，以一定的信息和资料为依据而作出的。合理的会计估计并不会削弱会计数据的可靠性。无视不确定性，回避会计估计将会导致遗漏许多重要事项，从而降低会计数据的可靠性和有用性。

4. 会计政策和会计估计变更以及差错更正的说明

有关会计变更和差错更正需要披露的重要事项包括：（1）会计政策变更的内容和理由；（2）会计政策变更的影响数；（3）会计政策变更的累积影响数不能合理确定的理由；（4）会计估计变更的内容和理由；（5）重大会计差错的内容；（6）重大前期差错的更正金额。

5. 或有事项的说明

公司在报表附注中应对以下或有负债进行披露：（1）已贴现商业承兑汇票形成的或有负债；（2）未决诉讼、仲裁形成的或有负债；（3）为其他单位提供债务担保形成的或有负债。

或有负债披露的内容包括：（1）或有负债的形成原因；（2）经济利润流出不确定性的说明；（3）预计产生的财务影响以及获得补偿的可能性。

或有资产是指有可能导致经济流入的或有事项。出于谨慎原则的考虑，一般不需要披露或有资产。但是，如果或有资产很可能给公司带来经济利益，则应说明其形成的原因，如果能预计其产生的财务影响，也应作相应披露。

6. 资产负债表日后事项的说明

资产负债表日后事项是指资产负债表日至财务报告批准报出日之间发生的有利或不利事项。这些事项的大部分是下一个报告年度的事项，应列入下一个年度的财务报告。但是，有两种事项要作特殊处理：一种是资产负债表日后获得新的或进一步的证据，有助于对资产负债表日的有关金额的存在状况作出重新估计的事项。对其应视同为资产负债表所属期间的事项，作出相应的账务处理，并且列入财务报表。典型的调整事项有：已经证实资产发生减损、销售退回和已确定获得或支付的赔偿等。这些事项需要调整已经编制的财务报表，因此称为“调整事项”。另一种是不影响资产负债表日的有关金额的存在状况，但如不加以说明，将会影响财务报告使用者作出正确的决策，对其应在财务报表附注中说明。这些事项不需要调整已经编制的财务报表，因此称为“非调整事项”。典型的非调整事项有：资产负债表日后发行股票和债券、对一个公司进行巨额投资、自然灾害导致资产损失以及外汇汇率发生较大变动等。对于非调整事项，报表附注中应说明其内容并估计对财务状况和经营成果的影响，如无法作出估计应说明原因。对于报表分析人员来说，非调整事项是影响公司价值的事实，只不过没有列入财务报表，必须加以注意。

另外，公司应当在附注中披露在资产负债表日后、财务报告批准报出日前提议或宣布发放的股利总额和每股股利金额（或分配给投资者的利润总额）。

7. 关联方关系及其交易的说明

关联方关系是指一方控制、共同控制另一方或对另一方施加重大影响，以及两方或两方以上同受一方控制、共同控制或重大影响。

我国现行企业会计准则规定，在存在控制关系的情况下，关联方为公司时，不论它们之间有无交易，都应说明如下事项：（1）母公司和子公司的经济性质或类型、名称、法定代表人、注册地、注册资本及其变化；（2）公司的主营业务；（3）所持股份或权益及其变化。在公司与关联方发生交易的情况下，公司应说明关联方关系的性质、交易类型及其交易要素。这些要素一般包括：（1）交易的金额；（2）未结算项目的金额、条款和条件，以及有关提供或取得担保的信息；（3）未结算应收项目的坏账准备金额；（4）定价政策。

8. 其他事项

没有在与财务报表一起公布的其他信息中披露的下列信息，公司应当在附注中披露：公司注册地、组织形式和总部地址；公司的业务性质和主要经营活动；母公司以及集团最终母公司的名称。

三、其他报表分析资料

（一）其他公司报告

其他公司报告是指除了财务报表之外的公司年度报告与中期报告。公司报告是一个比财务报表更广泛的概念，它不仅包括财务报表，还包括其他传输信息的手段。其他公司报告是财务报表分析所需信息的一部分，如公司公告、招股说明书、新闻发布稿、管理当局的预测或计划等，分析人员应当给予足够重视。

（二）审计报告

报表分析人员无法自己证实公司财务报告的可靠性，他们必须依赖审计人员的意见。注册会计师根据审计结果和被审计单位对有关问题的处理情况出具的审计报告有以下四种基本类型。

1. 无保留意见的审计报告

无保留意见是指注册会计师对被审计单位的财务报表依据独立审计准则的要

求进行检查后，确认被审计单位采用的会计处理方法遵循了会计准则及有关规定；财务报表反映的内容符合被审计单位的实际情况；财务报表内容完整，表达清楚，无重大遗漏；报表的分类和编制方法符合规定要求，因而对被审计单位的财务报表无保留地表示满意。注册会计师出具无保留意见的审计报告应符合以下情形：

（1）会计报表符合企业会计准则和相关会计制度的规定，在所有重大方面公允地反映了被审计单位的财务状况、经营成果和现金流量。

（2）注册会计师在审计过程中没有受到限制。

（3）不存在应当调整或披露而被审计单位未予调整或披露的重要事项。

无保留意见的审计报告使财务报表分析人员可以信赖该单位的财务报表，也是其最希望看到的审计报告，分析人员可以直接使用报表数据开始自己的分析工作。

2. 保留意见的审计报告

保留意见的审计报告是指注册会计师认为被审计单位的报表总体上恰当，但对某些事项有保留意见而发表的审计报告。这些事项包括：

（1）会计政策的选用、会计估计的作出或会计报表的披露不符合企业会计准则或相关会计制度的规定，被审计单位拒绝调整。

（2）审计范围受到重要的局部限制，无法获取充分、适当的审计证据。

保留意见不影响财务报表的总体使用价值，但是某个重要局部的数据不具有可信度。

3. 否定意见的审计报告

否定意见的审计报告是与无保留意见报告相反的审计报告。注册会计师出具否定意见的审计报告出于以下两种原因：一是会计处理方法的选用严重违反了企业会计准则及国家其他有关财务会计的规定，而且被审计单位拒绝调整；二是会计报表严重歪曲了被审计单位的财务状况、经营成果和现金流量，被审计单位拒绝调整。

出具否定意见的审计报告，意味着注册会计师认为被审计单位的财务报表不具有使用价值。这种财务报表不能作为财务报表分析的依据。

4. 无法表示意见的审计报告

无法表示意见是指注册会计师对被审计单位的会计报表不能发表意见，包括肯定、否定或保留的审计意见。无法表示意见不是注册会计师不愿意发表意见，而是由于某些限制未对某些重要事项取得证据，没有办法完成取证工作，从而无法判断问题的归属，无法对财务报表整体发表审计意见。在注册会计师出具无法表示意见的审计报告时，他会使用“无法发表审计意见”等措辞，并说明无法表示意见的理由，例如，缺乏可以依赖的相关控制制度，无法采用适当的审计程序以证实收入的完整性等。

除上述四种审计报告，注册会计师还可以出具带强调事项段的审计报告。即如果审计过程中存在可能导致对持续经营能力产生重大疑虑的事项以及可能对财务报表产生重大影响的不确定事项（持续经营问题除外），但不影响已发表的审计意见，注册会计师会考虑在审计报告的意见段之后增加强调事项段对此予以强调。报表分析人员应充分考虑这些强调事项的影响，认真、谨慎地进行分析。

本章小结

财务报表分析是报表信息使用者以财务报表及其相关资料为对象，采用科学的方法与评价标准，系统分析、评价公司的财务状况、经营成果与现金流量状况，进而正确评价公司价值及其驱动因素。它有助于报表使用者作出正确的经济决策，保护投资者及其他利益相关者的利益。财务报表分析是财务分析的核心，也是公司价值评估、信用风险评估、公司经营管理与公司外部监管的基础与基本手段。

通过财务报表分析可以评估公司价值，评估信用风险，评价公司经营管理状况，发现公司舞弊及其他风险，保护投资者与债权人的利益，有利于改善公司管理与强化外部监管。

本书中财务报表分析是基于公司层面的分析，并不区分特定的利益相关者主体，分析目标是评价和预测公司价值。因此，本书是以公司价值评估为核心与主线来组织逻辑结构的。公司价值及其驱动因素框架构成了财务报表分析原理与路径，增长、盈利与风险的动态均衡评价是公司财务报表分析的核心。

财务报表分析需要遵循既定的原则，要注意财务报表分析的局限性。

财务报表分析方法包括比较分析法、比率分析法、因素分析法、平衡分析法和综合分析法。财务报表分析的基本资料是根据会计准则编制，并经过注册会计师审计的反映公司经营成果、财务状况及现金流量状况的财务报表，包括资产负债表、利润表、现金流量表、股东权益变动表、财务报表附注等。此外，还要关注其他公司报告与审计报告。

思考与练习

一、单项选择题

1. 财务报表分析的基本目的是（　　）。

A. 预测和评估公司价值　　B. 分析公司的控制权配置

C. 判断报表数字是否真实　　D. 评价公司的市场地位

2. 财务报表分析的最基本资料是（　　）。

A. 财务报告　　B. 行业资料

C. 市场资料　　D. 国家宏观经济政策

3. 根据各因素的相互关系，依次测算各因素对某一财务指标影响程度的方法是（　　）。

A. 比较分析法　　B. 比率分析法

C. 差额分析法　　D. 连环替代法

4. 财务报表分析方法中最基本、最主要的方法是（　　）。

A. 趋势分析法　　B. 因素分析法

C. 比率分析法　　D. 比较分析法

5. 在利润表中，能够反映全部经营活动利润的项目是（　　）。

A. 利润总额　　B. 息前税前利润

C. 营业利润　　D. 净利润

6. 公司最基本的价值驱动因素是（　　）。

A. 资产　　B. 利润

C. 收入　　D. 增长、盈利与风险

二、多项选择题

1. 财务报表分析的基本资料包括（　　）。

A. 资产负债表　　B. 利润表

C. 现金流量表　　D. 审计报告

E. 所有者权益变动表

2. 财务报表的分析主体包括（　　）。

A. 投资者　　B. 经营管理者

C. 债权人　　D. 注册会计师

E. 证监会

3. 可供财务报表分析者使用的资料有（　　）。

A. 对外公布的会计报表　　B. 审计报告

C. 招股说明书　　D. 项目可行性分析报告

E. 行业统计信息报告

4. 财务报表分析的基本方法有（　　）。

A. 比较分析法　　B. 比率分析法

C. 主观分析法　　D. 因素分析法

E. 综合分析法

5. 以下属于财务报表分析原则的有（　　）。

A. 实事求是　　B. 系统性

C. 因果关系与平衡关系　　D. 定性分析与定量分析相结合

E. 动态分析

三、判断题

1. 财务报表分析结论不受财务报表质量的影响。（　　）

2. 财务报表分析中计算的比率总是能够客观地反映公司的实际业务情况。（　　）

3. 所有者权益变动表是对资产负债表中“所有者权益”项目的进一步说明，它进一步反映了所有者权益各组成部分当期的增减变动额及其原因。（　　）

4. 对于财务报表分析主体而言，财务报表附注与四张主表具有同样的重要性。（　　）

5. 进行任何目的的财务报表分析都要先审阅会计报表，对报表进行会计分析，确定报表的可信赖程度。（　　）

四、名词解释

1. 财务报表分析

2. 比较分析法

3. 因素分析法

五、简述题

1. 财务报表分析具有什么功能？

2. 财务报表分析的原则是什么？

3. 财务报表分析具有哪些局限性？如何应对？

4. 简述财务报表分析的原理与框架。

5. 财务报表分析方法有哪些？各有什么优缺点？

6. 财务报表分析的资料有哪些？

六、计算分析题

请选择一家上市公司连续三年的资产负债表和利润表，运用本章所学的方法进行分析。要求：

1. 运用横向比较法、纵向比较法、趋势分析法分析资产负债表和利润表。

2. 通过连续三年的分析，对该公司的财务状况和经营成果作出简单评价。

案例讨论

受困于超速扩张的顺驰

2006年9月，10亿元资金缺口迫使孙宏斌以12.8亿元的超低价，将顺驰55%的控股权卖给香港路劲基建公司。孙宏斌还以个人持有的融创集团60%的股权作抵押，向路劲基建公司贷款5.7亿元，贷款年利率高达12%。顺驰的神话破灭了，但它究竟败在哪里？简单的资金链断裂可以概括原因吗？

作为中国房地产业的一匹黑马，自1994年成立以来，顺驰就一直保持着几何式的扩张速度。2003年，公司提出40亿元的销售计划，目标直指房地产行业的龙头万科（000002）；2004年，提出100亿元销售目标［相当于当年万科与富力地产（2777，HK）的销售额之和，实际销售额为83.4亿元］；2005年，计划在2004年基础上将销售额再翻一倍，达到190亿元；2006年，计划实现400亿元销售目标；2007年，销售目标为800亿元。

为了实现3～5年内做成一个千亿元级的企业，5～10年内进入中国10强、世界500强的目标，自2003年开始，顺驰便开始全国扩张，提出：3年内，进入一线城市北京，进入有增长潜力的二线城市和天津市周边的三线城市；5年内，进入2个以上一线城市，以一线城市为中心覆盖周边二线城市；10年内，在所有一线城市成为主流开发商，并覆盖绝大部分二线城市。

现实中，顺驰的扩张速度比规划更快。高速扩张的顺驰成为众多中小房地产企业翘首的榜样，被誉为“发展中房地产企业的希望”。但其实，顺驰的超速扩张早就隐含着危机。顺驰面临高负债危机，为此，公司提出了所谓“缩短从现金到现金”的商业模式，通过运作多个项目来打资金的时间差，并将半年一次的预算改为一周一次，力图通过预售制度、延缓支付和加速回笼来调剂资金。这种打时间差融资的方式对公司的资金周转提出了很高的要求，从建设到销售，任何一个环节都必须严格执行计划，否则将给企业带来周转危机。但遗憾的是，顺驰对于利润率的追求破坏了其在资产周转率上的优势。不遗余力地以高价拿地，使顺驰的土地成本不断上升。

2003年底，顺驰更是以高出底价一倍的价格击败华润、天鸿等竞争对手，标得北京大兴地块，被业内人士称为“天价制造者”。为了收回成本，顺驰被迫走上高端路线。高端路线虽然贡献了更高的利润率，但却牺牲了周转率，减缓了回款速度，从而使顺驰的资金链更加紧张。

2004年5月，在经历了半年的疯狂抢地后，顺驰开始抵挡不住宏观调控的压力。五六月份，它被迫停止拿地，并连续做了8笔信托。工作重点也由储备土地转向聚焦销售，同时积极筹备香港上市以延续资金链。上市计划受阻后，孙宏斌又四处寻找私募投资。虽然表面上说公司每年百亿元的销售额不在乎上市融资的那十几个亿，但实际上，正是这十几亿元的资金缺口，打破了顺驰这匹黑马的神话。

就连顺驰的那些老对手们也必须承认，顺驰的融资渠道和资金链基础还是不错的。信托、私募、合作开发、境外上市、银行贷款……能用的金融工具，孙宏斌几乎都用上了。

可见顺驰的问题不在融资能力上，它是输在没有把握好房地产企业极限扩张速度的节奏上。

讨论

1. 顺驰的超速增长对公司价值产生了什么影响？
2. 顺驰的增长速度与其财务危机之间具有什么关系？
3. 利润率与资产周转率对公司可能的发展速度有什么影响？
4. 公司利润率与资产周转率之间是什么关系？
5. 从这个案例中我们还能得到什么启示？

第2章

资产流动性与短期偿债能力分析

学习目的与要求

1. 理解资产流动性的含义。

2. 理解资产流动性对短期偿债能力的影响。

3. 理解并能熟练运用营运资本、流动比率、速动比率、现金比率进行短期偿债能力分析。

4. 理解影响短期偿债能力的经济因素。

引导案例

财务报表分析成就学者的社会贡献

2001年，刘姝威在《上市公司虚假会计报表识别技术》一书的写作过程中，发现蓝田公司存在严重问题，于是在《金融内参》上发表600字的短文《应立即停止对蓝田股份发放贷款》予以披露，此后不久，国家有关银行相继停止对蓝田股份发放新的贷款。刘姝威的生活随即被搅乱：诉讼，死亡威胁，向民警寻求安全保护……这就是轰动全国的"蓝田事件"。由于刘姝威提供了详细的财务报表分析资料，引起了政府监管部门的关注，最终蓝田股份的高管被送进监狱，从而保护了中小股东的利益，维护了资本市场秩序。由于坚守学者的独立性、良知、社会责任感，2003年，刘姝威先后被评选为"CCTV 2002经济年度人物"和"CCTV 2002年感动中国人物"、"2002年度《中国妇女》时代人物"，并荣获2003年全国五一劳动奖章。

刘姝威关于蓝田财务报表分析报告的主要内容如下：

2000 年蓝田股份的流动比率为 0.77，速动比率为 0.35，营运资本为 －127 606 680.11 元。此外，她还分析了资产结构及流动资产结构、资产结构的变动趋势、短期偿债能力的变动趋势，并且结合业务资料进行了综合分析。

上述财务报表分析报告中的比率、数字代表什么含义？刘姝威是如何从这些数字、趋势中得出分析结论的？财务报表分析为何产生了如此大的社会反响？本章将给出答案。

第 1 节　资产流动性与短期偿债能力

公司的短期偿债能力是公司抗风险能力的集中体现，公司陷入财务危机或破产状态，不管原因如何，最终会体现为公司流动性的丧失而导致的短期偿债能力的丧失。因此，短期偿债能力分析是公司价值分析的关键，是公司盈利能力、增长能力分析的基础，对公司利益相关者作出正确决策极为重要。

一、资产流动性

公司资产的流动性是评价公司短期偿债能力的关键因素，我们首先讨论公司资产流动性问题。资产是指过去的交易、事项形成并由公司拥有或能够控制的资源，该资源预期会给公司带来经济利益，它是公司进行生产经营的物质基础。资产流动性是资产的一个重要特性，是指公司资产通过经营收入转换为现金的速度或者通过市场交易变现的容易程度，即资产的周转能力和变现能力的综合反映。资产在经营过程中，通过经营收入转换为现金的速度越快，其周转能力越强，流动性越强；资产通过出售以及其他交易方式越容易地、不受损失地变现为等额现金，其变现能力越强，流动性越强。例如，交易性金融资产易于转化为等额现金，而固定资产转化为等额现金则不那么容易，如果用固定资产偿债，资产价值必然要打个折扣，存货转化为等额现金的容易程度则介于交易性金融资产与固定资产之间，故交易性金融资产的流动性大于存货，而存货的流动性则大于固定资产。在资产负债表中，资产通常按照流动性分类，流动性强的资产称为流动资产，这些资产是指在一年内或超过一年的一个营业周期内耗用的资产；流动性弱的资产称为长期资产或非流动资产，这些资产是指在超过一年或超过一年的一个营业周期以上耗用的资产。财务报表中这种分类的目的就是便于报表使用者了解和分析资产的流动性和偿债能力。所以，公司的资产负债表为分析资产的流动性和偿债能力奠定了基础。

根据资产的定义，公司所有的资产都是有价值的，均能够转换为现金。然而，在实践中有些资产是难以或不准备迅速转换为现金的，如厂房建筑物、机器设备、运输车辆、土地使用权、商标权等。这些资产一般反映了公司的盈利能力，往往在相对较长的时期内一直使用，不能或不准备转换为现金，因此，这些资产的流动性差，但盈利能力强，称为长期资产或非流动性资产，有时也称为资本性资产。非流动资产并非不流动，只是流动较慢，变现能力较弱。根据流动资产与非流动资产的这种不同特性，公司采取不同的融资策略，即流动资产一般较多地采用负债融资，而非流动资产一般较多地采用权益资本融资。不同的资产采用不同的融资方法，这是公司财务管理的一个重要特点，也是财务报表分析的一个重要标杆。

总之，资产的流动性不仅是公司短期偿债能力的物质保证，而且是公司盈利能力与增长能力的重要基础，对于公司财务质量、公司价值与公司财务决策都有着极为重要的影响。

二、资产流动性与短期偿债能力分析

偿债能力分析，是指通过对资产的周转能力与变现能力以及资产与负债之间的有机联系进行分析，来判断公司的偿债能力及资产质量的一种分析方法。公司的偿债能力按其紧迫性分为短期偿债能力和长期偿债能力。

短期偿债能力是指企业用流动资产偿还流动负债的保障程度。一个公司短期偿债能力的大小一方面取决于公司资产流动性与质量，另一方面取决于流动负债的数量与期限结构。短期偿债能力对公司至关重要，如果公司无法保持一定的短期偿债能力，则意味着该公司不管资产规模多大，盈利能力多强，都将可能因资金调度不畅而陷入财务危机或濒临破产。即便有大量的非流动资产或者盈利，也有可能因为债权人起诉而被法院强制执行，这时公司资产通常被折价变现或出售用以还债。偿债也可能导致公司的核心资产丧失，核心竞争力受到重创，最终导致公司陷入财务危机。

在分析公司的短期偿债能力时，公司资产流动性问题至关重要。在权责发生制下，公司有盈利并不足以说明其具有短期偿债能力。这是因为偿还到期债务要以流动资产，尤其是货币资金支付，而公司的利润与公司实际持有的现金并非一回事。也就是说，一个公司可能有很高的利润，但如果缺乏可供支配的现金，就没有能力偿还到期债务；反之，一个公司也可能处于亏损状态，但只要它实际持有一定的现金，即说明其具有相应的短期偿债能力。因此，公司短期偿债能力的强弱往往由公司流动资产的数量以及流动负债的数量与期限结构决定，其中资产流动性是最为关键的保障因素。因此，分析公司资产流动性是短期偿债能力分析的基础。资产的流动性由资产周转能力与变现能力决定，关于资产周转能力分析将在第 4 章讨论，本章主要讨论通过不同流动资产的变现能力来保证短期债务的偿还问题。

三、流动资产与流动负债的项目分析

如前所述，企业短期偿债能力的强弱首先取决于流动资产与流动负债的数量关系。由于本章不讨论资产周转能力问题，所以我们主要考察资产变现能力与流动负债的搭配关系，以分析公司的短期偿债能力。

公司资产的变现能力主要取决于公司的流动资产，且不同的流动资产变现能力不同，因此，需要对流动资产项目进行分析。流动负债的数量与期限结构对于公司短期偿债能力具有决定性影响，流动负债数量越大，公司的短期偿债能力表现越弱；流动负债集中到期，或者流动负债到期时间与公司现金流入时间或流动资产变现时间间隔越大，公司的短期偿债能力可能表现越弱。因此，需要对流动资产与流动负债的主要项目进行分析。

（一）流动资产

流动资产主要是为交易目的而持有的，可以在一年或超过一年的一个营业周期内变现、出售或耗用的资产，其主要项目有：

1. 货币资金

由于货币资金本身可用于偿债，其变现时间等于零，并且通常不存在变现损失问题，因此货币资金是偿债能力最强的资产。但是，具有特殊用途的货币资金不能作为可偿债资产，比如专门用于固定资产投资的货币资金，银行限制性条款中规定的最低存款余额等。它们不能随时用于偿债，应予以扣除。

2. 交易性金融资产

交易性金融资产是指为交易目的所持有的债券投资、股票投资、基金投资等金融资产，按公允价值计量，其流动性和变现性仅次于货币资金。当公司需要货币资金时，可以立即出售该项资产，收回货币资金。

3. 应收票据

按我国现行会计准则的规定，应收票据按面值计价。在资产负债表上，应收票据项目反映了公司未到期也未向银行贴现的应收票据面值。未到期的应收票据转换为现金，要支付贴现息，会产生变现损失。

4. 应收账款

在计算可用于还债的流动资产时，要对应收账款的数额进行某些调整：第一，某些应收账款可能收不回来而成为坏账，只有扣除了坏账准备后的应收账款净额才能纳入计算营运资本的范围。第二，不能在短期内变现的项目应予扣除，例如收款期长于一年的应收款项。第三，对营业周期较短的公司来说，账龄超过一年的应收账款不能收回的可能性较大，不能视为可偿债资产。第四，关联公司的应收账款可能是一种融资安排，其收回没有保障，可以考虑扣除。

5. 存货

在资产负债表日，存货应该按照成本与可变现净值孰低原则计量。存货成本高于可变现净值的，应计提存货跌价准备，扣除跌价准备后的存货才属于可偿债资产。存货计价方法对存货价值也有影响，应该予以关注。分析时，还应关注报表附注披露的与存货有关的信息，如各类存货年初数与年末数的差额、存货跌价准备的计提方法、用于担保的存货账面价值等。

6. 预付账款

预付账款是指公司按照购货合同规定预付给供应单位的款项。预付账款是一种已经支付但尚未失去效用的成本。这些预付账款将在一年或超过一年的一个营业周期内转变成公司的某种经济利益。虽然预付账款通常不能收回现金，但是可以在短期内节省现金支出，因此多数人认为可以将其列入可偿债资产。

（二）流动负债

流动负债主要是为交易目的而持有的，在一年或超过一年的一个营业周期内偿还的债务，主要项目有：短期借款、交易性金融负债、应付票据、应付账款、预收账款、应付职工薪酬、应交税费、应付利息、应付股利、其他应付款、一年内到期的非流动负债等。在进行分析时，不应假定报表中有关的流动负债分类总是正确的。最终支付可能性很高的短期债务不一定都纳入流动负债之中。

在分析时应注意以下问题：

（1）对于自资产负债表日起一年内到期的负债，公司预计能够自主地将清偿义务展期至资产负债表日后一年以上的，应当归为非流动负债；不能自主地将清偿义务展期的，即使在资产负债表日后、财务报告批准报出日之前签订了重新安排清偿计划协议，该项负债仍应归为流动负债。

（2）与担保有关的或有负债没有被列入报表。但是，如果它的数额较大，并且很有可能发生，就应将其列入需要偿还的债务。

（3）经营租赁合同中的未来付款承诺没有被列入报表。但是如果金额比较大，并且是不可撤销的合同，就应将未来最低租赁付款额纳入需要偿还的债务，资料见报表附注。

（4）建造或购买非流动资产合同中的阶段性付款等也是一种承诺，应当列入需要偿还的债务。

（5）流动负债的计价。由于流动负债数据都来自账面资料，如果低估流动负债的账面价值，就会高估营运资本；反之，如果高估流动负债的账面价值，就会低估营运资本。

第 2 节　短期偿债能力分析

一、短期偿债能力分析思路

（一）评价流动负债和流动资产的数量关系

如果流动资产大于流动负债，资产转换所得现金超过流动负债，则认为偿债能力强。流动资产和流动负债的关系有两个评价指标：一个是营运资金，即两者的差额；另一个是流动比率，即两者的比值。

（二）评价资产的流动性

只有不断流动的资产才能产生现金，只有取得现金才能偿债，因此资产流动性可以反映偿债能力，而偿债能力分析有时也叫流动性分析。资产的流动性有两个评价指标：一个是流动资产周转天数；另一个是流动资产周转率。这方面内容将在第 4 章讲解。

（三）比较一年内到期的债务和产生的现金

债务最终要用现金来偿还，因此可以用一年内产生的现金流入和同期需要偿还的债务的关系来评价偿债能力。

二、短期偿债能力分析指标

短期偿债能力的高低，通常有一系列指标予以反映。由于这些指标本身准确性的缺陷以及时空条件的变化，各种指标所反映的偿债能力只能是综合的、大致的、仅供参考的信息，并非百分之百准确，在分析时应特别注意。下面分别介绍短期偿债能力分析的四个指标及应用时应注意的问题，这四个指标分别是营运资本、流动比率、速动比率和现金比率。

（一）营运资本

1. 营运资本的计算与分析

营运资本（working capital）是指流动资产超过流动负债的部分，表示公司的流动资产在偿还全部流动负债后还有多少剩余，其计算公式如下：

营运资本＝流动资产－流动负债

营运资本是偿还流动负债的“缓冲垫”，营运资本越多则偿债越有保障。营运资本是用于计量公司短期偿债能力的绝对值指标。公司能否偿还短期债务，要看有多少债务，以及有多少可以变现偿债的流动资产。当流动资产大于流动负债时，营运资本为正，说明营运资本出现溢余。此时，与营运资本对应的流动资产是以一定数额的长期负债或所有者权益作为资金来源的。营运资本数额越大，说明不能偿债的风险越小。反之，当流动资产小于流动负债时，营运资本为负，说明营运资本出现短缺。此时，公司部分非流动资产以流动负债作为资金来源，公司不能偿债的风险很大。对营运资本指标进行分析，可以从静态上评价企业当期的偿债能力状况，也可以结合企业规模等因素评价企业不同时期的偿债能力变动情况。

例 2—1

根据中国石油公司资产负债表的资料，该公司 2010—2012 年的营运资本指标计算如表 2—1 所示。

表 2—1　　中国石油公司营运资本计算表*　　单位：百万元

项　目	2012 年	2011 年	规模变动情况		2010 年
			增减额	增减率	
流动资产	418 040	385 420	32 620	8.46%	289 880
流动负债	574 748	560 038	14 710	2.63%	429 736
营运资本	－156 708	－174 618	17 910	－10.26%	－139 856

* 涉及中国石油公司 2011 年、2012 年的相关数据参见附录。

由表 2—1 可知，中国石油公司 2010—2012 年的流动资产均不能抵补流动负债，即营运资本出现短缺，近三年分别为－139 856 百万元、－174 618 百万元和－156 708 百万元，说明公司不能偿债的风险很大，公司短期偿债能力较弱。

2. 营运资本标杆

营运资本标杆用以指导保持营运资本的数量，即公司应保持多少营运资本为宜。短期债权人希望营运资本越多越好，这样就可以减少风险。因为营运资本的短缺会迫使公司为了维持正常的经营和信用，在不适当的时机、按不利的利率进行不利的借款，从而影响利息和股利的支付能力。但是过多地持有营运资本也不是什么好事。高营运资本意味着流动资产多而流动负债少。流动资产与非流动资产相比，流动性强、风险小，但获利性差，流动资产过多不利于公司提高盈利能力。除短期借款以外的流动负债通常不需要支付利息，流动负债过少，说明公司利用无息负债扩大经营规模的能力较差。因此，公司应保持适当的营运资本规模。

没有一个统一的标准来衡量营运资本保持多少是合理的。不同行业的营运资本规模有很大差别。一般来说，零售商的营运资本较多，因为它们除了流动资产外没有什么可以偿债的资产；而信誉好的餐饮公司营运资本很少，有时甚至是一个负数，因为其稳定的收入可以偿还同样稳定的流动负债。制造业一般有正的营运资本，但其数额差别很大。由于营运资本与经营规模有联系，所以同一行业不同公司之间的营运资本缺乏可比性。营运资本是一个绝对数，不便于不同公司间的比较，因此在实务中很少直接使用营运资本作为偿债能力的指标。

例 2—2

A 公司和 B 公司的营运资本相同，但偿债能力显然不同（见表 2—2）。

表 2—2　**营运资本比较表**　单位：万元

项　目	A 公司	B 公司
流动资产	300	1 200
流动负债	100	1 000
营运资本	200	200

因此，营运资本标杆虽然没有统一标准，但是通过流动资产与流动负债的相对比较来确定适合本公司规模与业务特征的营运资本标杆是必要的和可行的。

（二）流动比率

1. 流动比率的计算与分析

流动比率（current ratio）是流动资产与流动负债的比值，表示每 1 元流动负债有多少元流动资产作为偿还保障。其计算公式为：

$$流动比率=\frac{流动资产}{流动负债}$$

一般认为，流动比率应达到2以上。该指标越高，表明企业的短期偿债能力越强，企业所面临的短期流动性风险越小，债权人安全程度越高。这是因为较高的流动比率可以保障在流动负债到期日有较多的流动资产可供变现偿债。这个比率还表明当公司遇到突发性现金流出，如发生意外损失时的支付能力。

例2—3

根据中国石油公司资产负债表的资料，该公司2010—2012年的流动比率指标计算如表2—3所示。

表2—3　　中国石油公司流动比率计算表　　金额单位：百万元

项　目	2012年	2011年	规模变动情况		2010年
			增减额	增减率	
流动资产	418 040	385 420	32 620	8.46%	289 880
流动负债	574 748	560 038	14 710	2.63%	429 736
流动比率	0.73	0.69	0.04	5.69%	0.67

由表2—3可知，中国石油公司2010年和2011年流动比率分别为0.67和0.69，短期偿债压力较大。2012年为0.73，较上年同期上升0.04，表明短期偿债能力有所改善。流动资产增加使得流动比率增加，增加的主要原因：一是应收账款及其他应收款增加；二是存货上升。但流动负债增加使得流动比率下降，下降的主要原因是短期借款和应付账款增加。两者综合作用的结果使2012年流动比率上升0.04，流动资产增加是引起流动比率上升的主要原因。

如果按照经验标准来判断，中国石油公司近几年的流动比率都低于2，表明该公司的短期偿债能力较弱。这是否就意味着该公司短期偿债能力已经到了危机边缘呢？应结合该行业的平均值及该公司指标值的变动情况进行比较，才能说明问题。如果该行业的平均值为1.5，说明中国石油公司的短期偿债能力较差；反之，如果该行业的平均值为0.5，说明中国石油公司的短期偿债能力还是可以接受的。

需要指出的是，随着时间的推移，企业经营的主客观因素都发生了较大的变化，人们的认识也在不断深入，企业对资产的流动性及资产的利用效果更加重视，任何企业都不会牺牲资产的流动性和利用效果来维护很高的偿债能力。因此，近年来流动比率呈下降趋势，是否仍以2∶1的水平作为判断企业短期偿债能力高低的标准，值得探讨。如果这一标准发生变化，那么对企业的评价也会随之改变。一般来说，不同行业的流动比率通常有明显差别。营业周期越短的行业，合理的流动比率越低。为了考察流动资产的变现能力，有时还需要分析其周转率，应结合流动项目的构成和各流动资产的效率进行综合分析。

2. 流动比率指标的优缺点

作为衡量企业短期偿债能力高低的重要标准，流动比率具有以下优点：

（1）流动比率可以揭示企业用流动资产抵补流动负债的程度，流动比率越大，对负债的保证程度越高，越能保证债权人的权益。

（2）流动比率可以揭示企业所拥有的营运资本与短期负债之间的关系，可以使指标的使用者了解企业的营运资本是否充足，据此判断企业防御经营中发生意外风险的能力，判断企业一旦发生风险，营运资本是否足以抵偿其损失，而保证按期偿还债务。

（3）流动比率超过 1 的部分，可以为流动负债的偿还提供一项特殊的保证，显示出债权人安全边际的大小。由于交易性金融资产和存货资产等在变现时可能会发生损失，所以，流动比率超过 1 的部分越多，债权人的安全边际越大，全额收回债权的可靠程度越高。

（4）流动比率的计算方法简单，资料来源比较可靠，即使是企业外部关系人也能很容易地计算出企业的流动比率，从而对企业的偿债能力作出判断。

流动比率也有局限性，使用时应注意：

（1）流动比率所反映的是企业某一时点上可以动用的流动资产存量与流动负债的比率关系，而这种静止状态的资产与未来的资金流量没有必然联系。流动负债是企业短期内要偿还的债务，而企业现存的流动资产能否在短期内变成现金却难以保证。所以，流动比率只反映了企业短期内由流动资产和流动负债产生的现金流入量与流出量的可能途径，企业的经营、产品的销售、利润的取得和分配又与现金流入和流出有直接关系，这些因素在计算流动比率时未加以考虑。

（2）企业应收账款规模的大小受企业销售政策和信用条件的影响。信用条件越是宽松，销量越大，应收账款规模就越大，发生坏账损失的可能性就越大。因此，不同的主观管理方法会影响应收账款的规模和变现程度，使指标计算的客观性受到损害，容易导致计算结果的误差。

（3）企业现金储备的目的在于防止产生现金流入量小于现金流出量的现象，而现金又是不能带来收益的资产，故企业应尽可能减少现金持有量，至于其他存货也应尽可能降到保证生产正常进行的最低水平。显然，增强企业的偿债能力与节约使用资金、减少流动资产上的资金占用的要求相矛盾。

（4）存货资产在流动资产中占有较大比重，而企业又可以随意选择存货的计价方法，不同的计价方法对存货规模的影响也不同，会使流动比率的计算带有主观色彩。同时，如果企业积压存货或在管理方面存在问题，反而会表现出较高的流动比率。

(5) 企业的债务并不是全部反映在资产负债表上，如企业支付的工资是经常发生的，但却没有列入资产负债表中。只以资产负债表上的流动资产与流动负债来判断企业的偿债能力是不全面的。

尽管流动比率存在上述缺点，但在没有更好的指标取代时，它仍是目前应用的最重要的判断企业短期偿债能力的指标。

(三) 速动比率

1. 速动比率的计算与分析

速动比率 (quick ratio)，是速动资产与流动负债的比率，用来衡量公司流动资产可以立即变现偿付流动负债的能力。该指标是从流动比率演化而来，所以常常和流动比率一起使用，用来判断和评价公司短期偿债能力。该指标的计算公式为：

$$速动比率=\frac{速动资产}{流动负债}$$

$$=\frac{流动资产-存货}{流动负债}$$

该指标越高，表明企业偿还流动负债的能力越强。一般认为，每1元的流动负债要有1元的速动资产来支付，即速动比率的标准值应为1，此时表明企业既有良好的债务偿还能力，又有较为合理的流动资产结构。如果速动比率低于1，一般认为短期偿债能力较差，但分析时还要结合其他因素进行评价。

在计算速动比率时要把存货从流动资产中剔除的主要原因是：(1) 存货是流动资产中变现速度最慢的资产，而且存货在销售时受市场价格的影响，其变现价值带有很大的不确定性，在市场萧条或产品不对路的情况下，又可能成为滞销货而无法转换为现金。(2) 由于某种原因，存货中可能含有已损失报废但还没作处理的不能变现的存货。(3) 部分存货可能已抵押给某债权人。(4) 存货估价还存在着成本与合理市价相差悬殊的问题。综合以上原因，把存货从流动资产总额中剔除而计算出的速动比率是企业实际的短期偿债能力，该指标反映的短期偿债能力比流动比率更为准确、更加可信。

例 2—4

根据中国石油公司资产负债表的资料，该公司 2010—2012 年的速动比率指标计算如表 2—4 所示。

表 2—4 中国石油公司速动比率计算表 金额单位：百万元

项　目	2012 年	2011 年	规模变动情况		2010 年
			增减额	增减率	
流动资产	418 040	385 420	32 620	8.46%	289 880
存货	214 117	182 253	31 864	17.48%	134 888
流动负债	574 748	560 038	14 710	2.63%	429 736
速动比率	0.35	0.36	−0.01	−2.20%	0.36

由表 2—4 可知，中国石油公司 2012 年速动比率为 0.35，较上年同期下降 2.2%，主要由于公司存货大幅增加，而且存货在流动资产中占比最大，为 51.22%。这表明该公司的流动资产结构不合理，速动资产占有较小比重，导致偿债能力下降，只能偿还流动负债的 35%，要想偿还所有的流动负债，必须变现大部分存货资产。

与流动比率一样，不同行业的速动比率也有很大差别。影响速动比率可信性的重要因素是应收账款的变现能力。例如，采用大量现金销售的商品零售行业几乎没有应收账款，大大低于 1 的速动比率是很正常的。相反，一些应收账款较多的公司，速动比率可能要大于 1。所以，在评价速动比率时，还应分析应收账款的质量。

2. 速动比率指标的优缺点

作为衡量企业短期偿债能力高低的重要标准，速动比率具有以下优点：用速动比率来评价公司的短期偿债能力，消除了存货等变现能力较差的流动资产项目的影响，可以部分地弥补流动比率指标存在的缺陷。当公司流动比率较高时，如果流动资产中可以立即变现用来支付债务的资产较少，其偿债能力也较差；反之，即使流动比率较低，但流动资产中的大部分都可以在较短的时间内转化为现金，其偿债能力也很强。所以用速动比率来评价公司的短期偿债能力相对更准确一些。

速动比率也有局限性，使用时应注意：(1) 速动比率只是揭示了速动资产与流动负债的关系，是一个静态指标。作为反映资产流动性的指标，速动比率只是说明了在某一时点用于偿还流动负债的速动资产，并不能说明未来现金流入的多少，而未来现金流入是反映流动性的最佳指标。(2) 速动资产中包含了流动性较差的应收账款，使速动比率所反映的偿债能力受到怀疑。即按全部应收账款计算的速动比率有一定的水分，不能真实地反映出公司的偿债能力。特别是当速动资产中含有大量的不良应收账款时，必然会削弱企业的短期偿债能力。(3) 预付账款的变现能力也较差，需要经过一定时期变为存货以后，才能恢复其流动性，在计算速动比率时理应扣除。

需要特别指出的是，一个公司的速动比率较高，虽然能够说明公司有较强的偿债能力，公司财务状况良好，但过高的速动比率会影响公司的盈利能力。过高的货币资金存量能使速动比率提高，但货币资金的相对闲置会使公司丧失许多能够获利的投资机会。所以，对速动比率必须辩证地分析，进行风险和收益的权衡。

（四）现金比率

现金比率（cash ratio），是现金类资产与流动负债的比值，表明每 1 元流动负债有多少元现金类资产可作偿还保障。现金类资产是指现金及现金等价物，其特点是可以随时提现或转让变现。该比率代表了公司立即偿还到期债务的能力。其计算公式如下：

$$\text{现金比率}=\frac{\text{现金类资产}}{\text{流动负债}}\times 100\%$$

例 2—5

根据中国石油公司资产负债表的资料，该公司 2010—2012 年的现金比率指标计算如表 2—5 所示。

表 2—5　　　　**中国石油公司现金比率计算表**　　　　金额单位：百万元

项　目	2012 年	2011 年	规模变动情况		2010 年
			增减额	增减率	
现金类资产	43 395	61 172	−17 777	−29.06%	45 709
流动负债	574 748	560 038	14 710	2.63%	429 736
现金比率	0.08	0.11	−0.03	−30.88%	0.11

注：这里的现金类资产与现金流量表中的“期末现金及现金等价物余额”数值相等，即为资产负债表中的“货币资金”49 953 百万元减去到期日为三个月以上定期存款 6 558 百万元的差额。

由表 2—5 可知，中国石油公司近三年现金比率均不高，而且 2012 年的现金比率比 2011 年减少了 0.03，说明公司为每 1 元流动负债提供的现金类资产保障降低了 0.03 元，主要原因是公司的货币资金较上年减少了 14 346 百万元，同比减少 22.31%。该指标是否合理，还应当进行同业分析或本公司多个会计期的趋势分析，以便作出客观的判断。

现金比率可以准确地反映企业的直接偿付能力，当企业面临支付工资日或大宗进货日等而需要大量现金时，这一指标更能显示出其重要作用。由于现金比率没有考虑企业流动资产中的存货和应收账款，所以，对于应收账款和存货变现存在问题的企业，该指标尤为重要。

现金比率高说明公司即刻变现能力强。但如果这个指标很高，也不一定是好事。它可能反映出该公司不善于充分利用现金资源，没有把现金投入经营以赚取更多的利润。因此，在对这个指标下结论之前，应充分了解公司情况。有时候公司可能有特别的计划需要使用现金，如集资用于扩大生产能力的建设，就必须使手头上的现金增加，在这种情况下，现金比率会很高，但不能误认为偿债能力很强。但无论如何，过低的现金比率反映出公司的支付能力一定存在问题，时间长了会影响公司的信用。公司保持合理的现金比率是很必要的。一般认为这一比率应在 0.20 左右，在这一水平上，公司的直接支付能力不会有太大的问题。

三、流动比率、速动比率、现金比率的相互关系

流动比率、速动比率、现金比率是以流动资产和流动负债的相互关系来反映公司短期偿债能力的主要指标，三者之间的相互关系可以用图 2—1 表示。

由图 2—1 可知：

（1）以全部流动资产作为偿付流动负债的基础所计算的指标是流动比率。它包括了变现能力较差的存货。如果存货中有超储积压物资，会造成公司短期偿债能力较强的假象。

（2）速动比率以扣除变现能力较差的存货等作为偿付流动负债的基础，它弥补了流动比率的不足。

（3）现金比率以现金类资产作为偿付流动负债的基础，但现金持有量过大会对公司资产利用效果产生负面作用，所以该比率不宜过大。这一指标相对流动比率和速动比率来说，其作用较小。

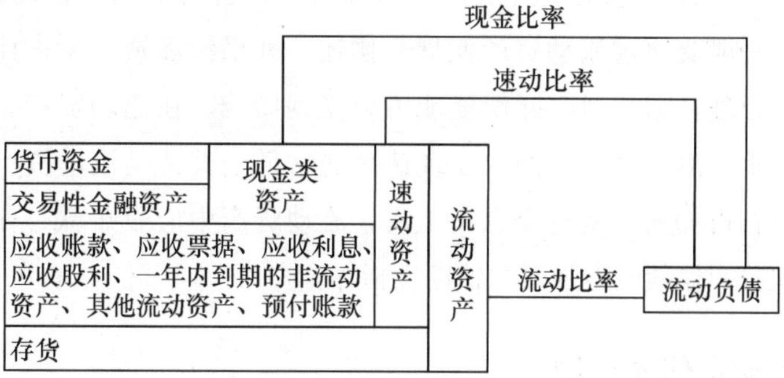

图 2—1　流动比率、速动比率和现金比率的关系

在分析公司短期偿债能力时，流动负债是计算以上三个指标的基础，不同的流动负债的结构、规模对公司有不同的影响。例如，预收账款比重较大时，对流动比率的要求就相对高些；短期借款和应付账款比重较大时，对速动比率和现金比率的要求就相对高些。从以上三个指标的计算中可以看出，流动负债的结构对短期偿债能力的影响在这三个指标中并没有反映出来，所以在分析评价公司短期偿债能力时，还要结合负债的规模和结构来进行。

第 3 节　影响短期偿债能力的经济因素

通过指标分析可以判断公司短期偿债能力的高低，但是要深入分析与评价公司短期偿债能力的成因及制定应对策略，还需要分析影响短期偿债能力的经济因素。分析影响短期偿债能力的经济因素，对于分析公司短期偿债能力的变动情况、变动原因及应对可能的风险是十分有用的。影响短期偿债能力的经济因素总的来说可以分为公司内部因素和公司外部因素。公司内部因素是指公司自身的资产结构、流动负债的结构、融资能力、公司的经营现金流量水平等。公司外部因素是指与公司所处经济环境相关的因素，如宏观经济形势、证券市场的发育情况、银行的信贷政策等。下面分别加以说明。

一、公司内部因素

（一）公司的资产结构

公司的资产结构，特别是流动资产结构对短期偿债能力具有重要影响。在公司的资产结构中，如果流动资产所占比重较大，则公司短期偿债能力相对强些，因为流动负债一般要通过流动资产变现来偿还。如果流动资产所占比重较大，但其内部结构不合理，则公司实际偿债能力会受到影响。在流动资产中，如果存货资产占较大比重，由于存货资产的变现速度通常低于其他类流动资产，因此公司偿债能力是要打折扣的。从这个意义上讲，流动资产中应收账款、存货资产的周转速度是反映公司偿债能力强弱的辅助性指标。

（二）流动负债的结构

公司的流动负债有些必须以现金偿付，如短期借款、应付账款等；有些则用商品或劳务来偿付，如预收账款等。需要用现金偿付的流动负债对资产的流动性要求更高，公司只有拥有足够的现金才能保证其偿债能力。如果在流动负债中预收账款的比重较大，则公司只要拥有充足的存货就可以保证其偿债能力。此外，流动负债中各种负债的偿还期限是否集中，也会对公司偿债能力产生影响。分析时，不仅要看各种反映偿债能力的指标数值，还要根据各种因素考察实际的偿债能力。

（三）公司的融资能力

单凭各种偿债能力指标，还不足以判断公司的实际偿债能力。有些公司各种偿债能力指标都很好，但却不能按期偿付到期的债务；而另一些公司有较强的融资能力，如与银行等金融机构保持良好的信用关系，随时能够筹集到大量的资金，即使各种偿债能力指标不高，也总能按期偿付其债务和利息。可见，公司的融资能力也是影响偿债能力的一个重要因素。

（四）公司的经营现金流量水平

公司的短期债务通常是用现金进行偿付的，因此，现金流量是决定公司短期偿债能力的重要因素。公司现金流量状况主要受公司的经营状况和融资能力两方面影响。如果没有充足的现金流量，即使是盈利的公司也可能因无法及时偿还到期债务而导致信用危机，甚至破产。

二、公司外部因素

（一）宏观经济形势

宏观经济形势是影响公司短期偿债能力的重要外部因素。当一国经济持续稳定增长时，社会的有效需求也会随之稳定增长。由于市场条件良好，公司的产品和存货可以较容易地通过销售转化为货币资金，从而提高公司短期偿债能力。如果经济进入迟滞阶段，国民购买力不足，就会使公司产品积压，资金周转不灵，公司间相互拖欠货款，形成所谓的“三角债”，公司的偿债能力就会受到影响，反映短期偿债能力的指标也会不实。如在 2008—2009 年的全球金融危机中，美国有些金融机构因流动性不足而倒闭，我国广东许多外向型企业也因受金融危机影响而导致短期偿债能力不足，最终破产倒闭。

（二）证券市场的发育与完善程度

在公司的流动资产中常常会包括一定比例的有价证券，在分析公司偿债能力时，把有价证券视为等量现金。事实上，这样计算的偿债能力与公司的实际偿债能力是有区别的。这是因为，有价证券按其历史成本列示在资产负债表中，其历史成本与转让价格必然有一定的差异，且转让有价证券时要支付一定的转让费用。证券市场的发育和完善程度对公司短期偿债能力的影响还表现在，如果证券市场发达，公司随时可将手中持有的有价证券转换为现金；如果证券市场不发达，公司转让有价证券就很困难，或者不得不以较低的价格出售。这些都会对公司的短期偿债能力产生影响，特别是当公司把投资有价证券作为资金调度手段时，证券市场的发育和完善程度对公司的短期偿债能力的影响更大。

（三）银行的信贷政策

国家为保证整个国民经济健康发展，必然要采取宏观调控方法，利用金融、税收等宏观经济政策，调整国家的产业结构和经济发展速度。一个公司，如果其产品是国民经济急需的，发展方向属于国家政策鼓励的，就会较容易地取得银行借款，其偿债能力也会提高。此外，当国家采取较宽松的信贷政策时，所有的公司都会在需要资金时较容易地取得银行信贷资金，其实际偿债能力就会提高。

三、分析影响短期偿债能力经济因素时应注意的问题

除以上主要因素，还有许多因素会影响到公司的短期偿债能力，如公司的财务管理水平，母公司与子公司之间的资金调拨以及一些财务报表资料中没有反映出来的其他因素。要特别注意这些因素对短期偿债能力的影响。

（一）增强变现能力的因素

公司流动资产的实际变现能力，可能比财务报表项目反映的变现能力要好一些，主要有以下几个因素：

1．可动用的银行贷款指标

银行已同意、公司未办理贷款手续的银行贷款限额，可以随时增加公司的现金，提高其支付能力。这一数据不反映在报表中，必要时，应在财务情况说明书中予以说明。

2. 准备变现的非流动资产

由于某种原因，公司可能将一些非流动资产很快出售变为现金，增加短期偿债能力。公司出售非流动资产，一般情况下是经过慎重考虑的，公司应根据近期利益和长期利益的辩证关系，正确处理出售非流动资产的决策问题。

3. 良好的偿债能力声誉

如果公司的长期偿债能力一贯很好，有一定的声誉，在短期偿债方面出现困难，可以很快地通过发行债券和股票等办法解决资金的短缺问题，提高短期偿债能力。这个增加变现能力的因素取决于公司自身的信用声誉和当时的筹资环境。

(二) 削弱变现能力的因素

削弱公司流动资产变现能力的因素主要有以下几方面：

(1) 未在财务报表中反映的或有负债。或有负债是过去交易或事项形成的一种潜在债务。主要包括：1) 已贴现商业承兑汇票形成的或有负债；2) 未决诉讼、仲裁形成的或有负债；3) 为其他单位提供债务担保形成的或有负债；4) 亏损合同、重组义务和辞退福利形成的或有负债。这些或有负债并不作为负债列入报表，而是作为报表附注列示，披露其形成原因和预计的数额。分析时要根据披露的影响数额，调整对偿债能力的评价。如果披露未决诉讼、仲裁案会对公司产生重大不利影响，公司将只披露其形成原因，而不披露其影响数额，此时应对其财务影响作出适当评价，降低对偿债能力的评价。

(2) 经营租赁合同中承诺的付款很可能是需要偿付的义务。

(3) 建造合同、非流动资产购置合同中的分阶段付款也是一种承诺，应视为合同需要偿还的债务。

本章小结

公司的短期偿债能力是公司抗风险能力的集中体现，公司陷入财务危机或破产状态，不管原因如何，最终会体现为公司流动性的丧失而导致的短期偿债能力的丧失。因此，短期偿债能力分析是公司价值分析的关键，是公司盈利能力、增长能力分析的基础，对公司利益相关者正确决策极为重要。

资产的流动性不仅是公司短期偿债能力的物质保证，而且是公司盈利能力与增长能力的重要基础，对于公司财务质量、公司价值与公司财务决策都有着极为重要的影响。

偿债能力分析，是通过对资产的周转能力与变现能力以及资产与负债之间的有机联系进行分析，来判断公司的偿债能力及资产质量的一种分析方法。公司的偿债能力按其紧迫性分为短期偿债能力和长期偿债能力。短期偿债能力是指企业用流动资产偿还流动负债的保障程度。一个公司短期偿债能力的大小一方面取决于公司资产的流动性与质量，另一方面取决于流动负债的数量与期限结构。

短期偿债能力的分析评价有三种思路：评价流动负债和流动资产的数量关系；评价资产的流动性；比较一年内到期的债务和产生的现金。

短期偿债能力分析指标主要包括营运资本、流动比率、速动比率和现金比率，各种指标之间既有密切联系，又有各自的优缺点。

影响短期偿债能力的经济因素包括公司内部因素与公司外部因素，要特别注意增强公司变现能力的因素和削弱变现能力的因素。

思考与练习

一、单项选择题

1. 若流动比率大于1，则下列结论正确的是（　　）。

A. 速动比率大于1　　B. 营运资本大于0

C. 现金比率大于1　　D. 短期偿债能力绝对有保障

2. 将积压的存货若干转为损失，将会（　　）。

A. 降低速动比率　　B. 增加营运资本

C. 降低流动比率　　D. 降低流动比率，也降低速动比率

3. 收回当期应收账款若干，将会（　　）。

A. 增大流动比率　　B. 降低流动比率

C. 不改变流动比率　　D. 降低速动比率

4. 某企业期末速动比率为0.6，以下能引起该比率提高的是（　　）。

A. 银行提取现金　　B. 赊购商品

C. 收回应收账款　　D. 开出短期票据借款

5. 某企业年初流动比率为2，速动比率为1；年末流动比率为2.3，速动比率为0.8。发生这种情况的原因可能是（　　）。

A. 存货增加　　B. 应收账款增加

C. 应付账款增加　　D. 预收账款增加

6. 在企业面临财务危机时，衡量企业短期偿债能力最稳健的指标是（　　）。

A. 营运资本　　B. 流动比率

C. 速动比率　　D. 现金比率

7. 某企业无待摊费用，其流动比率为1.5，速动比率为1，流动负债20万元，则该企业的存货为（　　）万元。

A. 5　　B. 10　　C. 20　　D. 30

8. 资产的流动性是指（　　）。

A. 管理能力　　B. 盈利能力

C. 变现能力　　D. 抗风险能力

9. 某公司目前的流动资产和速动资产都超过了流动负债，若将持有至到期投资提前变现，则（　　）。

A. 对流动比率的影响将大于对速动比率的影响

B. 对速动比率的影响将大于对流动比率的影响

C. 将影响速动比率但不影响流动比率

D. 将影响流动比率但不影响速动比率

二、多项选择题

1. 速动资产包括（　　）。

A. 货币资金　　B. 存货　　C. 应收账款　　D. 预付账款

E. 交易性金融资产

2. 造成流动比率不能正确反映偿债能力的原因有（　　）。

A. 经营活动有明显的季节性　　B. 存在大量应收账款的呆账

C. 大量使用分期付款结算方式　　D. 大量的销售为现销

E. 存货积压

3. 影响公司变现能力的表外因素有（　　）。

A. 未动用的银行贷款限额　　B. 未终结的诉讼案件

C. 或有负债　　D. 滞销的存货

E. 为他人提供的担保

4. 反映企业短期偿债能力的指标有（　　）。

A. 毛利率　　B. 速动比率

C. 流动比率　　D. 营运资本

E. 现金比率

5. 从理论上看，企业的全部资产都是有价值的，均能够转换为现金。然而，实践中有些资产是难以或不准备迅速转换为现金的，这样的资产有（　　）。

A. 厂房建筑物　　B. 机器设备

C. 运输车辆　　D. 低值易耗品

E. 商誉

三、判断题

1. 只有企业的债权人重视短期偿债能力分析。（ ）

2. 若企业A和企业B为同行业的两个企业，它们的营运资本均为300万元，则它们的短期偿债能力相同。（ ）

3. 若企业A和企业B的流动比率均为2，则它们的短期偿债能力相同。（ ）

4. 营运资本为正，说明与营运资本对应的流动资产是以一定数额的长期负债或所有者权益作为资金来源的。（ ）

5. 流动比率、速动比率、现金比率包含的流动资产范围逐渐缩小，比率的保守性逐渐增大。（ ）

四、名词解释

1. 短期偿债能力
2. 资产流动性
3. 营运资本
4. 流动比率
5. 速动比率
6. 现金比率

五、简述题

1. 资产流动性与短期偿债能力的关系如何？

2. 营运资本指标在短期偿债能力分析中如何应用？

3. 简述流动比率、速动比率和现金比率的相互关系，在应用中应当注意什么问题？

4. 影响公司短期偿债能力的经济因素有哪些？这些因素对财务报表分析会产生什么影响？如何应对？

案例讨论

美的电器扩张之路对公司短期偿债能力的影响

广东美的集团股份有限公司（以下简称美的电器）于1993年11月12日在深圳证券交易所挂牌上市。公司人民币普通股简称“粤美的A”，股票代码为0527。公司经营范围包括生产销售空调器、制冷设备、电风扇、微电机等电器产品及有关设备、仪器、零配件，提供与上述产品有关的工程技术咨询服务。

在对外扩张的道路上，美的电器借助成功实施的一系列并购重组，迅速加快了发展速度。1998 年，美的参与东芝-万家乐制冷设备有限公司的债务和股权重组，成立广东美芝制冷设备有限公司。通过发挥美的、东芝双方的互补优势，同时追加巨额资金，投资改造生产瓶颈环节，组建研发队伍，开发适合中国市场的产品。1999 年，美芝公司即扭亏为盈，步入了良性发展轨道，到 2007 年，美芝实现年产 1 300 万台、年销售额 50 亿元，位居中国空调压缩机行业市场第一。1998 年，美的重组巨额亏损的芜湖丽光空调有限公司，组建美的芜湖区域战略发展基地。通过 10 年的发展，美的将芜湖打造成为国内主要的家用空调生产基地，2007 年产量接近 500 万套。2004 年，美的集团积极参与荣事达-美泰克合资公司的产权重组。2006 年，美的电器受让美的集团持有的合资公司控股权，成功实现向冰洗产业拓展。2007 年，美的在合肥建设了占地面积约 800 亩的冰洗工业园。2008 年，美的电器以 16.8 亿元收购小天鹅 24.01％的股权，成为小天鹅的控股股东，通过强强合作，全面提升了美的洗衣机业务的综合技术实力，进一步优化和完善了公司白色大家电的产业结构和战略布局，实现美的整体冰洗业务在产能和销售规模上的迅速提升，凸显了加速冰洗发展的战略意图。同时，通过对华凌、重庆通用相关资产的整合，消除了同业竞争，强化了资产整体协同效应。至此，美的电器的产品业务已经覆盖家用空调、压缩机、冰箱、洗衣机、中央空调等领域，并且各项业务的行业地位均处于国内前列水平。

家电业分析人士认为，在白电行业整合力度不断加大，寡头竞争格局初显端倪，竞争进一步全球化的背景下，美的的一系列并购将进一步优化和完善白色家电产业的战略布局，推动白色家电战略目标的实现。

然而美的电器的上述扩张战略得到财务成果的印证了吗？对公司的风险（长短期偿债能力）造成了什么影响？这些影响对公司价值意味着什么？

美的电器的有关财务资料　　单位：千元

项　目	2009 年	2010 年	2011 年	2012 年
流动资产：				
货币资金	3 855 082.14	5 802 686.28	11 078 305.36	11 770 987.87
交易性金融资产	27 183.74	150 165.90	181 817.29	117 335.89
应收票据	5 448 452.41	3 871 019.54	7 359 470.33	9 716 022.54
应收账款	4 666 875.13	4 442 125.80	5 707 738.49	6 071 276.01
预付款项	808 353.86	2 544 402.55	1 968 420.27	820 610.91
其他应收款	358 630.98	468 132.71	607 743.60	399 695.90
存货	5 827 507.52	10 436 248.67	12 363 439.23	9 916 653.21
其他流动资产	139 893.20	302 017.70	2 535 105.26	1 800 375.76
流动资产合计	21 131 978.98	28 016 799.15	41 802 039.83	40 612 958.09

续前表

项　目	2009 年	2010 年	2011 年	2012 年
流动负债：				
短期借款	539 688.83	728 562.71	3 213 690.52	3 225 400.02
交易性金融负债	73.70	7 555.13	3 425.96	13 608.96
应付票据	2 986 246.46	5 699 506.26	6 486 738.64	5 402 241.53
应付账款	9 216 013.20	11 023 051.19	12 298 852.43	11 197 637.89
预收款项	1 007 256.20	1 793 679.54	4 760 174.91	2 476 908.69
应付职工薪酬	559 148.50	791 907.27	707 716.13	859 407.64
应交税费	182 866.99	−417 208.53	658 848.03	584 275.84
应付股利	3 553.83	3 305.61	2 916.76	72 646.27
其他应付款	323 047.84	337 014.68	711 143.96	572 214.18
一年内到期的非流动负债	—	—		438 476.48
其他流动负债	4 041 527.90	5 220 744.41	6 017 859.19	7 046 277.87
流动负债合计	18 859 423.45	25 188 118.27	34 861 366.53	31 889 095.37

讨论

1. 计算美的电器 2010 年、2011 年、2012 年的营运资本、流动比率、速动比率、现金比率。

2. 运用上述比率分析美的电器的资产流动性与短期偿债能力。

3. 根据计算资料对美的电器的短期偿债能力指标进行趋势分析，并进行简要解释。

4. 请收集美的电器的相关资料，分析造成短期偿债能力现状的原因以及可能的经济后果。如何防范相关风险？

第3章

资本结构与长期偿债能力分析

学习目的与要求

1. 理解资本结构的含义与功能。
2. 了解资本结构与长期偿债能力的关系。
3. 了解长期偿债能力分析方法。
4. 掌握长期偿债能力分析指标的含义及运用。
5. 理解影响长期偿债能力的其他因素。

引导案例

疯狂的财务杠杆

2008年以来的全球金融危机中金融巨头雷曼、美林等轰然倒下，可以归结为对资本结构中财务杠杆的疯狂运用。投资银行往往像阿基米德撬动地球一样运用它，但也要做好有一天被它撬出宇宙的准备。实体企业也是一样，资本结构中的财务杠杆一方面可以迅速扩大生产经营规模，提高股东回报水平，但股东风险也被成倍放大，微小的损失即可能带来巨大灾难。

长期以来，如何确定企业最优资本结构一直没有定论，但无论是对于债权人还是股东，财务杠杆过高始终是有害的。用巴菲特的话说，这就像是驾驶一辆高速行驶的汽车，并在方向盘上绑着一把正对着自己的匕首。

ValueTool 绩效数据库显示，2007年A股1 389家非金融类上市公司的平均债务权益比，即包括银行债务和发行债券在内的付息债务与所有者权益之比，从

2004年的73%逐年下降至2007年的62%（剔除所有者权益为负数的样本）。从2007年的数据看，小于10%的214家，合肥三洋、贵州茅台甚至从不借款；大于100%的267家，甚至有37家超过200%。

航空公司是一个具有代表性的行业。如果考虑到这个行业大量融资租赁和经营性租赁的事实，它们的实际杠杆水平肯定会远远超过这一水平。与电力公司相比，航空业的竞争可谓惨烈，几乎所有公司的付息债务总量都在逐年上升，但是银行如此信赖这一行业的原因却不得而知，或许航空公司能够提供可抵押且流动性较好的优质资产。但事实证明，更多的时候这类资产是一根并不牢靠的救命稻草，它们根本就不那么值钱，尤其是在清算的时候。

财务杠杆占据前1，2，4位的四川双马、马龙产业和国药科技代表着经营状况迅速恶化的一类公司。它们的亏损不断蚕食，甚至是侵吞了所有者权益，使企业似乎还算合理的资本结构一下上升到了离奇的程度。在这些公司中，借款人的命运并不乐观，而沉重的债务负担也将耗费掉大量至关重要的现金资源，债权人和股东的财务风险可能同时爆发。

什么是资本结构？资本结构对长期偿债能力有什么影响？上述资料中的“付息债务与所有者权益之比”代表什么含义？还有哪些方法可以分析长期偿债能力？本章将系统阐述这些问题。

第1节 资本结构与长期偿债能力

资本结构是指公司长期筹资来源的构成与比例关系，有时也广义地指公司各种筹资来源的构成与比例关系。资本结构对公司长期偿债能力具有决定性作用，因此资本结构分析是公司长期偿债能力分析的重要组成部分。资本结构与长期偿债能力是公司风险与价值的集中反映，分析公司资本结构及长期偿债能力是财务报表分析的重要内容。

一、资本结构的含义

以最低的成本筹集到所需要的资金是公司价值最大化目标的基本要求。随着我国市场化导向改革的不断深化，筹资渠道不断多元化。由于各种筹资渠道的筹资成本、风险、调整弹性、筹资难度、期限、用途限制各不相同，所以是否合理使用各种筹资渠道进行筹资是判断公司价值和风险的重要方面。表3—1是中国联通公司各种筹资渠道的特点比较。

表 3—1　　中国联通公司各种筹资渠道的特点比较

融资方式	比较项目						
	成本	风险	调整弹性	筹资难度	期限	用途限制	简单平均顺序
银行借款	3	6	3	3	5	4	3
发行债券	5	5	4	5	3	3	4
发行股票	6	2	6	6	2	2	5
融资租赁	4	4	5	4	4	5	6
内部积累	1	1	2	2	1	1	1
商业信用	2	3	1	1	6	6	2

注：表中数字为优劣排序数，数字越小代表筹资优势越大。

一般来说，公司筹资方式都是根据公司自身特点以及相关因素分析而作出的选择。不同筹资方式各有优劣。从表 3—1 可以看出，综合融资优势最差的是融资租赁，其次是发行股票和债券，综合融资优势最强的是内部积累。但是，这种比较只是简单地将一些因素组合，实际操作中还要考虑各种筹资方式的适应性及其他因素。

正如中国联通公司，其资金来源的多元化产生了资本结构问题。不同的资本结构，其资金成本和财务风险各不相同。资金成本是指公司为获取某类资本所要付出的代价，如向银行借款的利息费用、发行股票的发行费用和股利支付。财务风险是指公司由于筹措资本对资金的供应者承担义务而可能面临的危险。一般而言，负债筹资成本较低，弹性较大，是公司灵活调剂资金余缺的重要手段。负债筹资的资金成本较低是指只需支付利息，且利息费用可以在税前支付，但是不论公司经营状况如何，到期必须还本付息。负债要求偿还的金额和日期具有固定性和强制性，因而会给公司带来较大的财务风险。权益资本无须偿还，可以在经营中永久使用，并且是担保债务的重要物质基础。权益资本筹资的成本往往表现为股利支付，股利的支付不是固定的，视公司经营状况而定，利润少就少分，无利润可以不分。但是，权益资金提供者由于承担较高风险，对回报率（即公司资金成本）有较高要求，如果达不到有关要求，权益资金提供者会通过“用手投票”或“用脚投票”的方式更换公司管理层或放弃该公司。同时，股利不得在税前支付，这进一步加大了权益资本成本。

公司获取的回报率只有超过权益资金提供者要求的最低回报，即必要报酬率，公司管理层才为股东创造了价值，否则就可能毁损公司价值。

最佳的资本结构应是资金成本最低且财务风险最小的资本结构。事实上，这种资本结构是不存在的，低资金成本往往伴随着高财务风险，而低财务风险又与高资金成本相联系；公司应在资金成本与财务风险之间选择最适合自身生存和发展的资本结构。因此，资本结构是公司风险与价值的集中体现，通过分析公司的资本结构，不仅可以判断公司的长期偿债能力，评价公司风险，而且可以判断公司的价值创造水平，评估公司价值及其驱动因素。

二、资本结构与长期偿债能力

（一）权益资本是承担长期债务的基础

对于公司来说，股东对债务只承担有限责任，责任以其出资额为限。如果借款不能按时归还，法院可以强制债务人出售财产偿债。如果公司的财产不足以偿债即没有净资产，法律则保护债务人使其不承担其他责任。权益资本是公司拥有的净资产，是股东承担民事责任的限度，也就成为借款的基础。因此，权益资本越多，债权人越有保障；权益资本越少，债权人越没有保障。在流动负债一定的情况下，如果公司长期负债比例高，不能偿债的可能性就会增大。在资金市场上，能否借入资金以及借入多少资金，取决于公司的权益资本实力。

（二）资本结构影响公司的财务风险，进而影响公司的偿债能力

由于负债的利息是固定的，不管公司是否盈利以及盈利多少，都要按约定的利率支付利息。借款越多，固定的利息越多，使净利润的变化率大于息税前利润的变化率，这就是财务杠杆原理。借款越多，净利润的稳定性越差，可以归还债务本金的现金流越不稳定，使偿还债务能力变弱。

三、资本结构影响因素及分析

影响公司资本结构的因素比较复杂，概括起来大约有以下几个方面。

（一）公司所处的行业

不同行业的公司资本结构差别较大，这主要是由于不同行业的产品与市场、资产特性、经营周期、经营环境都不相同，这些会对公司资本结构产生不同的影响，从而产生资本结构的行业差异。

对于经营风险比较高的行业，为降低财务风险应选择比较低的资产负债率，例如许多高科技公司的负债率都比较低；对于经营风险低的行业，为增加股东收

益可以选择比较高的资产负债率，例如供水、供电公司的资产负债率都比较高。我国交通、运输、电力等基础行业的资产负债率平均为 50％，制造加工业为 65％，商贸业为 80％。

（二）公司规模

规模越大的公司，其经营越多元化，抗风险的能力自然也比较强，因此常常具有更高的负债能力，财务杠杆水平也非常高。而规模越小的公司，其经营不确定性比较大，抗风险的能力较弱，更倾向于股权融资。另一方面，规模较大的公司容易受到公众和监管部门的关注。公司的规模越大，对外部资金的依赖和需求就越大，因此大公司有动力更多地披露信息，以减少由于信息不对称而产生的代理成本，从而获得公众支持，扩大资本规模，并减少政治成本。而规模越小的公司，信息不对称程度越高，其债务融资成本越高，从而其债务杠杆水平越低。

（三）公司成长性

公司应当根据自身的成长特性进行融资，通过债务融资方式支持收益风险较低的业务，通过股权融资方式支持风险较高的增长机会。高成长性公司比低成长性公司对于未来有更多的选择机会和投资机会，一个有成长机会的公司不会通过过多的债务来融资，以避免债权人分享投资利润，而一个没有成长性的公司倾向于债务融资。

（四）公司竞争能力

市场竞争与公司融资结构关系的产生机制，主要是市场竞争影响了公司的财务资源竞争态势以及公司的财务状况，从而对公司的融资结构产生影响。理论上认为，资本市场的不完美导致公司财务结构的稳健程度不同，拥有充足资金的公司可能采取掠夺行动，消耗财务状况脆弱的公司的资金资源，从而迫使其退出市场竞争。因此，在竞争环境下，财务力量是一项竞争优势，或者是基本的生存条件，公司为了维持该优势，财务政策将趋于保守。研究发现，市场竞争过程中必然出现价格战或营销战，利润和经营现金流随之下降，财务杠杆高的公司容易最先陷入财务危机，客户、具有谈判地位的供应商、债权人等利益相关者出于自身风险控制的考虑会采取使公司经营雪上加霜的行动，导致公司销售下降和市场份额萎缩。在行业不景气时，高负债公司将损失大量市场份额，对外融资能力进一步减弱，最终退出市场。在集中度高的行业，当业内主要公司因融资约束或杠杆并购形成高财务杠杆时，财务杠杆低、现金充裕的竞争对手往往主动发起价格战或营销战（降价、给经销商让利、增加广告投入等），降低产品利润和经营现金流入，逼迫财务杠杆高的公司陷入财务危机。

（五）公司盈利能力

公司盈利能力对公司资本结构具有重要影响，盈利能力强的公司具有较高的信用，债务融资更容易。同时，高的盈利能力能够更好地发挥负债的杠杆效应，获得杠杆收益。盈利能力高的公司对债务的偿还能力就强，通过一定的债务融资可以把公司的增长、盈利与风险水平配置在合适的程度。因此，盈利能力强的公司负债率也会较高。

（六）负债的避税效应

由于债务本息不计入应税收入，因此债务融资具有避税效应。然而，除债务外，公司还有一些其他的降低税负、增加税后收入的机会，如折旧、税务亏损递延和投资税贷项等。这类非债务避税是一种替代形式的杠杆，而且它们不会产生到期不能偿还债务的风险。因此，拥有大量非债务税盾的公司比没有这些税盾的公司更少利用债务融资。由于我国未实行投资税收抵减政策，非债务税盾的代表变量用折旧额与总资产的比率来表示。

（七）资产担保价值

抵押担保是公司从银行获取资金的主要方式。公司中各类资产抵偿负债的能力各不相同。风险低且更通用的有形资产对负债能提供更可靠的抵押保证。同时，公司在举借由有形资产担保的债务时还可以降低其筹资成本。公司可用于担保的资产越多，则公司的信用水平越高，越有可能获得更多的负债。为确定公司的资产抵押价值在多大程度上影响负债水平，我们把固定资产和存货视为可抵押资产，用可抵押资产占总资产的比重来衡量资产的担保价值。

影响资本结构的因素除了以上几个方面，还包括管理层的风险偏好、经营理念、公司与政府的关系以及筹资渠道及其政策变化等因素。

第 2 节　长期偿债能力分析

长期偿债能力表明公司对债务的承担能力和偿还债务的保障能力。公司举借长期负债有利于扩大公司的生产经营，但同时也加大了公司的资金成本与财务风险。长期偿债能力的强弱是反映公司财务安全和稳定程度的重要标志。长期偿债能力分析对于预测公司潜在财务风险、优化公司资本结构、评估公司可持续经营能力，进而实现公司价值最大化具有重要意义。由于长期偿债能力的主要影响因素有资本结构、盈利能力和现金流量三个方面，因此，长期偿债能力分析包括资本结构分析、利息保障程度分析和现金流量分析。有关现金流量分析将在第 7 章讲述。本章主要介绍资本结构分析与利息保障程度分析的主要方法和指标。

一、资本结构分析

（一）资产负债率

资产负债率也称债务比率，是公司负债总额与资产总额的比率，表示在公司总资产中有多少是通过举债取得的。其计算公式如下：

$$资产负债率=\frac{负债总额}{资产总额}\times 100\%$$

注意：在计算资产负债率时有时需要用平均总负债除以平均总资产，其本质是一样的，本书中要视具体情况而定。

该指标是最常用的资本结构衡量指标，也是长期偿债能力分析的核心指标。资产负债率越高，说明公司在获取资产时更倾向于依赖负债，公司的长期偿债能力越弱，财务风险越高。

然而，由于负债经营可以获得杠杆收益以及避税等好处，因此，一定程度的负债经营有利于增加公司价值。但是，如果公司负债超过一定限度，公司的财务风险就会加大，公司长期偿债能力，甚至短期偿债能力会大幅降低，公司陷入财务危机或破产的可能性也会增大。因此，对于资产负债率过高，尤其是比行业资产负债率高出许多的公司，我们要特别关注，否则就会导致发生损失。例如，银行给公司贷款时对公司资产负债率的要求比较严格，如果其资产负债率超过 70%，银行往往会拒绝对其贷款。

例 3—1

根据中国石油公司资产负债表的资料，该公司 2010—2012 年的资产负债率指标计算如表 3—2 所示。

表 3—2　　中国石油公司资产负债率计算表　　金额单位：百万元

项　目	2012 年	2011 年	规模变动情况		2010 年
			增减额	增减率	
资产总额	2 168 837	1 917 528	251 309	13.11%	1 656 368
负债总额	988 071	834 962	153 109	18.34%	646 267
资产负债率	45.56%	43.54%	2.01%	4.63%	39.02%

由表 3—2 可知，中国石油公司 2010—2012 年的资产负债率呈逐年上升趋势，与 2010 年相比，2012 年和 2011 年的资产负债率同比分别提高了 16.76% 和 11.60%，表明该公司债务负担有所增加，债权人承担的风险有所提高。该公司属于石油和天然气开采业，2012 年行业平均资产负债率为 33.62%，表明该公司目前的长期偿债能力有所减弱。

当然，要使此数据更具说服力，应将它与行业水平和公司经营背景结合起来分析。为此，我们选择了具有代表性的两家同业公司对资产负债率进行比较分析（见图 3—1），进一步综合评价公司的偿债能力。

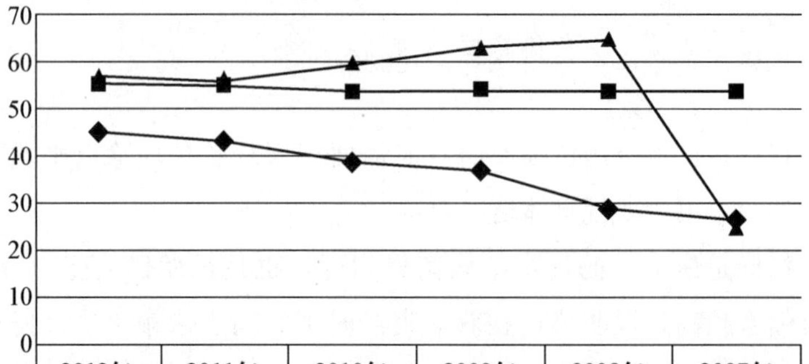

	2012年	2011年	2010年	2009年	2008年	2007年
中国石油	45.56	43.54	39.02	37.4	29.12	26.73
中国石化	55.86	54.91	54.06	54.16	54.12	54.31
中海油服	56.89	56.22	59.76	63.39	64.82	25.40

图 3—1　三家同行业公司 2007—2012 年资产负债率对比图

如图 3—1 所示，对三家公司进行同业比较发现，中国石油公司的资产负债率低于其他两家同行业公司，近六年均未超过 50%，说明该公司的长期偿债能力强于中国石化和中海油服。

（二）股东权益比率和权益乘数

股东权益比率是股东权益总额与资产总额之比，表明公司全部资产中有多少是由投资者投资所形成的。其计算公式如下：

$$股东权益比率=\frac{股东权益}{资产总额}\times 100\%=1-资产负债率$$

这是公司长期偿债能力保证程度的重要指标，该指标越高，说明公司资产中由投资人投资所形成的资产越多，偿还债务的保证程度越高。从“股东权益比率=1－资产负债率”来看，该指标越大，资产负债率越小，公司的财务风险就越小；反之，公司的财务风险越大。债权人将其资金借给股东权益比率较高的公司，由于有较多的公司自有资产做偿债保证，债权人全额收回债权就不会有问题，即使公司清算时资产不能按账面价值收回，债权也不会有太大损失。例如，公司资产50%来源于所有者投资，50%通过负债取得，那么，即使公司的全部资产按一半的价格转换为现金，也能付清所有的负债，可见债权人利益的保障程度是相当高的。又如，如果公司资产80%来源于所有者投资，只有20%是通过负债取得的，那么，只要公司资产价值不暴跌到80%以上，即每1元资产只要转换成0.2元以上的现金，债权人就不会有任何损失。相反，如果公司资产80%是通过各种负债资金融通的，只要公司资产价值下跌20%以上，债权人就不能全额收回其债权。由此可见，股东权益比率高低能够说明公司对债权人的保护程度。如果公司处于清算状态，该指标对偿债能力的保证程度就显得更重要。

股东权益比率的倒数称作权益乘数，即公司的资产总额是股东权益的多少倍。其计算公式如下：

$$权益乘数=\frac{资产总额}{股东权益}=\frac{1}{1-资产负债率}$$

该指标表示公司的股东权益支撑着多大规模的投资，是常用的财务杠杆计量方法。该乘数越大，说明公司对负债经营利用得越充分，财务风险越大，债权人受保护程度越低。

例3—2

根据中国石油公司资产负债表的资料，该公司2010—2012年的股东权益比率指标和权益乘数指标计算如表3—3所示。

表3—3　　中国石油公司股东权益比率和权益乘数计算表　　金额单位：百万元

项　目	2012年	2011年	规模变动情况		2010年
			增减额	增减率	
资产总额	2 168 837	1 917 528	251 309	13.11%	1 656 368
股东权益总额	1 180 766	1 082 566	98 200	9.07%	1 010 101

续前表

项　目	2012 年	2011 年	规模变动情况		2010 年
			增减额	增减率	
股东权益比率	54.44%	56.46%	−2.01%	−3.57%	60.98%
权益乘数	1.84	1.77	0.07	3.70%	1.64

由表 3—3 可知，中国石油公司近 45%的资产是通过各种负债资金融通的，2010—2012 年股东权益比率呈逐年下降趋势，与 2010 年相比，2012 年和 2011 年的股东权益比率分别降低了 10.73%和 7.42%，表明该公司债务负担逐年增加。另外，权益乘数呈逐年上升趋势，说明公司资产对负债的依赖程度提高，承担的风险有所增加，偿债保证程度有所减弱，债权人利益的保障程度有所降低。

权益乘数是对资产负债率的必要补充。权益乘数主要反映了全部资产与股东权益的倍数关系。运用权益乘数指标分析公司长期偿债能力时，应注意以下几点：

（1）权益乘数与资产负债率都是用于衡量长期偿债能力的，两个指标可以互相补充。资产负债率分析中应注意的问题，在权益乘数分析中也应引起注意。

（2）权益乘数与资产负债率之间是有区别的。其区别是反映长期偿债能力的侧重点不同。权益乘数侧重于揭示资产总额与股东权益的倍数关系，倍数越大，说明公司资产对负债的依赖程度越高，风险越大；资产负债率侧重于揭示总资本中有多少是靠负债取得的，说明债权人权益的保障程度。

研究长期偿债能力，除了掌握上述衡量指标，还应该了解这些指标项目的具体构成，因为各项目的构成不同，长期偿债能力的质量会有差异。

（三）产权比率

产权比率，也称债务权益比率或净资产负债率，是负债总额与股东权益总额之比。其计算公式如下：

$$产权比率=\frac{负债总额}{股东权益}\times 100\%$$

产权比率实际上是资产负债率的另一种表现形式，它更侧重于揭示公司财务结构的保守程度，以及股东权益对偿债风险的承受能力。产权比率越低，表明公司的长期偿债能力越强，债权人承担的风险越小。但当该指标过低时，股东权益比重过大，意味着公司不能充分发挥负债带来的财务杠杆作用；反之，当该指标过高时，表明公司过度运用财务杠杆，从而增加了公司财务风险。

例 3—3

根据中国石油公司资产负债表的资料，该公司 2010—2012 年的产权比率指标计算如表3—4所示。

表3—4 中国石油公司产权比率计算表 金额单位：百万元

项目	2012年	2011年	规模变动情况		2010年
			增减额	增减率	
负债总额	988 071	834 962	153 109	18.34%	348 523
股东权益总额	1 180 766	1 082 566	98 200	9.07%	1 010 101
产权比率	83.68%	77.13%	6.55%	8.50%	34.50%

由表3—4可知，中国石油公司2010—2012年的产权比率呈逐年增加趋势，与2010年相比，2012年和2011年的产权比率分别提高了142.53%和123.54%，表明该公司财务结构风险进一步提高，股东权益对偿债风险的承受能力减弱，对债务的保障程度降低，公司的长期偿债能力降低。如果认为资产负债率应当在30%～50%之间，则意味着产权比率应当维持在40%～100%之间。

运用产权比率衡量公司长期偿债能力时，还应注意以下几点：

(1) 资产负债率是反映公司债务负担的指标，股东权益比率是反映偿债保证程度的指标，产权比率是反映债务负担与偿债保证程度相对关系的指标，三个指标都用于衡量公司的长期偿债能力，具有共同的经济意义，可以互相补充。因此，对产权比率的分析可以参考对其他两个指标的分析。资产负债率分析中应注意的问题，在产权比率分析中也应引起注意。

(2) 产权比率反映的偿债能力是以净资产为物质保障的。但是，净资产中的某些项目，如无形资产、递延所得税资产、长期待摊费用等，其价值具有极大的不确定性，且不易形成支付能力，因此，在使用产权比率时，必须结合有形净值债务率指标做进一步分析。该指标实际上是一个更保守的产权比率，其计算公式为：

$$有形净值债务率=\frac{负债总额}{股东权益-无形资产}\times 100\%$$

有形净值债务率是公司负债总额与有形资产净值的百分比。有形净值是股东权益减去无形资产后的净值。之所以进一步考察负债与有形资产的比例关系，是因为无形资产的价值具有很大的不确定性，往往不能用于偿债。因此，在公司陷入财务危机或面临清算等特殊情况下，运用该指标更能反映债权人利益的保障程度，比率越低，保障程度越高，公司有效偿债能力越强；反之，公司有效偿债能力越弱。有形净值债务率指标的分析与产权比率分析相同。该指标也应维持在100%，即负债总额与有形资产净值应维持1∶1的比例。

例3—4

根据中国石油公司资产负债表的资料，该公司2010—2012年的有形净值债务率指标计算如表 3—5 所示。

表 3—5　　中国石油公司有形净值债务率计算表　　金额单位：百万元

项　目	2012 年	2011 年	规模变动情况		2010 年
			增减额	增减率	
股东权益总额	1 180 766	1 082 566	98 200	9.07%	1 010 101
无形资产	56 426	47 600	8 826	18.54%	37 221
负债总额	988 071	834 962	153 109	18.34%	348 523
有形净值债务率	87.88%	80.68%	7.20%	8.93%	35.82%

由表 3—5 可知，中国石油公司 2010—2012 年的有形净值债务率呈逐年上升趋势，与 2010 年相比，2012 年和 2011 年的有形净值债务率分别提高了 145.31%和 125.20%，说明公司的长期偿债能力逐年减弱，公司财务风险增加，债权人利益的受保护程度逐年下降。

（四）长期资本负债率

长期资本负债率是指长期负债占长期资本的百分比，其计算公式如下：

$$长期资本负债率=\frac{长期负债}{长期负债+股东权益}\times 100\%$$

长期资本负债率反映公司长期资本的结构。由于流动负债的数额经常变化，因此公司资本结构管理大多使用长期资本结构。该指标越大，说明每 1 元长期资本中长期负债所占比重越高，公司主要依赖长期债务进行筹资，长期偿债能力风险较大。分析该指标应结合行业进行。

例 3—5

根据中国石油公司资产负债表的资料，该公司 2010—2012 年的长期资本负债率指标计算如表 3—6 所示。

表 3—6　　中国石油公司长期资本负债率计算表　　金额单位：百万元

项　目	2012 年	2011 年	规模变动情况		2010 年
			增减额	增减率	
长期负债	413 323	274 924	138 399	50.34%	216 531
股东权益总额	1 180 766	1 082 566	98 200	9.07%	1 010 101
长期资本负债率	25.93%	20.25%	5.68%	28.03%	17.65%

由表 3—6 可知，中国石油公司 2012 年的长期资本负债率为 25.93%，表明每 1 元长期资本中长期负债约占 0.26 元，长期债务负担适当，对长期债权人具有一定的保障。但若考察该公司的资产负债率，发现短期债务所占比重较大，高达

58.17%，短期偿债能力风险较大，因此应根据公司的实际情况适当调整长短期债务比例。

需要注意的是，同资产负债率的计算一样，股东权益比率、权益乘数、产权比率、长期资本负债率的计算公式中的分子、分母可以用年初与年末的平均数，其本质是一样的，只是考察的视角不同，本书中可能根据实际情况分别运用年末数或平均数计算，不再另作说明。

二、盈利对债务支出保障程度分析

以上我们研究了资本结构与长期偿债能力的关系，以及反映长期偿债能力的相关指标分析，但是这种分析存在明显的不足：第一，上述各项指标所用的数据来自资产负债表，而该表只反映了公司某一时点的财务状况。这种分析的着重点是通过分析公司资本结构的合理性，来判断公司的长期偿债能力。因此，利用该表进行的分析是一种静态的分析。第二，利用资产负债表所做的分析，未能揭示公司经营业绩与偿还债务支出的关系。公司有负债，就要还本付息。偿债基础是公司的收益。公司是否有足够的能力偿还债务支出，资本结构分析不能完全说明。因此，要通过研究盈利与长期偿债能力的关系，来分析公司的长期偿债能力。从盈利能力角度分析和评价公司长期偿债能力的指标主要有利息保障倍数和固定费用保障倍数。

盈利与长期偿债能力密切相关。公司能否有充足的现金流入来偿还长期负债，在很大程度上取决于公司的盈利。一个长期亏损的公司，要保全其权益资本都很难，就更难保持正常的长期偿债能力了。而一个长期盈利的公司，有着良好的现金流入，必然能保持正常的长期偿债能力。与短期负债不同，公司的长期负债大多用于非流动资产投资，形成公司的固定生产能力。在公司正常生产的情况下，不可能靠出售非流动资产来偿还债务的本金与利息，只能依靠生产经营所得。公司支付给长期债权人的利息，主要来自融通资金新创造的盈利。所以，长期偿债能力与公司的盈利密切相关。一般来说，公司的盈利水平越高，长期偿债能力越强；反之，则越弱。

（一）利息保障倍数

利息保障倍数又称已获利息倍数，是指息税前利润为利息费用的倍数，表明1元债务利息有多少倍的息税前盈利作保障，它可以反映债务政策的风险大小。其计算公式为：

$$利息保障倍数=\frac{息税前利润}{利息费用}$$

$$=\frac{税前利润+利息费用}{利息费用}$$

$$=\frac{净利润+所得税费用+利息费用}{利息费用}$$

公式中的利息费用是指本期发生的全部应付利息，不仅包括计入财务费用的利息费用，还应包括资本化利息。也可以根据报表附注资料来确定更准确的利息费用数额。

长期债务不需要每年还本，却需要每年付息。如果公司一直保持按时付息的信誉，则长期负债可以延续，举借新债也比较容易。利息保障倍数越大，利息支付越有保障。如果利息支付缺乏保障，归还本金就很难指望。因此利息保障倍数可以反映长期偿债能力。

如果利息保障倍数小于 1，表明公司自身产生的经营盈利不能支持现有的债务规模。利息保障倍数等于 1，也是很危险的，因为息税前利润受经营风险的影响，是不稳定的，而利息却是固定数额。利息保障倍数越大，公司拥有的偿还利息的缓冲资金就越多。

从统计上看，不同国家的利息保障倍数在 3～6 之间，表明利息保障倍数与经济环境有关。不同行业的利息保障倍数有所区别，美国的食品加工业接近 10，而工程类公司只有 4，说明利息保障倍数与行业有关。

例 3—6

根据中国石油公司资产负债表的资料，该公司 2010—2012 年的利息保障倍数指标计算如表 3—7 所示。

表 3—7　　**中国石油公司利息保障倍数计算表**　　金额单位：百万元

项　目	2012 年	2011 年	规模变动情况		2010 年
			增减额	增减率	
利润总额	166 810	184 276	−17 466	−9.48%	189 194
财务费用	16 824	9 816	7 008	71.39%	6 017
资本化利息	4 778	3 959	819	20.69%	3 892
利息费用	21 602	13 775	7 827	56.82%	9 909
息税前利润	188 412	198 051	−9 639	−4.87%	199 103
利息保障倍数	8.72	14.38	−5.66	−39.35%	20.09

注：利息费用数据分别来自利润表中的财务费用和报表附注中的借款费用资本化利息。

由表 3—7 可知，中国石油公司 2011 年和 2012 年两年的生产经营所得均能够很好地满足支付利息的需要，公司拥有一定的偿还利息的缓冲资金，但与2010年相比，2012年和2011年的利息保障倍数分别降低了56.59%和28.42%，说明公司近两年支付利息的保障程度明显降低。

从保守的角度出发，为考察公司利息保障倍数指标的稳定性，一般要比较公司连续几年的该项指标，应选择这几年中最低的利息保障倍数指标作为最基本的标准。这是由于公司在经营状况好的年景要偿还债务，在经营状况不好的年景也要偿还债务。在盈利高的年度，利息保障倍数指标可能会很高；在盈利低的年度，可能无力偿付债务利息。因此，采用几年中最低的利息保障倍数，可保障最低的偿债能力。

例3—7

下面的表3—8是中国石油公司连续5年的利息保障倍数，试进行长期偿债能力分析。

表3—8 中国石油公司利息保障倍数趋势分析表 金额单位：百万元

项 目	2012年	2011年	2010年	2009年	2008年
利润总额	166 810	184 276	189 194	139 767	161 284
财务费用	16 824	9 816	6 017	5 192	2 324
资本化利息	4 778	3 959	3 892	3 201	2 752
利息费用	21 602	13 775	9 909	8 393	5 076
息税前利润	188 412	198 051	199 103	148 160	166 360
利息保障倍数	8.72	14.38	20.09	17.65	32.77

从表3—8可以看出：（1）中国石油公司连续5年的利息保障倍数均大于3，最低的利息保障倍数为2012年的8.72，说明公司具备偿付利息的能力。从理论上说，只要利息保障倍数大于1，公司就能偿还债务利息。该指标越高，债权人利益的保障程度就越高，说明公司拥有的偿还利息的缓冲资金较多。（2）该公司的利息保障倍数变动较大，总体呈下降趋势，与2008年相比，2012年偿还利息的能力明显降低，主要原因是税前利润减少，而公司的利息费用却大幅增加，从而造成公司财务风险增加。

（二）固定费用保障倍数

除了债务利息，公司还有一些与负债相关的固定费用。固定费用是指类似利息费用的公司必需的固定开支，如租入固定资产的租赁费用、偿债基金提取额、优先股股利等，这部分费用要定期支付。任何公司如果不能按期支付这些费用，都将会发生财务困难。固定费用保障倍数就是公司息税前利润与固定费用的比率，通常用倍数表示。该指标是利息保障倍数的演化，是一个比利息保障倍数更严格的衡量公司偿债能力的指标。该指标的计算公式为：

$$\begin{aligned}固定费用保障倍数&=\frac{息税前利润}{固定费用}\\&=\frac{税前利润+固定费用}{固定费用}\\&=\frac{息税前利润}{利息+租金+\dfrac{优先股股利}{1-所得税税率}+\dfrac{偿债基金}{1-所得税税率}}\end{aligned}$$

固定费用包含的内容较多，主要有：

1. 利息费用

在一定的资产负债率条件下，公司总要按期支付相对固定的利息，只要公司采取举债经营方式，这项支出就不可避免。利息费用是指本期发生的全部应付利息，不仅包括计入财务费用的利息费用，还应包括资本化利息。

2. 偿债基金提取额

公司为了偿还一些长期债券（如发行的长期债券），确保公司的偿债能力，往往采取设立偿债基金的方法，即在长期债务偿还期内，按期提存一定数额作为偿付利息和归还本金的专用款项，这种按期提存的专用款项称为偿债基金。公司这样做的结果是形成一项按期、固定的支出。由于这种支出和利息支出不同，必须在税后的基础上提存，不具有减税作用，或者说，每提存1元钱的偿债基金，需要更多的税前利润，所以，要将其还原到税前利润水平。

3. 租赁费用

公司采取租赁方式租入资产时，不管公司的经营成果如何，都必须根据租赁合同按期支付租金。在租赁期内，租金支出是相对固定的，和利息支出没有什么本质区别，而且也属于在营业收入中开支的项目。由于租金的支付抵减了税前利润，所以还应包括在分母中。

4. 优先股股利

优先股股利虽属利润的分配项目，但它与普通股股利不同。普通股股利的分配可视公司盈利情况而定，既可以支付，也可以不支付。优先股股利则不管公司经营成果如何，都需要按期支付。因此，优先股股利兼有负债性质，也是公司的一项固定支出。优先股股利用税后利润支出，不具有减税效应，因此，要将其调整到税前利润水平。

总之，不管固定费用包括多少项内容，其原则是一致的，并且包括的内容越多，指标就越保守。

例 3—8

根据中国石油公司资产负债表及其报表附注的资料，该公司无融资租赁业务，只有经营租赁，该公司的经营租赁主要指土地、房屋及设备租赁。中国石油公司连续 5 年的固定费用保障倍数指标计算见表 3—9。

表 3—9　　中国石油公司固定费用保障倍数计算表　　金额单位：百万元

项　目	2012 年	2011 年	2010 年	2009 年	2008 年
利润总额	166 810	184 276	189 194	139 767	161 284
利息费用	21 602	13 775	9 909	8 393	5 076
经营租赁费用	9 640	8 251	7 106	6 780	6 324
固定费用	31 242	22 026	17 015	15 173	11 400
息税前利润	198 052	206 302	206 209	154 940	172 684
固定费用保障倍数	6.34	9.37	12.12	10.21	15.15

从表 3—9 可以看出：中国石油公司近 5 年的固定费用保障倍数呈波动下降的趋势，与 2010 年相比，2012 年和 2011 年的利息保障倍数分别降低了 47.69%和 22.72%，主要原因：一是利息费用增加，二是经营租赁费用中的土地、房屋租赁费近两年有较大幅度的上升。这说明公司近两年支付固定费用的保障程度明显降低。

理论上，固定费用保障倍数应该大于 1，而且越高越好，表明公司偿付到期固定费用的风险小。但是，在具体分析时，应该采用前后期对比的方式，考察其变动情况，并进行同业比较分析，以了解公司偿债能力的保障程度如何。该指标没有一个固定的判断标准，可根据公司的实际情况来掌握，评价时还应结合其他指标进行。

由于固定费用保障倍数是利息保障倍数的扩展，其分析方法与利息保障倍数的分析方法是一致的。利息保障倍数和固定费用保障倍数在反映公司长期偿债能力方面是十分有用的，通常也是债权人十分关注的指标。但是，指标数据来源的限制，使指标具有先天的缺陷。这是因为指标是根据利润额的大小与固定利息支出之间的比例关系来衡量公司偿债能力的。一般而言，公司利润越高，对债务的支付能力越强。但是，利润是一个会计数据，会计账面数据不能作为长期债务偿付基础。原因是决定利润大小的两个因素，即收入和费用，与现金流入和流出不同，利润不是公司可以动用的净现金流量。因此，利用利润和固定利息支出的关系来衡量偿债能力并不是最好的方法。实际应用时，可以结合现金流量表数据进行分析。

三、影响长期偿债能力的其他因素

在分析公司长期偿债能力时，除了要研究资本结构和盈利与长期偿债能力的关系，还应注意影响公司长期偿债能力的其他一些因素，主要包括以下几项。

（一）长期经营租赁的影响

当公司急需某种设备或其他资产而又缺乏足够的资金购买时，可以通过租赁的方式解决。公司的财产租赁可以分为融资租赁和经营租赁两种形式，融资租赁的设备可视同公司的自有资产，相应的租赁费用作为长期负债处理；而公司经营租赁的设备则不包括在固定资产总额中，如果该设备被长期占用，就形成一项长期固定的租赁费用，实际上这是一种长期筹资行为，但其租赁费用又不能作为长期负债处理。此时，需要偿还的债务和用作偿债保障的资产两方面都出现了特殊情况，若被忽略就会对公司的长期偿债能力产生负面影响。

（二）或有事项的影响

或有事项是指过去的交易或事项形成的，其结果需由某些未来事项的发生或不发生才能决定的不确定事项。或有事项分为或有资产和或有负债。或有资产，如专利权被他人侵犯时向他人提出索赔形成的或有资产；诉讼判决时得到补偿形成的或有资产。或有负债，如已贴现商业承兑汇票形成的或有负债；未决诉讼、未决仲裁形成的或有负债；为其他单位提供债务担保形成的或有负债；因资产重组可能产生的安置开支、资产减值、业务活动中断形成的或有负债；环境污染整治等形成的或有负债。

或有事项的特点是现存条件的最终结果不确定，或有项目一旦发生便会影响公司的财务状况，可能给公司带来经济利益，也可能带来经济义务。产生或有资产会提高公司的偿债能力，产生或有负债会降低公司的偿债能力。因此，在分析公司的财务报表时，必须充分注意有关或有事项的报表附注披露，以了解未在资产负债表上反映的或有项目，并在评价公司长期偿债能力时，考虑或有事项的潜在影响，以防患于未然。

（三）承诺事项的影响

承诺事项指公司因具有法律效力的合同或协议的要求而承担义务的事项。公司为了经营的需要，常常要作出某些承诺。比如，承诺为参与合资的另一方提供银行担保；承诺长期购买合资另一方或供应商的产品；向客户承诺提供产品保证或保修，等等。这种承诺有时会大量增加该公司的潜在负债或承诺义务，但却没有通过资产负债表反映出来。在进行长期偿债能力分析时，报表分析者应根据报表附注及其他有关资料等，判断承诺变成真实负债的可能性，并作出相应处理。

（四）金融工具的影响

金融工具是指形成一个公司的金融资产，并形成其他单位的金融负债或权益工具的合同，如债券、股票、基金及金融衍生工具等。与偿债能力有关的金融工具主要是债券和金融衍生工具。公司为筹集资金而发行的长期债券包含以下两点承诺：（1）在约定日期偿还本金；（2）定期支付债券利息。一旦公司破产，债券持有人的求偿权优先于股票持有人。金融衍生工具包括远期合同、期货合同、互换、期权等。这种契约的义务于签约时在双方之间转移。比如，远期合同的持有人必须在合同指定的日期按指定的价格购买指定的资产。

与金融工具有关的信息应反映在财务报表的附注中。根据《企业会计准则第37号——金融工具列报》的规定，公司披露的金融工具信息，应当有助于财务报表使用者就金融工具对公司财务状况和经营成果影响的重要程度作出合理评价。该信息应包括金融工具采用的重要会计政策、计量基础等；金融工具的账面价值；金融工具公允价值的确定方法；金融工具的信用风险、流动性风险和市场风险。以上这些都是报表分析者必不可少的分析依据。

金融工具对公司偿债能力的影响主要体现在以下两方面：

（1）金融工具的公允价值与账面价值发生重大差异，但没有在财务报表或报表附注中揭示。因此，报表使用者不能利用该信息分析与之相关的潜在风险。如果公司的金融工具代表的是资产，计价所采用的价格高于应计的公允价值，则会造成公司资产的虚增；如果金融工具代表的是负债，计价采用的价格低于应计的公允价值，就会降低公司负债。这些都将增大公司潜在损失发生的可能性。

（2）未能对金融工具的风险程度进行恰当披露。不同大小的风险对公司未来损益变动的影响程度不同。风险大的金融工具，其发生损失的可能性也大。报表使用者在分析公司的长期偿债能力时，要注意考察具有资产负债表表外风险的金融工具记录，并分析信贷风险集中的信用项目和金融工具项目，综合起来对公司偿债能力作出判断。比如，对公司的应付债券，应重点分析公司信用等级、债券的发行规模、公司举债经营的程度、公司盈利的稳定程度等。

本章小结

长期偿债能力是公司抵御潜在风险的能力的体现。资本结构与长期偿债能力是公司风险与价值的集中反映，长期偿债能力分析是财务报表分析的重要内容。公司的长期偿债能力不仅受资本结构的影响，还受公司盈利能力与现金流量的影响。分析公司资本结构、盈利保障以及它们相互之间的匹配关系是公司长期偿债能力分析的基本思路。

资本结构是指公司长期筹资来源的构成与比例关系，有时也广义地指公司各种筹资来源的构成与比例关系。资本结构对公司长期偿债能力具有决定性作用。权益资本是承担长期债务的基础。资本结构影响公司的财务风险，进而影响公司的长期偿债能力。

资本结构受公司所处的行业、公司规模、公司成长性、公司竞争能力、公司盈利能力、负债的避税效应、资产担保价值、管理层的风险偏好、经营理念、公司与政府的关系以及筹资渠道及其政策变化等因素的影响。

长期偿债能力表明公司对债务的承担能力和偿还债务的保障能力。由于长期偿债能力的主要影响因素有资本结构、盈利能力和现金流量三个方面，因此，长期偿债能力分析包括资本结构分析、利息保障程度分析和现金流量分析，其中现金流量分析将在第 7 章讲述。

资本结构分析包括资产负债率、股东权益比率和权益乘数、产权比率、长期资本负债率等分析方法。盈利对债务支出保障程度分析包括利息保障倍数、固定费用保障倍数等分析方法。

影响长期偿债能力的其他因素包括长期经营租赁、或有事项、承诺事项与金融工具等。

思考与练习

一、单项选择题

1. 我国最常用的反映公司长期偿债能力的指标是（　　）。

A. 产权比率　　B. 权益乘数

C. 资产负债率　　D. 有形净值债务率

2. 有形净值债务率计量了债权人在公司破产清算时能获得多少有形资产保障。可以看出，有形净值债务率实质上是（　　）指标的延伸，是更为谨慎、保守地反映债权人利益受保护程度的指标。

A. 产权比率　　B. 权益乘数

C. 资产负债率　　　　D. $\frac{股东权益-无形资产净值}{负债总额}$

3. 权益乘数与资产负债率的关系是（　　）。

A. $资产负债率=\frac{1}{权益乘数}$　　　　B. $资产负债率=\frac{1}{1-权益乘数}$

C. $权益乘数=\frac{1}{1+资产负债率}$　　　　D. $权益乘数=\frac{1}{1-资产负债率}$

4. 以下关于利息保障倍数的计算公式中正确的是（　　）。

A. $\frac{税后利润}{利息费用}$　　　　B. $\frac{息税前利润}{利息费用}$

C. $\frac{税前利润}{利息费用}$　　　　D. $\frac{营业利润}{利息费用}$

5. 有关权益乘数，下列说法错误的是（　　）。

A. 权益乘数是指资产总额与股东权益的比率

B. 权益乘数越大，表明所有者投入公司的资本占全部资产的比重越小

C. 权益乘数越小，表明公司的负债程度越高

D. 权益乘数侧重于揭示资产总额与股东权益的倍数关系，倍数越大，说明公司的偿债风险越大

6. 某公司税后利润为67万元，所得税税率为33%，利息费用50万元，则该公司的利息保障倍数为（　　）。

A. 2　　B. 3　　C. 1.34　　D. 2.34

7. 下列各项中，可能导致公司资产负债率变化的经济业务是（　　）。

A. 收回应收账款

B. 用现金购买债券

C. 接受所有者投资转入的固定资产

D. 以固定资产对外投资（按账面价值作价）

8. 与产权比率相比，资产负债率评价公司偿债能力的侧重点是（　　）。

A. 揭示财务结构的稳健程度

B. 揭示债务偿付安全性的物质保障程度

C. 揭示产权资本对债务风险的承受能力

D. 揭示负债与资本的对应关系

二、多项选择题

1. 经营者通过长期偿债能力分析，有利于（　　）。

A. 优化资本结构

B. 降低财务风险

C. 了解公司经营的安全性，从而制定相应的财政金融政策

D. 了解公司的长期支付能力，借以判断公司信用状况和未来业务能力，并作出是否建立长期稳定的业务合作关系的决定

E. 判断其投资的安全性与盈利性

2. 利用资产负债表分析长期偿债能力的指标主要有（　　）。

A. 资产负债率　　B. 利息保障倍数

C. 产权比率　　D. 权益乘数

E. 固定费用保障倍数

3. 影响长期偿债能力的因素有（　　）。

A. 长期租赁　　B. 资本结构

C. 或有事项　　D. 获利能力

E. 金融工具

4. 下列有关资产负债率的论述，正确的是（　　）。

A. 它是反映公司长期偿债能力的指标，其计算公式是资产负债率$=\frac{长期负债}{资产总额}$

B. 资产负债率越低，说明公司的长期偿债能力越强，因而该比率越低越好

C. 公式中的资产总额是指扣除累计折旧后的净额

D. 资产负债率与产权比率具有共同的经济意义

E. 0≤资产负债率≤100%

5. 有关产权比率，下列说法正确的是（　　）。

A. 产权比率通过公司负债与股东权益进行对比来反映公司资金来源的结构比例关系、公司的风险程度和对债务的偿还能力

B. 产权比率高，表明公司采纳了高风险、高报酬的财务结构

C. 产权比率高，表明公司采纳了低风险、低报酬的财务结构

D. 产权比率反映了经营者运用财务杠杆的程度。当该指标过低时，表明公司不能充分发挥负债带来的财务杠杆作用

E. 产权比率反映了债权人投入的资本受股东权益保护的程度

6. 某公司当年经营利润很多，却不能偿还到期债务，为查清其原因，应检查的财务比率包括（　　）。

A. 资产负债率　　B. 流动比率

C. 存货周转率　　D. 应收账款周转率

E. 利息保障倍数

三、判断题

1. 利息保障倍数是按税前收益和利息除以利息费用进行计算的，其中利息费

用不包括资本化利息。 ( )

2. 资产负债率中的负债总额是指长期负债，不包括流动负债。 ( )

3. 在资金市场上，能否借入资金以及借入多少资金，取决于公司的权益资本实力。 ( )

4. 公司支付给长期债权人的利息，主要来自收到的销售收入款，所以只要公司有销售就有支付利息的款项。 ( )

5. 当全部资本利润率低于借款利息率时，负债比例越高越好；反之，负债比例越低越好。 ( )

6. 资产负债率指标可以确定公司在破产这一最坏情形出现时，债权人利益的受保护程度。当这个指标达到或超过100%时，表明公司已资不抵债。 ( )

7. 由于公司存在大量的非付现费用，因此从短期来看，即使这些公司出现利息保障倍数小于1的情况，也不一定不能偿还债务利息。 ( )

四、名词解释

1. 长期偿债能力

2. 资本结构

3. 资产负债率

4. 产权比率

5. 权益乘数

6. 利息保障倍数

7. 固定费用保障倍数

五、简述题

1. 影响长期偿债能力的主要因素有哪些?

2. 简述产权比率与资产负债率的区别。

3. 简述如何利用有形净值债务率指标进行长期偿债能力分析。

4. 简述如何利用权益乘数指标进行长期偿债能力分析。

5. 什么是利息保障倍数?分析公司长期偿债能力时，为什么要计算连续几年的利息保障倍数?

案例讨论

美的电器扩张之路对资本结构与长期偿债能力的影响

有关美的电器的公司资料及扩张战略实施情况参见第2章案例讨论。有关数据资料如下：

美的电器合并资产负债表部分项目 单位：千元

项目	2009 年	2010 年	2011 年	2012 年
流动资产合计	21 131 978.98	28 016 799.15	41 802 039.83	40 612 958.09
非流动资产：				
可供出售金融资产	312.82	312.82	284.59	286.94
长期股权投资	374 835.81	781 230.00	1 048 254.29	1 084 853.61
投资性房地产	327 441.11	505 404.75	474 713.94	362 669.46
固定资产	5 694 023.84	7 672 288.74	10 714 826.46	12 527 223.99
在建工程	486 632.30	952 216.43	2 073 583.06	810 077.55
无形资产	1 220 852.49	1 552 462.52	1 810 195.66	1 873 065.10
商誉	1 473 527.23	1 473 527.23	2 510 893.93	2 510 893.93
长期待摊费用	157 885.38	274 952.82	444 539.07	407 496.91
递延所得税资产	790 137.51	824 843.06	631 034.95	710 073.25
非流动资产合计	10 525 648.49	14 037 238.37	19 708 325.95	20 286 640.74
资产总计	31 657 627.47	42 054 037.52	61 510 365.78	60 899 598.83
负债和股东权益				
流动负债合计	18 859 423.45	25 188 118.27	34 861 366.53	31 889 095.37
非流动负债：				
长期借款	—	393 809.39	1 381 362.96	1 483 609.54
专项应付款				12 594.55
预计负债	11 213.50	18 487.80	21 844.47	24 611.19
递延所得税负债	55 437.23	62 900.36	33 415.24	33 392.17
其他非流动负债	3 679.00	8 024.86	23 022.64	61 810.74
非流动负债合计	70 329.73	483 222.41	1 459 645.31	1 616 018.19
负债合计	18 929 753.18	25 671 340.68	36 321 011.84	33 505 113.56
股东权益：				
股本	2 080 176.85	3 120 265.28	3 384 347.65	3 384 347.65
资本公积	2 651 774.43	2 092 101.33	6 123 282.16	6 350 757.64
盈余公积	676 479.87	741 469.17	841 658.36	1 046 286.28
未分配利润	3 513 531.80	6 367 622.21	9 638 294.50	11 387 992.00
外币报表折算差额	－15 535.34	14 879.44	26 772.81	－103 985.88
归属于母公司股东权益合计	8 906 427.61	12 336 337.43	20 014 355.48	22 065 397.69
少数股东权益	3 821 446.68	4 046 359.41	5 174 998.46	5 329 087.58
股东权益合计	12 727 874.29	16 382 696.84	25 189 353.94	27 394 485.27
负债和股东权益总计	31 657 627.47	42 054 037.52	61 510 365.78	60 899 598.83

美的电器合并利润表部分项目 单位：千元

项目	2009 年	2010 年	2011 年	2012 年
一、营业总收入	47 278 248.26	74 558 886.12	93 108 058.26	68 071 200.64
其中：营业收入	47 278 248.26	74 558 886.12	93 108 058.26	68 071 200.64

续前表

项　目	2009年	2010年	2011年	2012年
二、营业总成本	44 817 751.52	72 254 549.86	88 846 519.01	63 599 748.40
其中：营业成本	36 975 215.84	62 114 202.05	75 618 779.24	52 541 311.99
营业税金及附加	60 565.82	85 789.38	351 891.66	321 629.45
销售费用	5 730 733.32	6 943 427.31	8 590 884.80	6 736 386.53
管理费用	1 660 163.89	2 663 128.42	3 191 097.79	3 619 391.52
财务费用	222 445.77	464 055.87	1 051 478.28	322 740.49
资产减值损失	168 626.88	−16 053.17	42 387.24	58 288.42
加：公允价值变动收益	27 126.91	118 069.08	38 744.49	−75 823.32
投资收益	32 124.94	134 312.45	732 811.25	348 095.70
其中：对联营企业和合营企业的投资收益	9 463.52	51 219.27	84 902.41	72 256.04
三、营业利润	2 519 748.59	2 556 717.79	5 033 094.99	4 743 724.62
加：营业外收入	396 422.37	2 570 296.44	676 342.40	430 318.41
减：营业外支出	163 342.12	163 843.45	138 419.71	97 696.58
其中：非流动资产处置损失	133 940.77	42 755.05	46 405.36	23 421.86
四、利润总额	2 752 828.84	4 963 170.78	5 571 017.68	5 076 346.45
减：所得税费用	238 962.59	919 932.16	1 019 558.89	947 501.22
五、净利润	2 513 866.25	4 043 238.62	4 551 458.79	4 128 845.23
归属于母公司股东的净利润	1 891 901.83	3 127 097.38	3 709 296.25	3 477 331.87
少数股东损益	621 964.42	916 141.24	842 162.54	651 513.36
六、每股收益				
（一）基本每股收益	0.97	1.00	1.11	1.03
（二）稀释每股收益	0.97	1.00	1.11	1.03

美的电器合并现金流量表部分项目　　单位：千元

项　目	2009年	2010年	2011年	2012年
经营活动产生的现金流量：				
销售商品、提供劳务收到的现金	27 394 118.51	35 659 917.64	47 086 533.99	53 109 710.94
收到的税费返还	444 467.35	1 507 128.01	2 745 097.10	2 610 303.56
收到其他与经营活动有关的现金	567 171.56	3 063 219.20	1 339 511.37	2 502 930.44
经营活动现金流入小计	28 405 757.42	40 230 264.85	51 171 142.46	58 222 944.94
购买商品、接受劳务支付的现金	17 022 905.47	20 778 842.57	30 915 887.47	38 307 831.87
支付给职工以及为职工支付的现金	1 926 291.77	3 404 597.74	4 245 299.07	3 940 703.13

续前表

项 目	2009 年	2010 年	2011 年	2012 年
支付的各项税费	1 794 101.67	2 276 786.07	3 108 851.73	2 912 522.01
支付其他与经营活动有关的现金	5 605 991.53	8 324 317.47	9 942 187.81	8 755 342.65
经营活动现金流出小计	26 349 290.44	34 784 543.85	48 212 226.08	53 916 399.66
经营活动产生的现金流量净额	2 056 466.98	5 445 721.00	2 958 916.38	4 306 545.28

讨论

1. 计算美的电器2010年、2011年、2012年的资产负债率、股东权益比率和权益乘数、产权比率、长期资本负债率、利息保障倍数。

2. 运用上述比率分析美的电器的资本结构与长期偿债能力。

3. 根据计算资料对美的电器的长期偿债能力指标进行趋势分析，并进行简要解释。

4. 请参照第7章有关现金偿债能力的指标含义，计算经营活动净现金比率、现金流量利息保障倍数等指标。

5. 请收集美的电器的相关资料，分析造成长期偿债能力现状的原因以及可能的经济后果。如何防范相关风险？

6. 结合第2章案例讨论的分析结论，以及公司的长期偿债能力、现金偿债能力等方面，综合分析美的电器的扩张之路对公司风险及公司价值的影响，以及公司扩张战略的实施效果。

第4章

资产结构与营运能力分析

学习目的与要求

1. 理解资产结构的含义与功能。
2. 了解资产的构成对公司营运能力的影响。
3. 掌握公司营运能力分析的方法及应用。
4. 理解影响营运能力的因素。

引导案例

存货惊魂

净利润不断增长，现金流却逐渐枯竭，在经营成果欣欣向荣的同时，资产负债状况却极度恶化。这一切的始作俑者经常出自一个科目：存货。一方面，存货是创造收益的基础；另一方面，它也必须消耗现金。上述状况的发生有时是主动的，例如计划中生产规模的扩大，但更多时候是被动的，例如原材料价格的上涨。相比而言，这种被动的存货膨胀对很多企业都是一个严峻的考验，准备不足或者错误应对的企业甚至会由此而掉进流动性枯竭的深渊。2007年原材料价格飞涨的背景下，很多公司都上演了存货惊魂一幕，其中风帆股份（600482）位居榜首。

表面上看，风帆股份股东们心惊肉跳的日子似乎只是始于2009年1月发布的业绩预告。由于原材料价格由先前的暴涨转而成为暴跌，公司保有大量高价存货，一方面导致毛利率迅速下降；另一方面又造成资产减值损失迅速增加。公司预计2008年亏损达2.5亿元，这与上年同期1.16亿元归属母公司的净利润形成强烈反差。其实在2007年就已经埋下了必然的种子。

2007年，与公司1.16亿元净利润形成鲜明对比的是－11.1亿元的经营活动现金流，主要原因是新增存货对资金的占用。公司存货从2006年的4.58亿元直线上升至13.15亿元，与此同时，短期借款从4.25亿元上升至16.34亿元，债务权益比一举从2006年的70%提高到了128%。虽然1.16亿元净利润比上年提高了43.7%，但实际上，公司已经濒临资金链断裂的边缘。

风帆股份是这样一类行业中的典型，一方面，企业对上游原材料缺乏议价能力；另一方面，将成本压力转嫁给下游企业或者消费者的能力有限，即便是最大限度的部分转移也存在一个较长的时滞。当原材料价格飞速上涨时，企业的毛利率被不断挤压，而为了保证生产，储备存货所需要占用的资金却不断增多，企业的资金链在双重压力下不断吃紧。

但这往往还不是故事的结局。飞涨的原材料价格总会在某一天恢复正常，通常情况是暴涨之后紧接着暴跌。对于这些行业来说，不能及时转嫁成本的同时，往往商品价格的下跌会快于至少是等同于原材料价格的下跌，保有大量存货的公司将再次遭受重创，之前的大量资金占用将在这个时刻转化为大量的实际损失。①

存货的价格变动或存货金额的比重对公司业绩、偿债能力、营运能力有什么影响？与存货类似的资产情况如何？它们对公司价值的影响是什么？本章将讲述有关理论与分析方法。

第1节 资产结构与营运能力

价值最大化是公司管理的目标，而价值最大化表现为公司的可持续增长能力。在融资政策与分配政策一定的情况下，公司的可持续增长取决于公司资产的盈利与周转能力。盈利能力分析我们将在第5章介绍。本章重点讨论资产周转能力分析。资产周转能力又称为公司营运能力，反映了资产价值贡献程度以及资产管理的效率和效果。由于不同的资产价值转移性质不同，因此，不同的资产构成比例会导致公司不同的营运能力。

一、资产结构的含义

资产结构即公司各类资产的构成及其比例关系。公司资产一般分为流动资产

① 参见郑伟征：《存货惊魂》，载《证券市场周刊》，2009（14）。

与非流动资产。流动资产变现速度较快，价值一次性转移到产品中去，并且随着产品的出售，价值得到一次性补偿，如存货、应收账款等，所以流动资产的周转速度快。非流动资产则变现速度慢，价值分次或多次转移到产品中去，其价值要通过多次、多期间的产品销售才能逐步得到补偿，如固定资产、无形资产等，因此，非流动资产的价值量大，价值转移速度慢。流动资产的数量和质量通常决定着公司资产的流动性和偿债能力，而非流动资产的数量和质量通常决定着公司的盈利能力与发展能力。

由于流动资产和非流动资产在经营过程中有不同的价值周转特征，因此，资产结构不仅能够反映公司资产周转能力，即公司营运能力，而且对资产的价值实现具有决定性影响，同时在一定程度上与公司财务风险和经营风险相联系，并最终决定公司的可持续发展能力。

二、资产结构对公司营运能力的影响

（一）对公司风险的影响

公司的特有风险主要包括财务风险和经营风险两大类，前者主要与公司资金的筹集即资本结构相关，后者则主要与公司资金的运用即资产结构相关。一般而言，流动资产、短期资产因能在短期内完成周转，实现其价值，所以，公司对其预测往往较容易且准确。同时短期内市场变动较少，也就较少出现市场预测与市场变动不一致的情况，这就为有效经营资产提供了可能，因此，这类资产的经营风险相对较小。有形资产因有实物价值为基础，其经营风险相对于没有实物价值为基础的无形资产要小得多。固定资产等非流动资产需要在较长时期内完成周转，实现其价值。在这一较长时期内，市场变幻莫测，公司进行市场预测往往较难且不易准确，与市场变动极易相背离。同时，固定资产等非流动资产主要是劳动工具，它们所能加工的产品或商品具有相对稳定性和单一性，一旦市场需求发生变化，这些产品或商品就可能卖不出去，固定资产等非流动资产也就相应地成为废品，所以这类资产的经营风险相对较大。还有无形资产尤其是支出性无形资产，无论公司是否经营，它们的转移价值或摊销成本照样发生，作为一种固定成本（或费用），其经营风险比实物资产更大。当然，财务风险与经营风险密切相关，资产结构与财务风险也不无关系，这已在偿债能力分析中详细讨论，故不赘述。

（二）对公司收益的影响

公司资产有三种不同类型：一是直接形成公司收益的资产，主要包括产品、商品等存货资产、应收账款等结算资产和有价证券等投资资产，其中结算资产中包括收益或毛利，而其他资产的收益或毛利则需在市场销售中实现。二是对公司一定时期收益不产生影响的资产，如货币资产。货币资产通常是公司收益的结果，在正常情况下它既不会增值也不会减值，其价值也不会转移，因此不会产生收益。三是抵扣公司一定时期收益的资产，主要包括固定资产、无形资产等。这些资产是公司收益实现的必要条件，在一定时期内有助于收益的实现，但从收益的计算过程可以看出，它们的转移或摊销价值是收益的抵扣项目。因此，在总资产一定的条件下，这类资产占用越多，要抵扣的收益就越多，所得收益便越小。由此可见，资产结构中直接形成公司收益的资产比重相对越大，其余两类资产的比重相对越小，将有利于公司收益的最大化，但其前提是资产类别之间、项目之间的结构相互协调，若走向极端，结果只会适得其反。

（三）对公司流动性的影响

资产的流动性是指其周转能力或变现的速度（或能力）。资产负债表中资产的分类和排序就是按照其流动性大小进行的，也就是说，在正常情况下，公司流动资产比固定资产、短期资产比长期资产、货币资产比非货币资产、金融资产比实物资产、临时流动资产比永久固定资产的流动性强。但是，在非正常情况下，比如资产质量出现问题，则应按照资产的质量，亦即其变现速度进行重新排列。最容易出现质量问题的资产主要是存货资产，一旦存货滞销、停销，其流动性几乎为零，那么按流动性排列它可能居于全部资产的最后。可见，公司资产结构甚至是资产的质量结构不同，公司资产的流动性大小也就不一样。同时，资产的流动性与资产的风险性及收益性均具有密切的联系。整体而言，流动性大的资产风险相对较小，收益相对较低；反之，收益相对较高。因此，公司应通过调整资产结构，尤其是其质量结构，来增强公司资产的流动性。

（四）对公司资产弹性的影响

资产弹性是指资产占用总量和结构能被随时调整的可能性。由于市场的波动和季节性波动，公司的资产占用总量和结构应相机调整，这种调整必须建立在资产弹性的基础上。资产结构对资产弹性具有很大的影响。公司资产中固定资产所占比重越大，那么随时调整其占用量及其结构的难度便越大，即资产弹性越小；反之，公司资产中金融资产所占比重越大，则资产占用总量和资产结构的调整难度就越小，资产弹性越大。这是因为只有金融资产才可以随时用于清欠、退还融资或购买其他资产，从而改变各类资产的比重，而流动资产中的其他实物资产、固定资产、无形资产及递延资产等都具有一定的实物凝固性和时间凝固性，不能随时转换为别的资产，因而无法用来调整公司的资产结构。可见，一个公司的资产弹性大小可由资产中金融资产的比例来衡量，金融资产比重越大，公司的资产弹性越大。但是持有金融资产必然带来较大的机会成本，即由于保有货币性金融资产所丧失的潜在投资或周转利益、由于保有证券和票据性资产（一般为交易性金融投资）而丧失的潜在长期投资或周转利益等，因而可能影响资产的收益性。显然，如果公司的资产结构缺乏弹性，则公司资产的内部结构难以随时进行适当调整，同时公司还将面临难以满足临时支付的需要，以至于不能及时偿付的风险；如果公司的资产弹性过大，公司投入生产经营的资产较少，就会丧失大量的周转利益，给公司带来巨大的机会成本。因此，公司应根据自身生产经营性质、经营周期波动、日常支付需要等情况，合理确定其资产弹性。

三、资产结构与资本结构匹配关系分析

（一）保守型结构

在保守型结构形式中，无论资产负债表左方的资产结构如何，资产负债表右方的资金全部来源于长期资金，非流动负债与所有者权益的比例高低不影响这种结构形式。其形式如表4—1所示。

表4—1　　资产负债表（一）

<table>
<tr><td rowspan="2">流动资产</td><td>临时性占用流动资产</td><td rowspan="2">非流动负债</td></tr>
<tr><td>永久性占用流动资产</td></tr>
<tr><td colspan="2">非流动资产</td><td>所有者权益</td></tr>
</table>

从表4—1可以看出，保守型结构的主要标志是公司全部资产的资金依靠长期资金来满足。其结果是：（1）公司风险极低。从前面的风险分析中我们知道，筹资风险建立在经营风险的基础之上，只要公司资产经营不存在风险，其偿债风险就会消除。由于这一形式中的偿债风险极低，因此，即使提高非流动资产比例，资产风险加大，两方面综合起来，较大的风险会被极小的风险中和，从而使公司风险降低，不至于导致公司通过清算资产偿还到期债务。（2）资金成本较高。相对于其他结构形式，这一形式的资金成本最高，但前提是短期债务成本低于长期

债务成本。（3）筹资结构弹性弱。一旦公司进入用资淡季，对资金存量就不易作出调整，尽管公司可以通过将闲置资金投资于长期证券市场来调节，但必须以存在完善的证券市场为前提，而且这种投资的收益也不一定能弥补相应的高成本。实务中这种形式很少被公司普遍采用。

（二）稳健型结构

在稳健型结构形式中，非流动资产的资金需要依靠长期资金来解决，流动资产的资金则需要依靠长期资金和短期资金共同解决，长期资金和短期资金在满足非流动资产资金需要方面的比例不影响这一形式。其形式如表4—2所示。

表4—2　　资产负债表（二）

<table>
<tr><td rowspan="3">流动资产</td><td>临时性占用流动资产</td><td rowspan="2">流动负债</td></tr>
<tr><td rowspan="2">永久性占用流动资产</td></tr>
<tr><td rowspan="2">非流动负债</td></tr>
<tr><td colspan="2" rowspan="2">非流动资产</td></tr>
<tr><td>所有者权益</td></tr>
</table>

从表4—2可以看出，稳健型结构的主要标志是，公司流动资产的一部分资金需要依靠流动负债来满足，另一部分资金则需要依靠非流动负债来满足。其结果是：（1）足以使公司保持优异的财务信誉，通过流动资产的变现满足偿还短期债务的需要，公司风险较小。（2）公司可以通过调整流动负债与非流动负债的比例，使负债成本达到公司设定的标准，相对于保守型结构形式而言，这一形式的负债成本相对较低，并具有可调性。（3）无论是资产结构还是资本结构，都具有一定的弹性，特别是当临时性资产需要减少或消失时，可通过偿还短期债务或进行短期证券投资来调整。一旦临时性资产需要再次产生，就可以通过重新举借短期债务或出售短期证券来满足。这是一种能为所有公司普遍采用的资产与权益对称结构。

（三）平衡型结构

在平衡型结构形式中，以流动负债来满足流动资产的资金需要，以非流动负债及所有者权益来满足非流动资产的资金需要，非流动负债与所有者权益之间的比例不是判断这一结构形式的标志。其形式如表4—3所示。

表 4—3 资产负债表（三）

流动资产	流动负债
非流动资产	非流动负债 所有者权益

平衡型结构的主要标志是流动资产的资金需要全部依靠流动负债来满足。其结果是：（1）同样高的资产风险与筹资风险中和，使公司风险均衡。（2）负债政策要依据资产结构变化进行调整，与其说负债结构制约负债成本，不如说资产结构制约负债成本。（3）存在潜在的风险。这一形式以资金变现时间和数量与偿债时间和数量相一致为前提，一旦两者出现时间上的差异或数量上的差异，如营业收入未能按期取得现金，应收账款没能足额收回，长期证券以低于购入成本的价格出售等，就会使公司面临资金周转困难，并有可能陷入财务危机。这一结构形式只适用于经营状况良好且具有较好成长性的公司，但要特别注意这一结构形式的非稳定性特点。

（四）风险型结构

在风险型结构形式中，流动负债不仅用于满足流动资产的资金需要，而且用于满足部分非流动资产的资金需要，这一结构形式不因流动负债在多大程度上能满足非流动资产的资金需要而改变。其形式如表 4—4 所示。

表 4—4 资产负债表（四）

<table>
<tr><td>流动资产</td><td rowspan="2">流动负债</td></tr>
<tr><td rowspan="2">非流动资产</td></tr>
<tr><td>非流动负债
所有者权益</td></tr>
</table>

风险型结构的主要标志是以短期资金来满足部分非流动资产的资金需要。其结果是：（1）财务风险较大，较高的资产风险与较高的筹资风险不能匹配。流动负债和非流动资产在流动性上并不对称，如果通过非流动资产的变现来偿还短期内到期的债务，必然给公司带来巨大的偿债压力，从而要求公司极大地提高资产的流动性。（2）相对于其他结构形式，其负债成本最低。（3）公司存在“黑字破产”的潜在危险。由于公司时刻面临偿债压力，一旦市场发生变动或意外事件发生，就可能引发公司资产经营风险，使公司因资金周转不灵而陷入财务困境，造成公司因不能偿还到期债务而“黑字破产”。这一结构形式只适用于处在发展壮大时期的公司，而且只能在短期内采用。

根据中国石油公司的资产负债表可以发现，公司 2011 年流动资产比重为 20.10%，流动负债比重为 25.94%，属于风险型结构。公司 2012 年流动资产比重为 19.27%，流动负债比重为 26.50%，从动态方面看，相对于 2011 年，虽然公司资产结构和资本结构都有所改变，但资产结构与资本结构适应的性质并未改变，风险趋于增加。

第 2 节　营运能力分析

公司的营运能力由公司资产的营运能力决定，通过分析公司资产营运能力可以判断公司资产的价值贡献以及运用效率，从而判断公司的整体风险水平与盈利能力。理论上说，营运能力比率可以是营业收入与所有营运资产项目和类别相比较的结果，然而依据重要性原则和成本效益原则，我们通常用最主要的营运资产项目和类别作为营运能力比率的代表，具体包括应收账款、存货、流动资产、固定资产与总资产的营运能力分析。分析方法一般是通过采用上述资产周转次数或周转天数等指标来计算和衡量。

一、应收账款周转率

应收账款周转率是指公司一定时期赊销收入净额与应收账款平均余额的比率，用以反映公司应收账款的周转速度，即公司流动资产在一定时期内（通常为一年）周转的次数。其计算公式如下：

$$\text{应收账款周转次数}=\frac{\text{营业收入}}{\text{应收账款平均余额}}$$

式中，

$$\text{应收账款平均余额}=\frac{\text{期初应收账款}+\text{期末应收账款}}{2}$$

应收账款周转率是反映公司应收账款变现速度快慢与管理效率高低的指标。在一定期间内，公司的应收账款周转率越高，周转次数越多，则公司应收账款回收速度越快，公司应收账款的运用效率越高，在其他条件不变的情况下，流动资产的质量越高，短期偿债能力也越强。同时，较高的应收账款周转率可有效地减少收款费用和坏账损失，从而相应增加公司流动资产的收益能力。反之，较低的应收账款周转率则表明公司应收账款的管理效率较低，公司需加强应收账款的管理和催收工作。根据对应收账款周转率的具体分析，还可评价客户的信用程度及公司信用政策的合理性。

反映应收账款周转速度的另一个指标是应收账款周转天数，也称为应收账款账龄或应收账款平均收账期，是指公司自产品销售出去开始至应收账款收回为止所用的天数。其计算公式如下：

$$应收账款周转天数=\frac{365}{应收账款周转次数}$$

$$=应收账款平均余额\times\frac{365}{营业收入}$$

应收账款账龄越短，说明公司应收账款变现的速度越快，公司资金被外单位占用的时间越短，管理工作的效率越高，它是应收账款流动程度的补充指标。

在计算分析应收账款周转率指标时，应注意以下几个问题：

(1) 销售收入的赊销比例问题。从理论上说，应收账款是由赊销引起的，计算时应使用赊销收入净额，赊销收入净额是指销售收入扣除现销收入、销售退回、销售折让和销售折扣后的余额。但其作为公司的商业秘密并不对外公布，外部分析者难以取得赊销收入的资料，因此一般用营业收入代替。

(2) 应收账款年末余额的可靠性问题。应收账款是特定时点的存量，容易受季节性、偶然性和人为因素影响。在应收账款周转率用于业绩评价时，最好使用多个时点的平均数，以减少这些因素的影响。

(3) 应收账款的减值准备问题。统一财务报表上列示的应收账款是已经提取减值准备后的净额，而销售收入并没有相应减少。其结果是，提取的减值准备越多，应收账款周转天数越少。这种周转天数的减少不是好的业绩，反而说明应收账款管理欠佳。如果减值准备的数额较大，就应进行调整，使用未提取坏账准备的应收账款计算周转天数。报表附注中应披露应收账款减值的信息，其可作为调整的依据。

(4) 应收票据是否计入应收账款周转率。大部分应收票据是销售形成的，只不过是应收账款的另一种形式，应将其纳入应收账款周转天数的计算，称为“应收账款及应收票据周转天数”。

(5) 应收账款周转天数是否越少越好。应收账款是由赊销引起的，如果赊销有可能比现金销售更有利，周转天数就不是越少越好。收现时间的长短与企业的信用政策有关。例如，甲企业的应收账款周转天数是18天，信用期是20天；乙企业的应收账款周转天数是15天，信用期是10天。前者的收款业绩优于后者，尽管其周转天数较多。改变信用政策，通常会引起企业应收账款周转天数的变化。

（6）应收账款分析应与销售额分析、现金分析联系起来。应收账款的起点是销售，终点是现金。正常的情况是销售增加引起应收账款增加，现金的存量和经营现金流量也会随之增加。

（7）为便于分析，在实际工作中，可以通过将连续若干年的应收账款周转率与本期应收账款周转率相对比，得出比较准确的分析结果。

（8）应收账款周转率只是分析公司流动资产周转情况的一个指标，它还与客户的信用状况、公司提取坏账准备的多少、催收账款工作的及时性等因素相联系，分析中应该综合考虑这些因素的变化情况。

除了以上问题外，还有一些因素会影响应收账款周转率和周转天数计算的正确性。首先，由于公司生产经营的季节性原因，使应收账款周转率不能正确反映公司销售的实际情况。其次，某些上市公司在产品销售过程中大量使用分期付款方式。再次，有些公司采取大量收取现金方式进行销售。最后，有些公司年末销售量大量增加或年末销售量大量下降。这些因素都会对应收账款周转率或周转天数造成很大的影响。投资者在分析这两个指标时应将公司本期指标和公司前期指标、行业平均水平或其他类似公司的指标相比较，判断该指标的高低。

例 4—1

根据中国石油公司财务报表的有关资料，计算该公司应收账款周转率有关指标，如表 4—5 所示。

表 4—5　　中国石油公司应收账款周转率计算表　　金额单位：百万元

项　目	2012 年	2011 年	规模变动情况		2010 年
			增减额	增减率（%）	
营业收入	2 195 296	2 003 843	191 453	9.55	1 465 415
应收账款期初余额	53 822	45 005	8 817	19.59	28 785
应收账款期末余额	64 450	53 822	10 628	19.75	45 005
应收账款平均余额	59 136	49 414	9 722	19.67	36 895
应收账款周转次数	37.12	40.55	−3.43	−8.46	39.72
应收账款周转天数	10	9	1	11.11	9

根据表 4—5 可知，中国石油公司 2012 年应收账款一年周转 37.12 次，周转一次需 10 天，与上年同期相比，周转次数下降 8.46%，说明公司应收账款变现的速度减慢，公司资金被外单位占用的时间增加，管理工作的效率有所下降，导致公司营运能力有所下降。

由于资产负债表中的数据是时点数，仅从某一时期或某一时点上很难看清其发展规律和真实面目。因此，要了解公司资产周转率的状况，应对其进行趋势分析。

例 4—2

根据中国石油公司财务报表的有关资料，试对该公司连续五年的应收账款周转率进行趋势分析，有关数据如表 4—6 所示。

表 4—6 中国石油公司应收账款周转率趋势分析表 金额单位：百万元

项　目	2012 年	2011 年	2010 年	2009 年	2008 年	2007 年
营业收入	2 195 296	2 003 843	1 465 415	1 019 275	1 072 604	836 353
应收账款期初余额	53 822	45 005	28 785	16 810	18 565	8 488
应收账款期末余额	64 450	53 822	45 005	28 785	16 810	18 565
应收账款平均余额	59 136	49 414	36 895	22 798	17 688	13 527
应收账款周转次数	37.12	40.55	39.72	44.71	60.64	61.83
定基趋势百分比（%）	60.04	65.59	64.24	72.31	98.08	100.00
应收账款周转天数	10	9	9	8	6	6

根据表 4—6 可知，与 2007 年相比，中国石油公司 2008—2012 年应收账款周转次数大体呈下降趋势，应收账款周转天数逐渐增加，说明公司应收账款的管理效率逐渐降低，从而削弱了公司的营运能力。

当然，要使此数据更具说服力，应将它与行业水平和公司经营背景结合起来分析。为此，我们选择了具有代表性的 7 家同行业公司对应收账款周转率进行比较分析（见表 4—7），进一步综合评价公司应收账款的运用效率。

表 4—7 同行业 7 家公司 2012 年应收账款周转率对比表

项　目	中国石油	中国石化	中海油服	海油工程	通源石油	恒泰艾普	潜能恒信	平均值
应收账款周转次数	37.12	39.77	5.57	5.91	1.12	1.32	0.92	13.10
应收账款周转天数	10	9	66	62	326	277	397	28

根据表 4—7 可知，该行业平均应收账款周转次数为 13.10 次，周转一次大约需要 28 天。与行业平均水平相比，中国石油公司的应收账款变现速度相对较快，应收账款的管理效率较高，公司具有一定的营运能力。

二、存货周转率

存货周转率是公司产品营业成本与存货平均余额的比率，即公司的存货在一定时期内（通常为一年）周转的次数。该指标反映公司存货规模是否合适，周转速度如何，即存货的流动性及存货资金占用量是否合理，也是衡量公司生产经营各环节中存货运用效率和评价公司经营业绩的综合性指标。其计算公式如下：

$$存货周转次数=\frac{营业成本}{存货平均余额}$$

式中，

$$存货平均余额=\frac{期初存货+期末存货}{2}$$

$$存货周转天数=\frac{365}{存货周转次数}$$

$$=存货平均余额\times\frac{365}{营业成本}$$

存货周转率不仅是考核公司存货运用效率的指标，还与公司的盈利能力直接相关。在一定期间内，公司的存货周转率越高，周转次数越多，存货周转天数越少，则公司存货变现速度越快，公司存货的运用效率越高，流动资产的流动性和质量越强，公司的盈利能力也越强；反之，则公司存货的运用效率较低，存货占用资金较多，周转较慢，公司的盈利能力较弱。

存货周转速度偏低可能由以下原因引起：一是经营不善，产品滞销；二是预测存货将升值而故意囤积居奇，以等待时机获取重利；三是公司销售政策发生变化。但存货周转速度偏高并不一定代表公司的经营出色，当公司为了扩大销路而降低售价或大量赊销时，营业利润会受到影响或会产生大量的应收账款。一个适当的存货周转速度除要参考公司的历史水平，还应参考同行业的平均水平。

例 4—3

根据中国石油公司财务报表的有关资料，计算该公司存货周转率有关指标，如表 4—8 所示。

表 4—8　　中国石油公司存货周转率计算表　　金额单位：百万元

项　目	2012 年	2011 年	规模变动情况		2010 年
			增减额	增减率（%）	
营业成本	1 634 819	1 425 284	209 535	14.70	970 209
存货期初余额	182 253	134 888	47 365	35.11	114 781
存货期末余额	214 117	182 253	31 864	17.48	134 888
存货平均余额	198 185	158 571	39 615	24.98	124 835
存货周转次数	8.25	8.99	−0.74	−8.23	7.77
存货周转天数	44	41	3.64	8.96	47

根据表 4—8 可知，中国石油公司 2012 年的存货周转次数为 8.25 次，周转一次约需 44 天，说明该公司的存货可维持 44 天的经营使用；与上年同期相比下降 8.23%，说明公司存货变现速度减慢，运营效率降低，存货的管理业绩下降，从

而导致公司营运能力降低。

例 4—4

根据中国石油公司财务报表的有关资料，试对中国石油公司连续五年的存货周转率进行趋势分析，有关数据如表 4—9 所示。

表 4—9　　中国石油公司存货周转率趋势分析表　　金额单位：百万元

项　目	2012 年	2011 年	2010 年	2009 年	2008 年	2007 年
营业成本	1 634 819	1 425 284	970 209	633 100	684 637	479 464
存货期初余额	182 253	134 888	114 781	90 685	88 496	76 038
存货期末余额	214 117	182 253	134 888	114 781	90 685	88 496
存货平均余额	198 185	158 571	124 835	102 733	89 591	82 267
存货周转次数	8.25	8.99	7.77	6.16	7.64	5.83
定基趋势百分比（%）	141.54	154.22	133.35	105.74	131.12	100
存货周转天数	44	41	47	59	48	63

根据表 4—9 可知，与 2007 年相比，中国石油公司 2008—2012 年的存货周转次数呈上升趋势，说明公司存货变现速度加快，存货运用效率逐渐提高。但存货周转速度偏高也不一定代表公司的经营出色，当公司为了扩大销路而降低售价或大量赊销时，营业利润会受到影响或产生大量的应收账款。而中国石油公司的应收账款周转次数却基本呈下降趋势，所以，一个适当的存货周转速度除参考公司的历史水平，还应参考同行业的平均水平。

为了进一步综合评价公司存货的运营及管理效率，我们需要对存货周转率进行同业比较分析，如表 4—10 所示。

表 4—10　　同行业 7 家公司 2012 年存货周转率对比表

项　目	中国石油	中国石化	中海油服	海油工程	通源石油	恒泰艾普	潜能恒信	平均值
存货周转次数	8.25	11.25	17.3	9.36	1.87	18.3	257.04	46.20
存货周转天数	44	32	21	39	195	20	1	8

根据表 4—10 可知，该行业平均存货周转次数为 46.20 次，周转一次大约需要 8 天，与行业平均水平相比，中国石油公司的存货变现速度较慢，存货占用资金较多，运营效率较低，存货的管理业绩较差，从而导致公司营运能力降低。

在计算分析存货周转率指标时，应注意以下几个问题：

（1）计算存货周转率时，使用营业收入还是营业成本作为周转额，要看分析的目的。如果是为了判断短期偿债能力，应采用营业收入。如果是为了评估存货管理业绩，应当使用营业成本。

（2）要以提高存货管理水平为前提。存货管理是公司管理的重要内容之一，报表使用者在分析存货周转率指标时，应尽可能结合存货的批量因素、季节性变化因素等对存货的结构以及影响存货周转速度的重要指标进行分析，通过进一步计算原材料周转率、在产品周转率或某种存货周转率，从不同角度、环节找出存货管理中的问题，在满足公司生产经营需要的同时，尽可能减少经营占用资金，提高公司存货管理水平。

（3）要对存货周转率作出合理的判断。一方面，存货周转率指标较低，是公司经营情况欠佳的一种迹象，它可能是由于公司存货中出现了残次品、存货不适应生产销售需要、存货投入资金过多等原因造成的。另一方面，存货周转率指标较高并不能完全说明公司的存货状况很好，因为若公司存货资金投入过少，可能会因存货储备不足而影响生产或销售业务的进一步发展。此外，存货周转率加快也可能是由于公司提高了销售价格，而存货成本并未改变，所以在特定的生产经营条件下应该存在一个最佳存货水平。分析时应注意这些情况的影响。

（4）应注意应付款项、存货和应收账款（或销售）之间的关系。

（5）应关注构成存货的产成品、自制半成品、原材料、在产品和低值易耗品之间的比例关系。正常的情况下，各类存货之间存在某种比例关系，如果某一类存货的比重大幅变化，可能就暗示存在某种问题。比如，产成品大量增加，其他项目减少，很可能导致销售不畅，生产节奏放慢，此时，总的存货余额可能并没有显著变化，甚至尚未引起存货周转率的显著变化。

三、流动资产周转率

流动资产周转率是指公司一定时期的营业收入与流动资产平均余额的比率，即公司流动资产在一定时期内（通常为一年）周转的次数。流动资产周转率是反映公司流动资产运用效率的主要指标。其计算公式如下：

$$流动资产周转次数=\frac{营业收入}{流动资产平均余额}$$

式中，

$$流动资产平均余额=\frac{期初流动资产+期末流动资产}{2}$$

同样，我们也可计算流动资产周转天数，它意味着流动资产周转一次所需要的时间，因而能更直观地说明流动资产的运用效率。其计算公式为：

$$流动资产周转天数=\frac{365}{流动资产周转次数}$$

公司的流动资产周转率越高，流动资产周转速度越快，周转次数越多，则公司以相同的流动资产完成的周转额越高，说明公司流动资产的经营利用效果越好，公司的经营效率越高；反之，则表明公司利用流动资产进行经营活动的能力差，效率低。通常，流动资产中应收账款和存货占绝大部分，因此它们的周转状况对流动资产周转具有决定性影响。

例 4—5

根据中国石油公司财务报表的有关资料，计算该公司流动资产周转率有关指标，如表 4—11 所示。

表 4—11 中国石油公司流动资产周转率计算表 金额单位：百万元

项　目	2012 年	2011 年	规模变动情况		2010 年
			增减额	增减率（%）	
营业收入	2 195 296	2 003 843	191 453	9.55	1 465 415
流动资产期初余额	385 420	289 880	95 540	32.96	295 713
流动资产期末余额	418 040	385 420	32 620	8.46	289 880
流动资产平均余额	401 730	337 650	64 080	18.98	292 797
流动资产周转次数	5.46	5.93	−0.47	−7.92	5.00
流动资产周转天数	67	62	5	8.60	73

根据表 4—11 可知，中国石油公司 2012 年流动资产一年周转 5.46 次，周转一次需 67 天，同比下降 7.92%，说明该公司流动资产周转速度较上年同期略有减慢，表明公司以相同的流动资产完成的周转额降低，公司流动资产的经营利用效果有所削弱，公司的经营效率降低，进而使公司的偿债能力和盈利能力有所降低。具体分析，由于应收账款周转率较上年减少了 3.43 次，存货周转率较上年减少了 0.74 次，从而共同使流动资产周转率降低。当然，要使此数据更具说服力，应结合行业平均（或先进）水平作出判断。同理，还可进一步对应收账款、存货等主要流动资产项目进行详细分析。

由于流动资产数据是时点数，仅从某一时期或某一时点很难看清其发展规律和真实面目，因此，要了解公司流动资产周转率的状况，应对其进行趋势分析。

例 4—6

根据中国石油公司财务报表的有关资料，试对中国石油公司连续五年的流动资产周转率进行趋势分析，有关数据如表 4—12 所示。

表 4—12 中国石油公司流动资产周转率趋势分析表 金额单位：百万元

项　目	2012 年	2011 年	2010 年	2009 年	2008 年	2007 年
营业收入	2 195 296	2 003 843	1 465 415	1 019 275	1 072 604	836 353
流动资产期初余额	385 420	289 880	295 713	227 456	240 602	164 717
流动资产期末余额	418 040	385 420	289 880	295 713	227 456	240 602
流动资产平均余额	401 730	337 650	292 797	261 585	234 029	202 660

续前表

项　目	2012 年	2011 年	2010 年	2009 年	2008 年	2007 年
流动资产周转次数	5.46	5.93	5.00	3.90	4.58	4.13
定基趋势百分比（%）	132.41	143.81	121.28	94.42	111.06	100
流动资产周转天数	67	62	73	94	80	88

根据表 4—12 可知，与 2007 年相比，除了 2009 年，中国石油公司 2008—2012 年流动资产周转次数基本呈上升趋势，说明公司流动资产周转速度逐渐加快，流动资产的运用效率逐步提高。流动资产周转速度加快的具体原因应结合应收账款、存货等主要流动资产项目的周转状况作进一步的分析判断。

四、固定资产周转率

固定资产周转率是指公司一定时期的营业收入与固定资产平均净值的比率，它是反映公司固定资产运用状况、衡量固定资产利用效果的指标。其计算公式为：

$$\text{固定资产周转次数}=\frac{\text{营业收入}}{\text{固定资产平均净值}}$$

式中，固定资产平均净值既可用原值表示，也可用净值表示，意味着每 1 元的固定资产所产生的收入。

$$\text{固定资产净值}=\text{固定资产原值}-\text{累计折旧}$$

$$\text{固定资产平均净值}=\frac{\text{期初固定资产净值}+\text{期末固定资产净值}}{2}$$

$$\text{固定资产周转天数}=\frac{365}{\text{固定资产周转次数}}$$

固定资产周转率反映公司固定资产在一定时期内实现的营业收入的多少，以此说明公司固定资产的运用效率。然而，固定资产周转率没有绝对的判断标准，单项固定资产周转率指标也不足以说明固定资产的运用效率状况，一般通过与公司历史水平相比较加以考察，进行趋势分析。由于公司之间机器设备与厂房等主要固定资产在种类、数量、形成时间等方面均存在较大差异，因而较难找到外部可资借鉴的标准公司和标准比率，此指标的同业比较分析相对意义不大。一般而言，固定资产周转率越高，则公司固定资产利用越充分，说明公司固定资产投资得当，固定资产结构分布合理，固定资产的运用效率较高，公司的经营活动有效；反之，则表明固定资产的运用效率不高，提供的生产经营成果不多，公司的营运能力较差。

例 4—7

根据中国石油公司财务报表的有关资料，计算该公司固定资产周转率有关指标，如表 4—13 所示。

表 4—13　中国石油公司固定资产周转率计算表　金额单位：百万元

项　目	2012 年	2011 年	规模变动情况		2010 年
			增减额	增减率（%）	
营业收入	2 195 296	2 003 843	191 453	9.55	1 465 415
固定资产期初净值	456 085	408 041	48 044	11.77	331 473
固定资产期末净值	545 479	456 085	89 394	19.60	408 041
固定资产平均净值	500 782	432 063	68 719	15.90	369 757
固定资产周转次数	4.38	4.64	−0.26	−5.60	3.96
固定资产周转天数	83	79	4	5.08	92

根据表 4—13 可知，中国石油公司 2012 年固定资产一年周转 4.38 次，周转一次需 83 天，与 2011 年相比，固定资产周转次数下降幅度为 5.60%，表明公司以相同的固定资产完成的周转额降低，公司固定资产的运用效率下降，提供的生产经营成果减少，公司的营运能力降低。

例 4—8

根据中国石油公司财务报表的有关资料，试对该公司连续五年的固定资产周转率进行趋势分析，有关数据如表 4—14 所示。

表 4—14　中国石油公司固定资产周转率趋势分析表　金额单位：百万元

项　目	2012 年	2011 年	2010 年	2009 年	2008 年	2007 年
营业收入	2 195 296	2 003 843	1 465 415	1 019 275	1 072 604	836 353
固定资产期初净值	456 085	408 041	331 473	256 197	248 037	231 590
固定资产期末净值	545 479	456 085	408 041	331 473	256 197	248 037
固定资产平均净值	500 782	432 063	369 757	293 835	252 117	239 814
固定资产周转次数	4.38	4.64	3.96	3.47	4.25	3.49
定基趋势百分比（%）	125.50	132.95	113.47	99.43	121.78	100.00
固定资产周转天数	83	79	92	105	86	105

根据表 4—14 可知，与 2007 年相比，除了 2009 年，中国石油公司 2008—2012 年固定资产周转次数基本呈上升趋势，说明公司固定资产投资得当，固定资产利用相对充分，提供的生产经营成果越来越多，基本能够发挥固定资产的效用，对

增强公司的营运能力起到一定的作用。

在计算分析固定资产周转率指标时，应注意以下问题：

（1）为了简便起见，实务中大多数公司直接采用报表中的固定资产合计数计算固定资产周转率，但该指标的分母若采用固定资产原值可能更具说服力，其可比性也更强。因为这样可以避免在同等固定资产规模状况下，仅仅由于公司所采用的折旧方法和折旧年限不同而导致不同的固定资产账面价值，从而影响固定资产周转率指标值，造成该指标的人为差异。

（2）利用固定资产周转率进行分析时，还应注意结合流动资产投资规模、周转额、周转速度等分析固定资产的利用效果。

（3）当企业固定资产净值过低（如因资产陈旧或过度计提折旧），或者当企业属于劳动密集型企业时，这一比率可能没有太大的意义。

五、总资产周转率

总资产周转率是公司一定时期的营业收入与总资产平均余额的比率，它说明公司的总资产在一定时期内（通常为一年）周转的次数。该指标可以从资产流动性方面反映总资产的运用效率。其计算公式为：

$$总资产周转次数=\frac{营业收入}{总资产平均余额}$$

式中，

$$总资产平均余额=\frac{期初总资产+期末总资产}{2}$$

$$总资产周转天数=\frac{365}{总资产周转次数}$$

公司的总资产周转率反映总资产的周转速度。总资产周转率越高，周转次数越多，则总资产周转的速度越快，说明公司全部资产经营利用的效果越好，公司的经营效率越高，进而使公司的偿债能力和盈利能力得到增强；反之，则表明公司利用全部资产进行经营活动的能力差，效率低，最终还将影响公司的盈利能力。如果总资产周转率长期处于较低的水平，公司应采取适当措施提高各项资产的利用程度，对那些确实无法提高利用率的多余、限制资产及时进行处理，加快资产周转速度。

例4—9

根据中国石油公司财务报表的有关资料，计算该公司总资产周转率有关指标，如表 4—15 所示。

表 4—15　　中国石油公司总资产周转率计算表　　金额单位：百万元

项　目	2012 年	2011 年	规模变动情况		2010 年
			增减额	增减率（%）	
营业收入	2 195 296	2 003 843	191 453	9.55	1 465 415
总资产期初余额	1 917 528	1 656 368	261 160	15.77	1 450 742
总资产期末余额	2 168 837	1 917 528	251 309	13.11	1 656 368
总资产平均余额	2 043 183	1 786 948	256 235	14.34	1 553 555
总资产周转次数	1.07	1.12	−0.05	−4.46	0.94
总资产周转天数	340	325	14	4.31	387

根据表 4—15 可知，中国石油公司 2012 年总资产周转次数比上年减少了 0.05 次，同比下降 4.46%，表明该公司的资产利用效率较上年略有降低，公司营运能力降低。主要是由于流动资产周转次数较上年减少了 0.47 次，同比下降 7.92%，固定资产周转次数较上年减少了 0.26 次，同比下降 5.6%，从而使总资产周转率降低。综合上述分析，说明中国石油公司 2012 年未能有效发挥资产的效用，公司的营运能力下降。

例 4—10

根据中国石油公司财务报表的有关资料，试对该公司连续五年的总资产周转率进行趋势分析，有关数据如表 4—16 所示。

表 4—16　　中国石油公司总资产周转率趋势分析表　　金额单位：百万元

项　目	2012 年	2011 年	2010 年	2009 年	2008 年	2007 年
营业收入	2 195 296	2 003 843	1 465 415	1 019 275	1 072 604	836 353
总资产期初余额	1 917 528	1 656 368	1 450 742	1 196 962	1 069 135	815 144
总资产期末余额	2 168 837	1 917 528	1 656 368	1 450 742	1 196 962	1 069 135
总资产平均余额	2 043 183	1 786 948	1 553 555	1 323 852	1 133 049	942 140
总资产周转次数	1.07	1.12	0.94	0.77	0.95	0.89
定基趋势百分比（%）	121.04	126.32	106.26	86.73	106.74	100
总资产周转天数	341	326	388	474	384	410

根据表 4—16 可知，与 2007 年相比，除了 2009 年，中国石油公司 2008—2012 年的总资产周转次数基本呈上升趋势，说明公司总资产周转速度逐渐加快，公司的全部资产经营利用效果增强，从而增强了公司的营运能力。

资产周转率是反映营运能力的指标，但单项资产周转率指标所能揭示的信息非常有限。为了客观评价公司资产的运用效率状况，必须在单项资产周转率指标计算的基础上进行趋势分析和同业比较分析，以掌握公司的发展规律及发展状况。

第 3 节　影响营运能力的因素分析

营运能力的各项财务比率指标不仅反映了各项资产的运用效率和管理效果，而且对资产报酬率有着非常重要的影响。当销售利润率一定时，资产报酬率的高低直接取决于资产周转率的快慢。因此，为了提高营运能力，加速资产周转，增强资产的管理效果，进而提高公司的偿债能力和盈利能力，我们首先应弄清影响营运能力的因素，以便更深入地认识营运能力，从而有针对性地改善营运能力。影响营运能力的因素包括表层因素和深层因素两个层面。

一、影响营运能力的表层因素

由各项营运能力的财务比率指标可见，影响营运能力的表层因素是营业收入和各营运资产占用额。当资产占用额一定时，营运能力的好坏取决于营业收入的多少。所实现的营业收入越多，则营运能力越好；所实现的营业收入越少，则营运能力越差。当营业收入一定时，营运能力的好坏则取决于资产占用额的多少。所占用的资产额越少，营运能力越好；占用的资产额越多，营运能力越差。因此要提高营运能力，首先应该从增加营业收入和降低资产占用额两方面入手。

二、影响营运能力的深层因素

通过对公司经营的进一步了解可知，影响资产运用效率的深层因素包括公司所处行业及其经营背景、公司经营周期的长短、公司资产构成及其质量、资产管理水平以及公司财务政策等。

（一）公司所处行业及其经营背景

公司所处行业及其经营背景不同，则公司资产营运能力不同。不同的行业有不同的资产占用情况，如制造业可能需要占用大量的原材料、在产品、产成品、机器、设备、厂房等，其资产占用量越大，资产周转相对越慢。而 IT 行业，尤其是劳动密集型或知识型的 IT 服务业，公司除了人力资源，其他资产很少。按照当前的会计制度，人力资源未作资产处理，因此这类行业的总资产占用非常少，其资产周转相对就较快。公司的经营背景不同，其资产周转也会呈现不同趋势，越是落后、传统的经营和管理，其资产周转可能相对越慢；相反，在现代经营和管理背景下，各种先进的技术手段和理念的运用，比如JIT系统，可有效地提高营运能力，加速资产周转。

（二）公司经营周期

公司经营周期长短不同，会导致不同的营运能力。所谓经营周期，亦即营业周期，它是指从取得存货开始到销售存货并收回现金为止的时期。如上所述，营业周期的长短可以通过应收账款周转天数和存货周转天数近似地反映出来，因此，我们可由应收账款周转天数和存货周转天数之和简化计算营业周期。总之，营业周期长短对公司资产周转率具有重要影响，营业周期越短，资产的流动性相对越高，在同样时期内实现的销售次数越多，销售收入的累积额相对越大，资产周转相对越快；反之，资产周转越慢。

（三）公司资产构成及其质量

公司资产构成及其质量不同，也将导致不同的营运能力。我们知道，资产可按变现速度及价值转移形式不同，分为流动资产和非流动资产两大类。流动资产是指变现速度较快、价值一次性转移的资产，是在短期内占用或只在短期内保持其现有占用形态的资产。非流动资产则是指变现速度慢、价值分次或多次转移的资产，是在较长时期内占用或需要在较长时期内保持其现有占用形态的资产。在实务中，由于主观或客观的原因，某些流动资产长时间无法改变其占用形态，比如超龄应收账款、超储积压存货等，这些资产不再具有较高的流动性，已转化为实质上的非流动资产。公司在一定时点上的资产总量是公司取得收入和利润的基础。然而，当公司的非流动资产占用过多或出现有问题资产、资产质量不高时，就会导致资金积压，资产流动性低下，甚至营运资金不足。另一方面，流动资产的数量和质量通常决定着公司变现能力的强弱，而非流动资产的数量和质量则通常决定着公司的生产经营能力和长期增长能力。在资产总量一定的情况下，非流动资产所占的比重越大，公司所实现的周转价值越小，资产的周转速度也就越慢；反之，资产的周转速度越快。

（四）资产管理水平与公司财务政策

资产管理水平与公司采用的财务政策不同，也将导致不同的资产运用效率。资产管理水平不同，会有较大的资产构成和资产质量差异，将导致完全不同的资产周转率。资产管理水平越高，拥有越合理的资产结构和越优良的资产质量，资产周转率越高；反之资产周转率越低。公司所采用的财务政策决定着公司资产的账面占用总量，如折旧政策决定固定资产的账面净值，信用政策决定应收账款的占用量等，因此，它们自然也会影响资产周转率。当公司其他资产不变时，采用快速折旧政策可减少固定资产账面净值，从而提高资产周转率。信用政策的影响则是，越是宽松的信用政策，导致应收账款的占用越多，尤其是当它对销售的促进作用减弱时，资产的周转速度就越慢。

总之，营运能力受诸多因素的影响。依据对这些因素的分析，我们可以通过加大资产的管理力度，合理安排资产结构，不断提高资产质量，选择有利的财务政策，来提高营运能力，加速资产周转。另一方面，我们也应注意到，不同行业、不同经营性质和经营背景的公司，其营运能力不能比较，或者说比较的意义不大。即使在同行业、同类型公司之间进行比较，也应注意它们在资产构成、财务政策等方面是否存在差异，如果有差异，则应将其影响剔除后方能得到较客观的分析结论。

本章小结

价值最大化是公司管理的目标，而价值最大化表现为公司的可持续增长能力。在融资政策与分配政策一定的情况下，公司的可持续增长取决于公司资产的盈利能力与周转能力。资产周转能力又称为公司营运能力，反映了资产价值贡献程度以及资产管理的效率和效果。由于不同的资产价值转移性质不同，因此，不同的资产构成比例会导致公司不同的营运能力。

资产结构即公司各类资产的构成及其比例关系。由于流动资产和长期资产在经营过程中有不同的价值周转特征，因此，资产结构不仅能够反映公司资产周转能力，即公司资产的营运能力，而且对资产的价值实现也具有决定性影响，同时在一定程度上与公司财务风险和经营风险相联系，并最终决定公司的可持续发展能力。

资产结构对公司营运能力的影响表现为对公司风险的影响、对公司收益的影响、对公司流动性的影响和对公司资产弹性的影响。

资产结构与资本结构匹配关系表现为保守型结构、稳健型结构、平衡型结构和风险型结构，不同的结构具有不同的特点，对公司的增长、盈利和风险有不同的影响，对财务管理也提出了不同的要求。

通过分析公司资产营运能力可以判断公司资产的价值贡献以及运用效率，从而判断公司的整体风险水平与盈利能力。公司营运能力分析主要通过应收账款、存货、流动资产、固定资产与总资产的周转率及周转天数来进行。

营运能力的各项财务比率指标不仅反映了各项资产的运用效率和管理效果，而且对资产报酬率有着非常重要的影响。影响营运能力的因素包括表层因素和深层因素两个层面。表层因素表现为营业收入和各营运资产占用额。深层因素包括公司所处行业及其经营背景、公司经营周期的长短、公司资产构成及其质量、资产管理水平以及公司财务政策等。

思考与练习

一、单项选择题

1. 某公司年末会计报表上部分数据为：流动负债为 60 万元，流动比率为 2，速动比率为 1.2，营业成本为 100 万元，年初存货为 52 万元，则本年度存货周转率（分母取平均数）为（　　）。

A. 1.65 次　　B. 2 次　　C. 2.3 次　　D. 1.45 次

2. 已知某存货的周转天数为 60 天，则该存货的周转率为（　　）。

A. 6 次　　B. 5 次　　C. 60%　　D. 50%

3. （　　）的数量和质量通常决定着公司变现能力的强弱。

A. 流动资产　　B. 固定资产

C. 有形资产　　D. 无形资产

4. 公司的存货周转率越高，不表明（　　）。

A. 存货回收速度越快　　B. 经营管理效率越高

C. 存货占用资金越多　　D. 公司利润率越高

5. 总资产周转率越高，说明（　　）。

A. 公司利用全部资产进行经营的效果越好

B. 公司经营效率越低

C. 公司利用全部资产进行经营活动的能力越差

D. 总资产周转天数越长

6. 某公司年初应收账款 230 万元，年末应收账款 250 万元，本年产品营业收入为 1 200 万元，本年产品营业成本为 1 000 万元，则该公司应收账款周转天数为（　　）天。

A. 72　　B. 75　　C. 84　　D. 90

二、多项选择题

1. 某公司在正常情况下，销售的信用期应该是 40 天，那么，75 天的平均收款期可能说明（　　）。

A. 应收账款的质量和流动性提高了

B. 应收账款的质量和流动性降低了

C. 客户拖延付款

D. 客户发生财务困难

E. 公司的收账力度较差

2. 公司管理者进行资产运用效率分析的目的在于（　　）。

A. 优化资产结构　　B. 改善财务状况

C. 加速资金周转　　D. 减少资产经营风险

E. 判明债权的物质保障程度

3. 影响资产运用效率的深层因素包括（　　）几个方面。

A. 公司所处行业及其经营背景　　B. 营业周期长短

C. 经营规模　　D. 公司资产构成及质量

E. 公司资产管理的力度和采用的财务政策

4. 影响资产结构的因素包括（　　）。

A. 债务规模　　B. 资本结构

C. 经营性质　　D. 经营规模

E. 风险态度

5. 下列经济业务中，影响公司存货周转率的有（　　）。

A. 收回应收账款　　B. 销售产成品

C. 期末购买存货　　D. 偿还应付账款

E. 完工产品验收入库

6.（　　）需要进行固定资产周转率的分析。

A. 劳动密集型公司　　B. 设备陈旧甚至是超期服役的公司

C. 技术密集型公司　　D. 所有的公司

E. 资金密集型公司

7. 分析计算应收账款周转率时，影响该指标正确计算的因素包括（　　）。

A. 季节性经营　　B. 大量使用分期付款结算方式

C. 大量使用现金结算方式　　D. 年末大量销售

E. 年末销售大幅下降

8. 收入与应收账款之间应呈正向变动关系，如果应收账款的增加快于（或慢于）收入的增长速度，其原因可能包括（　　）。

A. 采取更为宽松的信用政策　　B. 采取更为严格的信用政策

C. 信用期的慷慨延长（或缩短）　　D. 加强成本控制措施

E. 加强激励措施以促使收入提高

三、判断题

1. 资产运用效率越高，公司的财务安全性越高。（　）
2. 资产周转率越快，说明等额资产实现收益的能力越强。（　）
3. 当公司的其他资产不变时，采用加速折旧法会降低总资产周转率。（　）
4. 固定资产运用效率的高低取决于公司流动资产的周转情况。（　）
5. 资产周转次数越多越好，周转天数越短越好。（　）
6. 总资产的构成影响总资产周转率的快慢。（　）
7. 应收账款和存货周转率对流动资产周转率具有决定性影响。（　）

四、名词解释

1. 营运能力
2. 资产结构
3. 应收账款周转率
4. 存货周转率
5. 流动资产周转率
6. 固定资产周转率
7. 总资产周转率

五、简述题

1. 影响资产运用效率的因素有哪些?
2. 资产结构对公司营运能力有什么影响?
3. 资本结构与资产结构的匹配类型有哪几种? 各有什么特点?
4. 公司营运能力分析有哪些方法? 在应用中应当注意什么问题?

案例讨论

四川长虹的资产结构与营运能力分析

四川长虹电器股份有限公司（以下简称四川长虹）主要生产和销售电视机、空调器等。近来开始涉足视频产品、视听产品、电池系列产品的制造、销售。四川长虹于 1994 年在上海证券交易所上市，股票代码为 600839。作为上海证券交易所的龙头股，其股价曾在两年内攀升 10 倍，一度被认为是龙头绩优股。

1997 年以来，公司的业绩逐年下滑，伴随着股本的不断扩张，造成净资产利润率急剧下降。四川长虹的最主要业务——彩电在市场定位较低，产品与服务的质量不突出，技术研发能力不突出，品牌美誉度不突出，由规模优势带来的成本降低的优势也不突出。过分专注于国内市场，对国际市场缺乏经验，产生了大量国际应收账款，甚至发生了与APEX公司的债务纠纷，导致公司的资产营运能力下降。四川长虹在全国600多个县市遍布网点，增设专卖店，使营业费用高居不下。

作为一家上市公司，净资产收益率（ROE）最受瞩目，直接影响公司的可投资性和长期偿债能力，而长虹ROE的下降受到产业背景、国内上市公司圈钱动机和公司资产运营效率等多方面影响，基于此，我们将重点分析公司的资产运营能力。

四川长虹2009—2012年财务报表的主要资料见下表：

四川长虹2009—2012年财务报表的主要资料

单位：元

项 目	2009年	2010年	2011年	2012年
货币资金	7 051 766 914.39	10 235 467 890.03	11 150 784 464.10	10 878 313 026.77
交易性金融资产	65 257 007.40	49 835 229.31	51 800 239.70	28 120 025.60
应收票据	4 757 551 173.88	6 368 754 828.43	9 076 859 127.56	8 645 849 691.77
应收账款	2 999 176 015.38	4 624 368 990.36	5 929 945 164.96	6 536 867 133.05
预付账款	565 828 513.54	605 013 411.82	1 077 779 960.39	1 279 445 066.60
应收利息	—	—	6 425 900.00	52 264 918.27
其他应收款	347 090 380.44	538 216 763.51	666 161 076.07	488 835 446.98
存货	8 296 346 723.72	8 851 903 512.02	10 047 085 404.95	12 556 013 320.53
一年内到期的非流动资产	187 795 872.56	—	—	—
其他流动资产	—	6 425 239.59	11 952 873.61	5 499 885.64
流动资产合计	24 270 812 601.31	31 279 985 865.07	38 018 794 211.34	40 471 208 515.21
可供出售金融资产	134 542 066.00	462 672.00	—	—
持有至到期投资	—	—	70 000 000.00	30 000 000.00
长期应收款	—	—	—	—
长期股权投资	575 802 054.66	581 751 988.78	611 095 997.17	760 367 752.20
投资性房地产	87 945 398.37	73 172 251.96	69 335 833.58	401 228 277.80
固定资产净额	7 401 483 492.14	8 396 522 513.76	8 104 492 036.78	8 273 615 002.53
在建工程	465 259 374.61	447 098 628.23	825 662 359.06	511 129 231.32
工程物资	—	—	—	—
固定资产清理	8 877 249.68	—	—	—
无形资产	3 042 300 261.45	3 123 425 042.98	3 263 585 387.98	3 372 471 345.26
开发支出	178 684 388.00	277 157 940.72	319 838 503.76	373 728 744.50
商誉	148 323 326.64	169 401 822.02	160 029 563.97	170 636 614.38
长期待摊费用	625 647.70	12 201 365.21	10 581 782.50	15 856 701.32
递延税款借项合计	221 437 196.15	194 763 670.53	197 648 440.31	165 298 529.13
非流动资产合计	12 265 280 455.40	13 275 957 896.19	13 632 269 905.11	14 074 332 198.44
资产总计	36 536 093 056.71	44 555 943 761.26	51 651 064 116.45	54 545 540 713.65
营业收入	31 457 999 219.13	41 711 808 864.18	52 003 328 326.13	52 334 149 134.26
营业成本	25 643 428 363.41	34 906 106 541.75	43 878 358 805.89	43 990 238 120.25

讨论

1. 请分析四川长虹的资产结构状况与类型。

2. 计算四川长虹2010年、2011年、2012年的应收账款周转率（天数）、存货周转率（天数）、流动资产周转率（天数）、固定资产周转率（天数）和总资产周转率（天数）。

3. 运用水平分析法对四川长虹的资产结构与营运能力进行评价。

4. 对该公司连续三年的总资产运用效率进行趋势分析。

5. 请从网络与相关媒体收集四川长虹的产业背景、市场状况以及内部管理的相关资料，结合报表分析指标，指出造成公司资产结构与营运效率指标变动的原因。

第 5 章

盈利能力与盈利质量分析

学习目的与要求

1. 掌握盈利能力分析的方法与应用。
2. 掌握盈利能力分析的不同方法的功能及其区别。
3. 理解盈利质量的含义。
4. 掌握盈利质量分析的方法与应用。

引导案例

五粮液利润后门洞开

五粮液的利润究竟到哪儿去了？这个问题不仅股民不知道，连资深的行业分析师也不知道，但是近日在香港招股的银基控股却无意间透露了五粮液利润流向的后门。喜欢喝白酒的人很清楚五粮液属于浓香型，茅台属于酱香型，精于喝酒的人更能根据颜色、香气以及挂杯的程度分辨不同年份的白酒。分不清浓香还是酱香没关系，最让个人投资者和机构投资者看不清的是 A 股上市公司五粮液(000858) 的财务报表。2008 年，五粮液销售收入 80 亿元，纯利润 18 亿元；同期茅台销售收入 82 亿元，纯利润 38 亿元；泸州老窖销售收入 38 亿元，纯利润预计在 11.5 亿～15.4 亿元之间。

2007 年和 2008 年是酒类企业近 20 年来利润增幅最快的两年，而且还有国家实施的减税政策。作为中国酒业的龙头企业之一，公司的报表上却并未反映出行业的高景气度，五粮液的利润究竟到哪里去了？谁也不知道。恰在这时，一家名为银基控股集团（以下简称银基控股）的公司正在香港做IPO路演。根据招股书的介绍，银基控股是五粮液海外市场最大的经销商，而这个卖点吸引了超过40倍的认购。

从银基控股招股书披露的财务数据看，销售五粮液是该公司的主要业务收入来源，并且银基控股销售五粮液酒的毛利率高达60.38%，这一数字高于五粮液2008年年报中披露的公司平均毛利率54.69%，接近五粮液高价酒（含税价70元以上）66.73%的毛利率。

既然国际销售有如此之高的毛利率，为什么五粮液不直接向国际销售，而要通过集团控股下的进出口公司卖给银基控股来销售呢？通过把五粮液的年报和银基控股的招股书放在一起研究，便可得出结论。一方面，进出口公司的存在是五粮液的历史遗留问题，2008年，上市公司约有52.1%的销售收入来自对进出口公司的销售，占到上市公司与母公司关联交易总额的89.92%。另一方面，则是因为银基控股有一个神秘的大客户。这个大客户的采购额在2007年及2008年上半年占银基控股总收入的54.1%和50.7%，占银基控股国际销售收入的97.5%和76.6%。更为神秘的是，在银基控股的招股书中并没有披露这个大客户的情况，甚至连这家公司的名称都未曾提及，而银基控股也不是直接和这个大客户发生交易，而是通过公司的控股股东梁国兴与这个大客户取得联系。

五粮液集团似乎无意与这个具有强大销售能力的大客户取得直接联系，从五粮液2008年年报中可以得知，上市公司卖给进出口公司专门用于出口的五粮液酒总值为1.65亿元，还不及神秘大客户销售的1/4。

与主要竞争对手茅台相比，五粮液年销售额约80亿元，茅台约82亿元，差距并不大，但是五粮液约18亿元的利润和茅台38亿元的利润相差了一倍。五粮液和茅台利润的差距主要是由于两家公司一贯的营销模式不同所致。五粮液的产品只有不到一半由上市公司控股的供销公司进行销售，另一半由集团控股的进出口公司销售，这个一半是指销售额还不是销售量，从银基控股能拿到较低进货价格的情况看，集团销售量可能远大于一半。而茅台无论是进出口公司还是销售公司都在上市公司的控股下，即使是集团也需要从销售公司购买，这样保证了绝大部分的销售收入和利润能都被上市公司报表所合并。茅台2008年年报显示，公司毛利率高达82.03%，其中占公司81.21%收入的高度白酒毛利率为84.84%。而五粮液的毛利率仅为54.69%。

另一方面，五粮液长期以来一直不太重视自有销售渠道的开发与建设，而是以让利于经销商的形式来获得销售收入的支持。而茅台则始终把定价权牢牢抓在手里，经销商只是自身销售渠道上的一环，获利空间有限。五粮液前五名经销商的销售额是59.87亿元，占到总销售收入的75.47%；而茅台前五位经销商的销售收入不足4.8亿元，占总销售收入的5.79%。

高额销售收入却没能获得足够高的销售利润，五粮液利润的后门就在给经销商的让利中被打开。①

如何评价五粮液的盈利能力与盈利质量？本章将对此进行初步探讨。

第1节　盈利能力分析的一般方法

公司盈利涉及各个方面的利益，而且不同层面对盈利能力的判断标准和视角也不一样，无论是投资者、债权人、公司管理层，还是其他利益相关者，都存在对公司盈利能力进行分析的潜在需求，由此产生了以营业收入和营业成本费用为基础的盈利能力分析、以资产为基础的盈利能力分析和以权益资本为基础的盈利能力分析。另外，由于资本市场的存在，投资者的投资方式与获取收益的方式发生重大变化，利用公司股票价格及其他指标构造出一套上市公司特有的盈利能力分析指标。需要说明的是，所有的盈利能力分析方法对上市公司盈利能力分析都具有参考价值。

一、以营业收入和营业成本费用为基础的盈利能力分析

（一）销售利润率分析

以营业收入为基础的盈利能力衡量指标笼统地表示为利润与营业收入的比例关系，通常用销售利润率表示：

$$销售利润率=\frac{利润}{营业收入}\times 100\%$$

利润是一个非常笼统的概念，一般是指收入扣除费用后的剩余。扣除的费用项目范围不同，会得出不同含义的利润。利润依扣除费用项目的范围不同，划分为毛利、营业利润、息税前利润、利润总额、税后利润等。根据不同的利润，可以计算出不同的销售利润率，它们有着不同的经济意义。

反映销售利润率的指标主要有销售毛利率、息税前利润率、营业利润率、销

---

① 根据徐任重在《证券市场周刊》2009年第13期（总第1504期）发表的资料整理而成。

售净利润率等。不同的销售利润率，其内涵不同，揭示的收入与利润关系不同，在分析评价中的作用也不同。

（1）销售毛利率，指营业收入与营业成本的差额与营业收入之间的比率。其计算公式为：

$$\text{销售毛利率}=\frac{\text{销售毛利}}{\text{营业收入}}\times100\%=\frac{\text{营业收入}-\text{营业成本}}{\text{营业收入}}\times100\%$$

（2）息税前利润率，指息税前利润与营业收入之间的比率，息税前利润是利润总额与利息费用之和。其计算公式为：

$$\text{息税前利润率}=\frac{\text{息税前利润}}{\text{营业收入}}\times100\%=\frac{\text{利润总额}+\text{利息费用}}{\text{营业收入}}\times100\%$$

（3）营业利润率，指营业利润与营业收入之间的比率。其计算公式为：

$$\text{营业利润率}=\frac{\text{营业利润}}{\text{营业收入}}\times100\%$$

（4）销售净利率，指净利润与营业收入之间的比率。其计算公式为：

$$\text{销售净利率}=\frac{\text{净利润}}{\text{营业收入}}\times100\%$$

销售利润率指标是正指标，指标值越高越好。分析时应根据分析目的与要求，确定适当的标准值，如行业平均值、全国平均值、公司目标值等。

例 5—1

根据中国石油公司财务报表的有关资料，计算该公司 2010—2012 年的销售净利率及其对比的变动情况，有关数据如表 5—1 和表 5—2 所示。

表 5—1　中国石油公司利润表中的财务数据　单位：百万元

项　目	2012 年	2011 年	规模变动情况		2010 年
			增减额	增减率（%）	
营业收入	2 195 296	2 003 843	191 453	9.55	1 465 415
营业成本	1 634 819	1 425 284	209 535	14.70	970 209
营业利润	165 431	184 517	−19 086	−10.34	193 086
利润总额	166 810	184 276	−17 466	−9.48	189 194
净利润	130 618	146 007	−15 389	−10.54	150 675
利息费用	21 602	13 775	7 827	56.82	9 909
息税前利润	188 412	198 051	−9 639	−4.87	199 103

表 5—2　　中国石油公司销售利润率分析表

项　目	2012 年	2011 年	规模变动情况		2010 年
			增减额	增减率	
销售毛利率	25.53%	28.87%	−3.34%	−11.57%	33.79%
息税前利润率	8.58%	9.88%	−1.30%	−13.16%	13.59%
营业利润率	7.54%	9.21%	−1.67%	−18.13%	13.18%
销售净利率	5.95%	7.29%	−1.34%	−18.38%	10.28%

从表 5—2 可看出，中国石油公司 2012 年各项销售利润率较 2010 年和 2011 年都有所下降，说明产品盈利能力降低。与同行业平均值 8.63%相比，进一步表明中国石油公司的盈利能力相对减弱。

此外，各销售利润率从不同角度或口径说明了公司的盈利情况。其中，绝对值下降最大的是销售毛利率，比上年降低了 3.34%。该指标可反映每 100 元营业收入扣除营业成本后，有多少钱可以用于补偿各项期间费用和形成盈利。销售毛利率是公司销售净利率的基础，如果销售毛利率低，便不可能有多大的盈利，所以，该指标值越大，表示盈利能力越强。根据表 5—3 可知，中国石油公司近六年销售毛利率呈下降趋势，说明公司将收益更多地用于补偿各项期间费用而导致盈利能力下降。还可在此基础上，进一步研究各销售利润率之间的关系，从而了解某利润率提高受其他利润率影响的状况。

表 5—3　　中国石油公司销售毛利率趋势分析表　　单位：百万元

项　目	2012 年	2011 年	2010 年	2009 年	2008 年	2007 年
销售毛利率	25.53%	28.87%	33.79%	37.89%	36.17%	42.67%

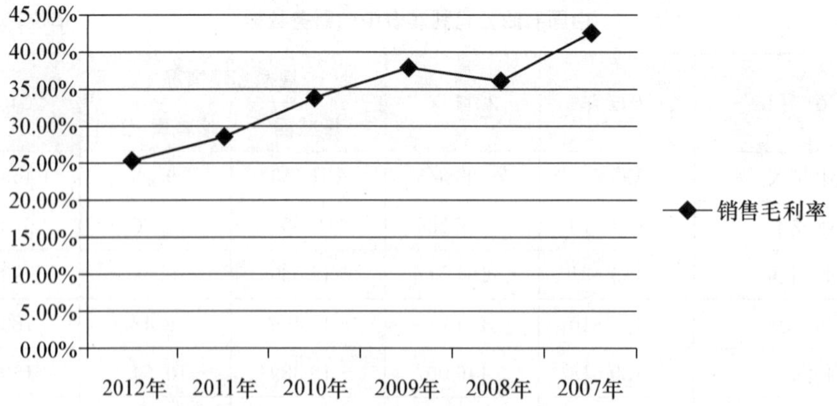

图 5—1　中国石油公司销售毛利率趋势分析图

(二) 成本费用利润率分析

反映成本费用利润率的指标有许多形式，主要形式有营业成本利润率、营业费用利润率、全部支出利润率等。

(1) 营业成本利润率，指营业利润与营业成本之间的比率。其计算公式为：

$$营业成本利润率=\frac{营业利润}{营业成本}\times 100\%$$

(2) 营业费用利润率，指营业利润与营业费用之间的比率。营业费用包括营业成本、营业税金及附加、期间费用和资产减值损失。期间费用包括销售费用、管理费用、财务费用等。其计算公式为：

$$营业费用利润率=\frac{营业利润}{营业费用}\times 100\%$$

(3) 全部支出利润率。该指标可分为全部支出总利润率和全部支出净利润率两种形式。其计算公式分别为：

$$全部支出总利润率=\frac{利润总额}{营业费用+营业外支出}\times 100\%$$

$$全部支出净利润率=\frac{净利润}{营业费用+营业外支出}\times 100\%$$

以上各种利润率指标反映了公司投入产出水平，即所得与所费的比率，体现了利润是以降低成本及费用为基础。这些指标的数值越高，表明生产和销售产品的每 1 元成本费用取得的利润越多，劳动耗费的效益越高；反之，则说明每耗费 1 元成本费用实现的利润越少，劳动耗费的效益越低。所以，成本费用利润率是综合反映公司成本效益的重要指标。

成本费用利润率也是正指标，即指标值越高越好。分析评价时，可将各指标实际值与标准值进行对比。标准值可根据分析的目的与管理要求确定。

例 5—2

根据中国石油公司财务报表的有关资料，计算该公司 2010—2012 年的成本费用利润率及其对比的变动情况，有关数据如表 5—4 和表 5—5 所示。

表 5—4　　中国石油公司利润表中的财务数据　　单位：百万元

项　目	2012 年	2011 年	规模变动情况		2010 年
			增减额	增减率	
营业成本	1 634 819	1 425 284	209 535	14.70%	970 209
营业费用	403 833	406 672	−2 839	−0.70%	309 163

续前表

项　目	2012 年	2011 年	规模变动情况		2010 年
			增减额	增减率	
营业利润	165 431	184 517	−19 086	−10.34%	193 086
营业外支出	10 199	9 721	478	4.92%	8 054
利润总额	166 810	184 276	−17 466	−9.48%	189 194
净利润	130 618	146 007	−15 389	−10.54%	150 675

表 5—5　　中国石油公司成本费用利润率分析表

项　目	2012 年	2011 年	规模变动情况		2010 年
			增减额	增减率	
营业成本利润率	10.12%	12.95%	−2.83%	−21.85%	19.90%
营业费用利润率	40.97%	45.37%	−4.40%	−9.70%	62.45%
全部支出总利润率	40.29%	44.26%	−3.97%	−8.97%	59.64%
全部支出净利润率	31.55%	35.06%	−3.51%	−10.01%	47.50%

从表 5—5 可以看出，中国石油公司 2012 年成本费用利润率各指标较 2010 年和 2011 年都有一定程度的降低，说明公司利润的增长速度慢于成本费用的增长速度。从表 5—4 可以看出，该公司营业成本同比增幅较高，主要是由于公司四个板块业务成本大幅上升而导致业绩下降。其中主要原因：一是属于盈利支柱的上游板块油气量价齐升；二是炼油与化工板块整体大幅亏损超预期；三是勘探费用的增加以及人工和折旧费用的快速增长；四是天然气与管道板块经营受进口油气高位成本影响而亏损，其中销售进口天然气及 LNG 亏损约 419 亿元人民币。因此，该公司成本效益降低，盈利能力下降。

二、以资产为基础的盈利能力分析

公司的资金来源有两大渠道：一是通过投资者投入，形成股东权益；二是从债权人那里借入，形成短期负债和长期负债。公司从外部取得的资金是有成本的，公司必须通过有效的投资获取超过资金成本的收益，才能在激烈的市场竞争中生存、发展和盈利。对公司管理者而言，两种资金来源对于公司投资盈利发挥着同样的作用，所以，公司管理者对所有资产的投资盈利能力都非常关注。以资产为基础的盈利能力分析是从公司的整体经营角度来考察全部投入资产形成的收益，称为资产投资报酬。

从公司高层经营管理者的角度来观察，运用公司的资产获得更好的投资报酬是他们的理财目标。反映资产盈利能力的指标主要是资产收益率。资产收益率是公司一定期限内投入资产所实现的收益。由于公司资产存在多种形式，在指标的设计上应遵循重要性原则和成本效益原则以提高分析的效率和质量，所以，通常采用最主要的营运资产项目和类别作为资产收益率的代表。同时，我们还要考虑公司长期资本的盈利能力。因此，以资产为基础的盈利能力的具体衡量指标包括总资产收益率、流动资产收益率、固定资产收益率、投资收益率以及长期资本收益率五个方面。

(一) 总资产收益率

1. 总资产收益率的计算

总资产收益率也称总资产报酬率，是公司一定时期内实现的收益总额与该时期公司总资产平均余额的比率。它是评价公司资产综合利用效果、公司总资产盈利能力以及公司经济效益的核心指标。其计算公式如下：

$$\text{总资产收益率}=\frac{\text{息税前利润}}{\text{平均总资产}}\times 100\%$$

$$=\frac{\text{利润总额}+\text{利息费用}}{\text{平均总资产}}\times 100\%$$

总资产收益率高，说明公司资产的运用效率好，公司的资产盈利能力强，所以，这个比率越高越好。评价总资产收益率时，需要与公司前期的总资产收益率、同行业其他公司或先进公司的这一比率等进行比较，进一步找出影响该指标的不利因素，以便于公司加强经营管理。

2. 总资产收益率分析

为了便于深入分析总资产收益率，明确公司管理的重点和方向，可对总资产收益率的原始计算公式进行分解，具体过程如下：

$$\text{总资产收益率}=\frac{\text{息税前利润}}{\text{平均总资产}}\times 100\%$$

$$=\left(\frac{\text{营业收入}}{\text{平均总资产}}\right)\times\left(\frac{\text{息税前利润}}{\text{营业收入}}\right)\times 100\%$$

$$=\text{总资产周转率}\times\text{息税前利润率}$$

可见，影响总资产收益率的因素有两个：一是总资产周转率，作为反映公司资产运营能力的指标，可用于说明公司资产的运用效率，是公司资产经营效果的直接体现。总资产周转率与资产结构有关，资产结构影响公司的盈利能力。二是息税前利润率，该指标反映了公司产品的盈利能力，产品盈利能力越强，息税前利润率越高。总之，资产运用效率越好，资产周转率越快，息税前利润率越高，总资产收益率越高；反之，总资产收益率越低。通过该公式可以对总资产收益率变化的具体原因进行因素分析。

例 5—3

根据中国石油公司财务报表的有关资料，计算该公司 2010—2012 年的总资产收益率及其对比的变动情况，有关数据如表 5—6 所示。

表 5—6　　中国石油公司总资产收益率分析表　　金额单位：百万元

项　目	2012 年	2011 年	规模变动情况		2010 年
			增减额	增减率（%）	
息税前利润	188 412	198 051	−9 639	−4.87	199 103
平均总资产	2 043 183	1 786 948	256 235	14.34	1 553 555
总资产周转率（次）	1.07	1.12	−0.05	−4.46	0.94
息税前利润率（%）	8.58	9.88	−1.30	−13.16	13.59
总资产收益率（%）	9.18	11.07	−1.89	−17.03	12.77

根据表 5—6 的资料，可分析确定总资产周转率和息税前利润率变动对总资产收益率的影响。

分析对象：总资产收益率的变化＝9.22%－11.08%＝－1.86%

因素分析如下：

（1）总资产周转率变动的影响＝(1.07－1.12)×9.88%＝－0.49%

（2）息税前利润率变动的影响＝(8.58%－9.88%)×1.07＝－1.39%

分析结果表明，中国石油公司 2012 年总资产收益率比上年降低了 1.86%，主要是由于总资产周转速度的减慢和息税前利润率的降低，总资产周转速度的减慢使总资产收益率降低了 0.49%，息税前利润率的降低使总资产收益率降低了 1.39%。由此可见，要提高公司的总资产收益率，增强公司的盈利能力，要从提高公司的总资产周转率和息税前利润率两个方面努力。

3. 总资产净利率

总资产净利率又叫资产报酬率，是总资产收益率的另外一种形式，有时也统称 ROA，是公司在一定时期内的净利润和资产平均总额的比率。它是评价公司资产综合利用效果、公司总资产盈利能力以及公司经济效益的核心指标。其计算公式如下：

$$\text{总资产净利率}=\frac{\text{净利润}}{\text{平均总资产}}\times 100\%$$

总资产净利率越高，说明公司利用全部资产的获利能力越强。总资产净利率是影响净资产收益率（ROE）最重要的指标，具有很强的综合性，而总资产净利率又取决于销售净利率和总资产周转率的高低。为了便于深入分析总资产净利率，明确公司管理的重点和方向，可对总资产净利率的原始计算公式进行分解，具体过程如下：

$$\begin{aligned}\text{总资产净利率} &= \frac{\text{净利润}}{\text{平均总资产}}\times 100\% \\ &= \frac{\text{净利润}}{\text{营业收入}}\times\frac{\text{营业收入}}{\text{平均总资产}}\times 100\% \\ &= \text{销售净利率}\times\text{总资产周转率}\end{aligned}$$

可见，影响总资产净利率的因素有两个：一是销售净利率。该指标反映销售收入的收益水平。扩大销售收入，降低成本费用是提高企业销售利润率的根本途径，而扩大销售收入同时也是提高资产周转率的必要条件和途径。二是总资产周转率。总资产净利率越高，表明公司投入产出的水平越高，企业的资产运营越有效。通过该公式可以对总资产净利率变化的具体原因进行因素分析。

例 5—4

根据中国石油公司财务报表的有关资料，计算该公司 2010—2012 年的总资产净利率及其对比的变动情况，有关数据如表 5—7 所示。

表 5—7　　中国石油公司总资产净利率分析表

项　目	2012 年	2011 年	规模变动情况		2010 年
			增减额	增减率	
总资产周转率（次）	1.07	1.12	−0.05	−4.46%	0.94
销售净利率	5.95%	7.29%	−1.34%	−18.38%	10.28%
总资产净利率	6.37%	8.16%	−1.80%	−22.03%	9.70%

根据表 5—7 的资料，可分析确定销售净利率和总资产周转率变动对总资产净利率的影响。

分析对象：总资产净利率的变化＝6.37%－8.17%＝－1.8%

因素分析如下：

（1）销售净利率变动的影响＝(5.95%－7.29%)×1.12＝－1.5%

（2）总资产周转率变动的影响＝(1.07－1.12)×5.95%＝－0.3%

分析结果表明，中国石油公司 2012 年总资产净利率比上年降低了 1.8%，主要是由于销售净利率的降低和总资产周转速度的减慢，销售净利率的降低使总资产净利率降低了 1.5%，总资产周转速度的减慢使总资产净利率降低了 0.3%。由此可见，要提高公司的总资产净利率，增强公司的盈利能力，要从提高公司的销售净利率和总资产周转率两个方面努力。

（二）流动资产收益率和固定资产收益率

1. 流动资产收益率和固定资产收益率的计算

（1）流动资产收益率是公司在一定期限内实现的收益额与该时期公司平均流动资产总额的比率，是反映公司流动资产运用效率的综合指标。其计算公式为：

$$流动资产收益率=\frac{利润总额(或净利润)}{平均流动资产总额}\times 100\%$$

式中，流动资产收益率可与流动资产周转率和销售利润率结合使用，分析后两个因素对流动资产收益率的影响。

（2）固定资产收益率是公司在一定期限内实现的收益额与该时期公司平均固定资产总额的比率，是反映公司固定资产利用效果的综合指标。其计算公式为：

$$固定资产收益率=\frac{利润总额(或净利润)}{平均固定资产原值}\times 100\%$$

式中，分母中的固定资产不包括在建工程的数据。

固定资产原值代表公司的生产能力规模，不考虑折旧，还可以排除固定资产新旧程度对固定资产利用效果的影响。而固定资产净值代表在固定资产方面占用的实际资金量，若要考核这部分资金的利用效果，分母可以采用平均固定资产净值。

在评价公司固定资产的利用效果时，也可把未用固定资产剔除掉，计算在用固定资产收益率，以便更全面地反映公司生产经营环节的质量和效果。其计算公式为：

$$在用固定资产收益率=\frac{利润总额(或净利润)}{平均在用固定资产原值}\times 100\%$$

$$固定资产收益率=固定资产使用率\times 在用固定资产收益率$$

$$固定资产使用率=\frac{在用固定资产原值}{全部固定资产原值}\times 100\%$$

2. 流动资产收益率和固定资产收益率分析

流动资产收益率和固定资产收益率分析可比照总资产收益率的分析进行。但对于固定资产收益率的分析有以下几点需要注意：（1）并不是所有公司都需要进行固定资产收益率的分析。对于技术密集型和资金密集型公司来说，考核固定资产收益率的意义比较大。但是，在劳动密集或设备陈旧，甚至是超期服役的情况下，考核这个指标就没有什么意义。（2）固定资产收益率没有绝对的判断标准。单项固定资产收益率指标不足以说明固定资产的利用效果，一般通过与公司历史水平相比较加以考察，进行趋势分析。因为种类、数量、使用时间均基本相似的机器设备和厂房几乎不存在，即难以找到外部可以借鉴的标准公司和标准比率，所以，对该指标进行同业比较分析的意义不大。

(三) 投资收益率

1. 投资收益率的计算

投资收益率可以从以下两个方面进行衡量：

(1) 投资收益率是指公司在一定期限内实现的对外投资收益与平均对外投资总额的比率，用于衡量公司对外投资的收益水平。其计算公式为：

$$投资收益率=\frac{投资净收益}{平均对外投资总额}\times 100\%$$

式中，分子投资净收益数据来自利润表“投资收益”项目。需要说明的是，公司利润表中“投资收益”的主要来源包括长期股权投资、交易性金融资产、持有至到期投资、可供出售金融资产持有期间取得的投资收益以及出售该资产取得的投资收益。公司持有的交易性金融资产主要是出于资产保值目的，并不是真正意义上的投资，从理论上讲，应该从“投资收益”项目中扣除，但由于外部报表使用者无法获得公司持有交易性金融资产所取得的投资收益或投资损失数据，所以，上式分子中的投资净收益直接取自利润表中的“投资收益”项目。分母为公司资产负债表中长期股权投资、交易性金融资产、持有至到期投资以及可供出售金融资产的年初数与年末数的平均值。

(2) 投资收益率是投资中心在一定期限内所获得的部门边际贡献与该部门所拥有的资产额的比率，是最常见的公司内部考核投资中心业绩的指标。其计算公式如下：

$$投资收益率=\frac{部门边际贡献}{该部门拥有的资产额}\times 100\%$$

用投资收益率来评价投资中心业绩具有以下优点：它是根据现有的会计资料计算的，比较客观，可用于部门之间以及不同行业之间的比较。投资人非常关心这个指标，公司管理层也十分关心这个指标，用它来评价每个部门的业绩，有助于提高各部门及整个公司的投资成果。

2. 投资收益率分析

进行投资收益率分析时，通常可以将投资收益率与总资产收益率进行比较。如果投资收益率低于总资产收益率，并且对公司的投资战略不产生影响，则对外投资是不划算的。这也是公司是否进行对外投资的一个重要参考依据。

分析投资中心的投资收益率时，可以将其分解为投资周转率和部门边际贡献率两者的乘积，并可进一步将资产和收支项目细分，从而对整个部门经营状况作出评价。不过，该指标的不足也是十分明显的：部门经理会放弃高于资金成本而低于目前部门投资收益率的机会，或者减少现有的投资收益率较低但高于资金成本的某些资产，以提高部门业绩。

（四）长期资本收益率

1. 长期资本收益率的计算

长期资本收益率是从长期、稳定的资本投入角度考察该部分资本的回报。它是收益总额与长期资本平均占用额之比，可以说明公司运用长期资本赚取利润的能力。其计算公式为：

$$长期资本收益率=\frac{收益总额}{平均长期负债+平均所有者权益}\times 100\%$$

该式可以理解为运用每 100 元长期资金可以赚取多少利润，能够体现出公司吸引未来资金提供者的能力。该比率是从长期债权人和公司所有者所提供的长期资金角度来考虑，以此衡量公司的盈利能力。运用该指标时需要注意：由于分母没有包含短期负债，分子中就应将其相对应的短期利息扣除，从而使收益能更确切地反映长期资本的所得。分子收益总额采用息税前利润减短期利息的差额，或者采用税前利润与长期资本利息的总和。但是，对于外部报表使用者而言，由于资料获取的局限性，只能采用税前利润加长期资本利息，其中长期资本利息可通过报表附注直接或间接获取。长期资本收益率采用了税前利润加长期资本利息的收益概念，尽可能地剔除了资本结构对长期资本收益率的影响，使各个行业或公司间具有一定的可比性。

2. 长期资本收益率分析

与总资产收益率的分析相似，长期资本收益率也可使用因素分析法、趋势分析法和同业比较分析法进行更为深入的分析。

三、以权益资本为基础的盈利能力分析

（一）净资产收益率

对于投资者而言，投资报酬是他们投入权益资本获得的回报。衡量股东投资报酬的财务指标主要是净资产收益率（return on equity，ROE），即公司本期净利润与平均股东权益（平均净资产）之比，表明公司股东权益投入所获得的投资报

酬。其计算公式为：

$$净资产收益率=\frac{净利润}{平均股东权益}\times 100\%$$

式中，净利润是指公司当期税后利润；股东权益（净资产）是指公司资产减去负债后的余额，也就是资产负债表中的股东权益部分。对于股东权益有三种不同的选择：

（1）使用股东权益期初与期末平均值计算净资产收益率。该指标强调经营期间净资产赚取利润的结果，是一个动态指标，说明经营者在经营期间利用单位净资产为公司新创造利润的多少。该指标有助于公司利益相关者对公司未来的盈利能力作出正确判断。另外，该指标反映了过去一年的综合管理水平，对评价经营者业绩、总结过去以及制定经营决策意义重大。

（2）使用期末股东权益计算净资产收益率。该指标强调年末状况，是一个静态指标，说明期末单位净资产对经营净利润的分享，能够很好地说明未来股票价值状况，当公司发行股票或进行股票交易时对确定股票的价格至关重要，适用于股东对公司股票交易价格作出判断，向股东披露会计信息时应采用该方法。

（3）上市公司按中国企业会计准则编制财务数据时，可以根据归属于母公司股东净利润与归属于母公司平均股东权益的比率计算加权平均净资产收益率。其计算公式为：

$$加权平均净资产收益率=\frac{归属于母公司股东净利润}{归属于母公司平均股东权益}\times 100\%$$

（4）上市公司按国际财务报告准则编制财务数据时，可以根据归属于母公司股东净利润与归属于母公司股东权益的比率计算净资产收益率。其计算公式为：

$$净资产收益率=\frac{归属于母公司股东净利润}{归属于母公司股东权益}\times 100\%$$

净资产收益率是反映盈利能力的核心指标。因为公司的根本目标是股东权益或股东价值最大化，而净资产收益率既可直接反映资本的增值能力，又影响着公司股东价值的大小。该指标越高，则盈利能力越好。评价标准通常包括社会平均利润率、行业平均利润率或资本成本率等。

例 5—5

根据中国石油公司财务报表的有关资料，试对中国石油公司连续五年的净资产收益率进行趋势分析，有关数据如表 5—8 所示。

表 5—8　　中国石油公司净资产收益率趋势分析表　　金额单位：百万元

项　目	2012 年	2011 年	2010 年	2009 年	2008 年	2007 年
净利润	130 618	146 007	150 675	106 378	126 097	154 311
平均股东权益	1 131 666	1 046 334	959 106	878 275	815 921	—
净资产收益率[1]（%）	11.54	13.95	15.71	12.11	15.45	—
归属于母公司股东净利润	115 323	132 984	139 871	103 173	113 820	145 867
归属于母公司股东权益	1 064 147	1 002 885	939 043	847 782	791 691	739 616
净资产收益率[2]（%）	10.84	13.26	14.90	12.17	14.38	19.72
归属于母公司平均股东权益	1 033 516	970 964	893 413	819 737	765 654	—
加权平均净资产收益率[3]（%）	11.16	13.70	15.66	12.59	14.87	—

注：1. 按照公式：净资产收益率 $=\frac{\text{净利润}}{\text{平均股东权益}}\times 100\%$ 计算。

2. 按照公式：净资产收益率 $=\frac{\text{归属于母公司股东净利润}}{\text{归属于母公司股东权益}}\times 100\%$ 计算。

3. 按照公式：加权平均净资产收益率 $=\frac{\text{归属于母公司股东净利润}}{\text{归属于母公司平均股东权益}}\times 100\%$ 计算，以下内容是根据该公式计算出的数据进行的分析。

根据表 5—8 可知，中国石油公司近三年净资产收益率基本呈下降趋势，说明公司投资报酬逐渐下降，公司经营者在经营期间利用单位净资产为公司新创造利润的能力有所下降，公司的盈利能力有所降低。与 2010 年相比，2012 年和 2011 年的净资产收益率分别降低了 28.74%和 12.52%，表明中国石油公司 2012 年的盈利能力下降幅度较大。

（二）净资产收益率的因素分析

影响净资产收益率的因素主要有总资产收益率、负债利息率、资本结构和所得税税率等。

（1）总资产收益率。净资产是公司全部资产的一部分，因此，净资产收益率必然受公司总资产收益率的影响。在负债利息率和资本构成等条件不变的情况下，总资产收益率越高，净资产收益率就越高。

（2）负债利息率。负债利息率之所以影响净资产收益率，是因为在资本结构一定的情况下，当负债利息率变动使总资产收益率高于负债利息率时，将对净资产收益率产生有利影响；反之，在总资产收益率低于负债利息率时，将对净资产收益率产生不利影响。

（3）资本结构或负债与股东权益之比。当总资产收益率高于负债利息率时，提高负债与股东权益之比将使净资产收益率提高；反之，降低负债与股东权益之比将使净资产收益率降低。

（4）所得税税率。因为净资产收益率的分子是净利润，即税后利润，所以，所得税税率的变动必然引起净资产收益率的变动。通常，所得税税率提高，净资产收益率下降；反之，净资产收益率上升。

下式可反映出净资产收益率与各影响因素之间的关系：

$$\text{净资产收益率}=\left[\text{总资产收益率}+(\text{总资产收益率}-\text{负债利息率})\times\frac{\text{负债}}{\text{平均股东权益}}\right]\times(1-\text{所得税税率})$$

上式明确了净资产收益率与其影响因素之间的关系，运用连环替代法或差额计算法可分析各因素变动对净资产收益率的影响。

例 5—6

根据中国石油公司财务报表的有关资料，计算该公司 2010—2012 年的净资产收益率及其对比的变动情况，有关数据如表 5—9 所示。

表 5—9　　中国石油公司净资产收益率因素分析表

项　目	2012 年	2011 年	规模变动情况		2010 年
			增减额	增减率	
总资产收益率	9.22%	11.08%	−1.86%	−16.79%	12.82%
负债利息率①	2.19%	1.65%	0.54%	32.73%	1.53%
负债/平均股东权益	1.08	1.13	−0.05	−4.42%	1.10
所得税税率②	25%	25%	—	—	25%
净资产收益率④	12.61%	16.30%	−3.69%	−22.65%	18.93%

注：①负债利息率按利息费用/负债×100%推算。
②2011 年和 2012 年的所得税税率均按照 25%执行。
③净资产收益率按照以下公式计算：

$$\text{净资产收益率}=\left[\text{总资产收益率}+(\text{总资产收益率}-\text{负债利息率})\times\frac{\text{负债}}{\text{平均股东权益}}\right]\times(1-\text{所得税税率})$$

根据表 5—9 的资料，运用因素分析法可分析确定总资产收益率、负债利息率、资本结构或负债与平均股东权益之比、所得税税率变动对净资产收益率的影响。

分析对象：净资产收益率的变动＝12.61%－16.30%＝－3.69%

连环替代分析如下：

$$\begin{aligned}2011\text{ 年净资产收益率}&=[11.08\%+(11.08\%-1.65\%)\times1.13]\times(1-25\%)\\&=16.30\%\end{aligned}$$

第一次替代：[9.22%+(9.22%−1.65%)×1.13]×(1−25%)=13.33%
第二次替代：[9.22%+(9.22%−2.19%)×1.13]×(1−25%)=12.87%
第三次替代：[9.22%+(9.22%−2.19%)×1.08]×(1−25%)=12.61%

2012 年净资产收益率=[9.22%+(9.22%−2.19%)×1.08]×(1−25%)
=12.61%

因此，总资产收益率变动的影响为：

13.33%−16.30%=−2.97%

负债利息率变动的影响为：

12.87%−13.33%=−0.46%

资本结构变动的影响为：

12.61%−12.87%=−0.26%

可见，中国石油公司 2012 年净资产收益率降低主要是由于总资产收益降低、公司负债筹资成本上升以及负债与平均股东权益之比降低，使净资产收益率较上年降低了 3.69%。

第 2 节　上市公司盈利能力分析的特殊方法

上市公司自身的特点决定了除上述一般公司盈利能力分析方法，还有一些特殊的分析方法，这些分析方法往往与公司股票价格或市场价格相关联，如每股收益、市盈率、市净率、股利发放率、托宾 Q 指标等分析方法。

一、每股收益

每股收益（earning per share，EPS）是公司本年净收益与当年流通在外的普通股股数的比率，它表示公司流通于股市的普通股每股所能分摊到的净收益额，是评价上市公司投资报酬的基本和核心指标。这一指标与普通股股东的利益关系密切，他们往往根据它来进行投资决策。每股收益又分为基本每股收益与稀释每股收益。

1. 基本每股收益

基本每股收益是指归属于普通股股东的当期净利润扣除应发放的优先股股利

后的余额与发行在外的普通股加权平均数之比。其计算公式如下：

$$\text{基本每股收益}=\frac{\text{净利润}-\text{优先股股利}}{\text{发行在外的普通股加权平均数(流通股数)}}$$

如果以合并报表为基础计算每股收益，分子应该是归属于母公司普通股股东的合并净利润，分母是母公司发行在外的普通股加权平均数。

计算每股收益的分子采用的是归属于普通股股东的当期净利润扣除优先股股利，由于国际会计准则认为归属于母公司普通股股东的收益应是扣除了优先股股利的收益金额，但是我国目前尚不存在优先股，因此，在计算每股收益指标时不考虑优先股股利。

计算每股收益的分母是发行在外的普通股加权平均数，其计算公式为：

$$\begin{aligned}\begin{matrix}\text{发行在外的普通股}\\\text{加权平均数}\end{matrix}&=\begin{matrix}\text{期初发行在外}\\\text{普通股股数}\end{matrix}+\begin{matrix}\text{当期新发行}\\\text{普通股股数}\end{matrix}\times\frac{\text{已发行时间}}{\text{报告期时间}}\\&\quad-\begin{matrix}\text{当期回购普通股}\\\text{股数}\end{matrix}\times\frac{\text{已回购时间}}{\text{报告期时间}}\end{aligned}$$

式中，已发行时间、报告期时间和已回购时间一般按照天数计算；在不影响计算结果合理性的前提下，也可以采用简化的计算方法，即按月份计算。在按月份计算的时候，发行时间是指普通股发行的次月至报告期期末的月数，而回购时间是指普通股回购的次月至报告期期末的月数。

例 5—7

已知2012年度甲公司股票的变动情况如表5—10所示，试计算公司发行在外的普通股加权平均数。

表5—10　　2012年度甲公司股票变动情况表　　单位：万股

时　间	已发行股数	新发行股数	回购股数	发行在外股数
1月1日	3 000			3 000
3月31日		1 000		4 000
6月30日			500	3 500
12月31日	3 000	4 000	500	3 500

$$\begin{matrix}\text{甲公司发行在外的}\\\text{普通股加权平均数}\end{matrix}=3\,000\times\frac{12}{12}+1\,000\times\frac{9}{12}-500\times\frac{6}{12}=3\,500(\text{万股})$$

对于新发行的普通股股数，应当根据发行合同的具体条款，从应收对价之日（一般为股票发行日）起计算确定。通常包括如下情况：

（1）为收取现金而发行的普通股股数，从应收现金之日起计算。

（2）因债务转资本而发行的普通股股数，从停计债务利息之日或结算日起计算。

（3）非同一控制下的公司合并，作为对价发行的普通股股数，从购买日起计算；同一控制下的公司合并，作为对价发行的普通股股数，应当计入各列报期间普通股的加权平均数。

（4）为收购非现金资产而发行的普通股股数，从确认收购之日起计算。

例 5—8

假设上例中，甲公司计划发行普通股，6 月份得到有关部门的批准，但到 6 月 30 日才实际发行，并收到股东购买股票的现金，那么应从 7 月 1 日起计入普通股加权平均数。

由于甲公司没有足够资金偿付所欠乙公司的货款 3 000 万元，双方达成债务重组协议，乙公司将债务转为对甲公司的投资，7 月 31 日协议生效。那么停止计息日为 7 月 31 日，从 8 月 1 日起，由债务转为资本的普通股股数应该计入普通股加权平均数。

例 5—9

中国石油公司的每股收益计算表如表 5—11 所示，根据公司提供的以下信息进行每股收益分析。

表 5—11　　　　中国石油公司每股收益计算表

项　目	2012 年	2011 年	规模变动情况		2010 年
			增减额	增减率	
净利润（百万元）	130 618	146 007	－15 389	－10.54%	150 675
普通股股数（百万股）	183 021	183 021	0	0	183 021
基本每股收益（元）	0.71	0.80	－0.09	－11.25%	0.82
归属于母公司股东净利润（百万元）	115 323	132 984	－17 661	－13.28%	139 871
普通股股数（百万股）	183 021	183 021	0	0	183 021
归属于母公司股东的基本每股收益（元）	0.63	0.73	－0.10	－13.28%	0.76

根据表 5—11 可知，中国石油公司 2010—2012 年的每股收益呈逐年下降趋势，说明该公司的盈利能力逐年下降。与 2010 年相比，2012 年和 2011 年的每股收益分别降低了 13.31%和 3.10%，表明该公司 2012 年的盈利能力下降幅度较大。

2. 稀释每股收益

稀释每股收益是指当公司存在稀释性潜在普通股时，应当分别调整归属于普通股股东的当期净利润和发行在外的普通股加权平均数，据以计算稀释每股收益。所谓稀释性潜在普通股，是指赋予其持有者在报告期或以后期间取得普通股股利权的一种金融工具或其他合同，包括可转换公司债券、认股权证、股票期权等。稀释性潜在普通股转换为普通股将会减少每股收益，因此称为具有稀释性的潜在普通股。

稀释每股收益的计算公式为：

$$\text{稀释每股收益}=\frac{\text{调整后的归属于普通股股东的当期净利润}}{\begin{array}{c}\text{计算基本每股收益时}\\ \text{普通股加权平均数}\end{array}+\begin{array}{c}\text{假定稀释性潜在普通股转换为已发行}\\ \text{普通股而增加的普通股股数的加权平均数}\end{array}}$$

计算稀释每股收益时，要注意以下几个方面：

（1）对归属于普通股股东的当期净利润的调整。之所以要调整，是因为当潜在普通股转换成普通股以后，新的普通股将有权参与分配归属于母公司普通股股东的权益。准则规定计算稀释每股收益，应当根据下列事项对归属于普通股股东的当期净利润进行调整：第一，当期已确认为费用的稀释性潜在普通股的利息。第二，稀释性潜在普通股转换时将产生的收益或费用。其中，当期已确认为费用的稀释性潜在普通股的利息和减少利息的税后金额会增加归属于普通股股东的利润；稀释性潜在普通股转换时产生的收益会增加归属于普通股股东的利润；稀释性潜在普通股转换时产生的费用会减少归属于普通股股东的利润。

这里需要注意，在调整归属于普通股股东的当期净利润时应当考虑相关的所得税影响。例如，某公司2012年净利润为3 000万元，发行可转换债券当年利息费用（包括折价发行的摊销额）80万元，所得税税率为25%，则调整后净利润为3 000＋80－80×25%＝3 060万元。

（2）对当期发行在外的普通股加权平均数的调整。调整后的股数应当为计算基本每股收益时普通股加权平均数与假定稀释性潜在普通股转换为已发行普通股而增加的普通股股数的加权平均数之和。计算稀释性潜在普通股转换为已发行普通股而增加的普通股股数的加权平均数时，以前期间发行的稀释性潜在普通股应当假设在当期期初转换；当期发行的稀释性潜在普通股应当假设在发行日转换。例如，已知某公司2012年年初流通在外的普通股股数1 000万股，有在2011年发行的600万份可转换债券，有在2012年10月1日发行的800万份认股权证，则计算稀释每股收益时普通股股数$=1\,000+600+800\times\frac{3}{12}=1\,800$（万股）。

由于中国石油公司2011年、2012年没有稀释性潜在普通股，故其稀释每股收益与基本每股收益相同。

对于稀释每股收益的计算，可以参见以下两例。

例 5—10

假设甲公司 2012 年 1 月 1 日发行 100 万份认股权证，行权价格为 4.5 元，2012 年净利润为 300 百万元，发行在外的普通股加权平均数为 600 百万股，普通股的平均市场价格为 5 元，试计算该公司 2012 年的基本每股收益和稀释每股收益。

$$基本每股收益=\frac{300}{600}=0.5(元/股)$$

$$调整增加的普通股股数=100-100\times\frac{4.5}{5}=10(百万股)$$

$$稀释每股收益=\frac{300}{600+10}=0.49(元)$$

例 5—11

假设乙公司 2012 年 1 月 1 日发行利率为 6%的可转换债券，面值 1 000 百万元，每 100 元债券可转换为 1 元面值普通股 90 股。2012 年净利润为 5 000 百万元，2012 年发行在外的普通股加权平均数为 4 000 百万股，所得税税率为 33%，试计算该公司 2012 年的基本每股收益和稀释每股收益。

$$基本每股收益=\frac{5\,000}{4\,000}=1.25(元/股)$$

$$净利润的增加=1\,000\times6\%\times(1-33\%)=40.2(百万元)$$

$$调整增加的普通股股数=\frac{1\,000}{100}\times90=900(百万股)$$

$$稀释每股收益=\frac{5\,000+40.2}{4\,000+900}=1.03(元)$$

二、市盈率

市盈率（price/earning，P/E），是指普通股每股市价与当期每股收益之间的比率，即每股市价相当于每股收益的倍数。该指标可用来判断公司股票与其他公司股票相比其潜在的价值。其计算公式如下：

$$市盈率=\frac{每股市价}{每股收益}$$

上式中的分子每股市价（股价）通常取最新收盘价，分母可用最近一年盈利，也可用未来一年或几年的预测盈利。

一个公司几年的市盈率能够表明公司盈利能力的稳定性，可在一定程度上反映公司管理部门的经营能力和公司盈利能力及潜在的成长能力。同时，该指标还反映此股票市价是否具有吸引力。对多个公司的股价收益比率进行比较，并结合对其所属行业的经营前景的了解，可以为选择投资目标提供参考。

一般情况下，发展前景较好的公司通常都有较高的市盈率，发展前景不佳的公司，这个比率较低。但是必须注意，当全部资产利润率很低或公司发生亏损时，每股收益可能为零或负数，因此市盈率会很高。在这一特殊情况下，仅仅利用这一指标来分析公司的盈利能力，常常会错误地估计公司的发展前景，所以还必须结合其他指标综合考虑。

例 5—12

根据中国石油公司财务报表的有关资料，计算该公司市盈率，如表 5—12 所示。

表 5—12　　中国石油公司市盈率计算表

项　目	2012 年	2011 年	规模变动情况		2010 年
			增减额	增减率	
每股市价（元）	9.04	9.74	−0.70	−7.19%	11.22
每股收益（元）	0.71	0.80	−0.09	−11.25%	0.82
市盈率	12.73	12.18	0.55	4.52%	13.68

根据表 5—12 可知，中国石油公司 2012 年市盈率比 2011 年提高了 0.55，提高的原因用差额分析法分析如下：

$$每股市价的变动对市盈率的影响=\frac{9.04-9.74}{0.80}=-0.88$$

$$每股收益的变动对市盈率的影响=\frac{9.04}{0.71}-\frac{9.04}{0.80}=1.43$$

两因素共同作用的结果使市盈率提高了 0.55。

投资者非常关注上市公司的市盈率，有关证券刊物几乎每天报道各类股票的市盈率。该比率反映投资人对每 1 元净利润愿意支付的价格，可以用来估计股票的投资报酬和风险。它是市场对公司的共同期望指标，市盈率越高，表明市场对公司的未来越看好。在市价确定的情况下，每股收益越高，市盈率越低，投资风险越小；反之，投资风险越大。在每股收益确定的情况下，市价越高，市盈率越高，风险越大；反之，风险越小。仅从市盈率高低的横向比较看，高市盈率说明公司能够获得社会信赖，具有良好的前景。

在使用市盈率指标时，应注意以下问题：该指标不能用于不同行业公司的比较。充满扩展机会的新兴行业市盈率普遍较高，而成熟工业的市盈率普遍较低，这并不说明后者的股票没有投资价值。当每股收益很小或亏损时，市价不会降至零，这时很高的市盈率往往不说明任何问题。市盈率高低受净利润的影响，而净利润受可选择的会计政策的影响，从而使公司间的比较受到限制。市盈率高低还受市价的影响，而市价变动的影响因素很多，包括投机炒作等，因此观察市盈率的长期趋势很重要。市盈率把股价和利润联系起来，反映了企业的近期表现。如果股价上升，但利润没有变化，甚至下降，则市盈率将会上升。一般来说，市盈率水平为：0～13：表示价值被低估；14～20：表示正常水平；21～28：表示价值被高估；28 以上：反映股市出现投机性泡沫。

企业界通常在市盈率较低时，以收购股票的方式实现对其他公司的兼并，然后进行改造，待到市盈率升高时，再以出售股票的方式卖出公司，从中盈利。

例 5—13

根据中国石油公司财务报表的有关资料，试对该公司连续五年的市盈率进行趋势分析，有关数据如表 5—13 所示。

表 5—13　　中国石油公司市盈率趋势分析表

项　目	2012 年	2011 年	2010 年	2009 年	2008 年
每股市价（元）	9.04	9.74	11.22	13.82	10.17
每股收益（元）	0.71	0.80	0.82	0.58	0.69
市盈率	12.73	12.18	13.68	23.83	14.74

根据表 5—13 可知，与 2009 年相比，中国石油公司近三年市盈率大幅下降，一方面，反映该公司曾出现投机性泡沫，股价被投机炒作，造成以前年度市盈率虚高；另一方面，说明公司盈利能力缺乏稳定性，对公司管理部门的经营能力和潜在的成长能力要加以关注。

三、市净率

市净率（price/book value，P/B）是普通股股票每股市价与每股净资产的比率，计算公式如下：

$$市净率=\frac{每股市价}{每股净资产}$$

式中，每股净资产是期末股东权益总额减去优先股权益后的余额与期末发行在外的普通股股数的比值。其计算公式为：

$$每股净资产=\frac{期末股东权益-优先股权益}{期末发行在外的普通股股数}$$

市净率反映了股价相当于每股净资产的倍数。每股净资产在理论上提供了股票的最低价值。如果公司的股票价格低于净资产的成本，成本又接近变现价值，说明公司已无存在价值，清算是股东最好的选择。把每股净资产和每股市价联系起来，可以说明市场对公司资产质量的评价。

市净率可用于投资分析。每股净资产是股票的账面价值，它是用成本计量的；每股市价是这些资产的现值，是证券市场上交易的结果。投资者认为，市价高于账面价值时，公司的资产质量好，有发展潜力；反之则资产质量差，没有发展前景。优质股票的市价都超出每股净资产许多，一般来说，市净率达到 3 就可以树立较好的公司形象。市价低于每股净资产的股票，就像售价低于成本的商品一样，属于处理品。当然，处理品也不是没有购买价值，问题在于该公司今后是否有转机，或者购入后经过资产重组能否提高盈利能力。在评估高风险企业，以及具有大量实物资产的企业时，市净率特别受到重视。

例 5—14

根据中国石油公司财务报表的有关资料，计算该公司市净率，如表 5—14 所示。

表 5—14　　中国石油公司市净率计算表

项　目	2012 年	2011 年	规模变动情况		2010 年
			增减额	增减率	
每股市价（元）	9.04	9.74	−0.70	−7.19%	11.22
股东权益（百万元）	1 180 766	1 082 566	98 200	9.07%	1 010 101
普通股股数（百万股）	183 021	183 021	0	0.00%	183 021
每股净资产（元）	6.45	5.91	0.54	9.07%	5.52
市净率	1.40	1.65	−0.25	−14.91%	2.03

根据表 5—14 可知，中国石油公司近三年的每股市价虽然均高于股票的账面价值，但市净率都未达到 3，而且与 2010 年相比，2012 年和 2011 年的市净率分别降低了 31.03%和 18.72%，说明市场对该公司资产质量的评价有所下降，中国石油需要进一步提高自身的盈利能力，以树立良好的公司形象。

四、股利发放率

股利发放率（dividend payout ratio，DPR）亦称股利支付率，是普通股每股股利与每股收益的比值，反映普通股股东从每股的全部获利中分到多少。其计算公式如下：

$$股利发放率=\frac{每股股利}{每股收益}\times100\%=\left(\frac{每股市价}{每股收益}\right)\times\left(\frac{每股股利}{每股市价}\right)\times100\%$$

$$=市盈率\times股利报偿率$$

式中，每股股利是指实际发放给普通股股东的股利总额与流通股数的比值。股利发放率反映了公司的股利分配政策和支付股利的能力，其高低要根据公司对资金需要量的具体情况而定，没有一个固定的衡量标准。

从以上公式可以看出，股利发放率主要取决于市盈率和股利报偿率。一般来说，长期投资者比较注重市盈率，短期投资者则比较注重股利报偿率。

股利报偿率，亦称股利与市价比率，是公司发放的每股股利与股票市场价格之比。在价格与收益比率一定的情况下，股利报偿率越高，股利发放率越高；反之，股利发放率越低。

例 5—15

由中国石油公司年报可知，该公司 2010—2012 年发放的现金股利分别为 23 985 百万元、30 129 百万元和 33 597 百万元，有关资料如表 5—15 所示。

表 5—15　　中国石油公司股利发放率计算表

项　目	2012 年	2011 年	规模变动情况		2010 年
			增减额	增减率	
(1) 普通股股利实发数（元）	33 597	30 129	3 468	11.51%	23 985
(2) 普通股股数（股）	183 021	183 021	0	0.00%	183 021
(3) 每股股利 (1)/(2)（元/股）	0.18	0.16	0.02	11.51%	0.13
(4) 每股市价（元）	9.04	9.74	−0.70	−7.19%	11.22
(5) 市盈率	12.67	12.21	0.46	3.77%	13.63
(6) 股利报偿率 (3)/(4)	2.03%	1.69%	0.34%	20.15%	1.17%
(7) 股利发放率	25.73%	20.64%	5.09%	24.67%	15.92%

注：每股市价按照该年度末市场价格计算。

根据表 5—15 的资料，中国石油公司股利发放率计算如下：

2012 年度股利发放率＝12.667×2.031%＝25.727%

2011 年度股利发放率＝12.209×1.69%＝20.633%

可见，2012 年度股利发放率比 2011 年度增加 5.09%，变动原因用差额分析法分析如下：

市盈率变动对股利发放率的影响＝(12.667－12.209)×1.69%＝0.774%

股利报偿率变动对股利发放率的影响＝(2.03%－1.69%)×12.67＝4.308%

两因素对股利发放率的综合影响使股利发放率增加了5.09%，其中股利报偿率对股利发放率的正向影响较大，表明公司支付股利的能力有一定的增强，也说明普通股股东从该公司每股中的全部获利较上年有所提高。

五、托宾Q指标

詹姆斯·托宾（1981年诺贝尔经济学奖获得者）认为股票价格会影响企业投资，企业的市场价值与其重置成本之比可以作为衡量要不要进行新投资的标准，这个比率用Q来表示。托宾Q值常常用来作为衡量公司业绩表现或公司成长性的重要指标。企业的市场价值就是企业股票的市场价值总额，因此Q等于企业股票的市场价值除以新建造企业的成本。考虑到重置成本估算的难度，市场分析人士通常使用股票市值与公司净资产的比率作为Q值的替代值，其计算公式为：

$$\text{托宾}Q\text{值}=\frac{\text{股票市值}}{\text{净资产}}$$

通常，人们也可以用总资产账面价值替代重置成本，用普通股的市场价格和债务的账面价值之和表示市场价值，则

$$\text{托宾}Q\text{值}=\frac{\text{股票市值}+\text{负债账面价值}^{①}}{\text{总资产账面价值}}$$

如果Q大于1，表明市场对公司的估价超过其重置成本，企业发行较少的股票而买到较多的投资品，因此会有新的投资，可见，股票价格上升时，投资会增加。反之，Q小于1，表明市场对公司的估价低于其重置成本，说明买旧的企业比新建设便宜，因此不会有投资，从而使市场并购行为较之于直接设立企业更为合算，这也是成功的并购者常常在经济低潮时进行并购的原因；当Q等于1时，公司投资和资本成本达到动态（边际）均衡，是市场的正常形态。这就是著名的托宾Q理论。尽管由于资本市场发展的不完善，该理论在我国的应用还很有局限性，但它依然给我们提供了分析问题的一种思路。

托宾Q值比较真实地反映了公司的内在价值与市场价值之间的关系，该指标今后有望成为我国证券市场上绝对价值评估的重要指标。这样再结合传统的市盈率和市净率指标来对上市公司进行分析以及价值度量，可以排除市盈率的局限性，能够将市价、利润与资产结合起来统筹考虑。

---

① 债务之所以用账面价值而非市场价值，是因为一般来讲公司债务的市场价值较难衡量，不过若可以衡量或估计其市场价值，则应当使用市场价值。如公司发行债券，则债务的账面价值应当采用债券的市场价值。

例 5—16

中国石油公司 2010—2012 年有关托宾 Q 的财务分析信息如表 5—16 所示。

表 5—16 中国石油公司托宾 Q 分析表

项　目	2012 年	2011 年	规模变动情况		2010 年
			增减额	增减率	
每股市价（元）	9.04	9.74	−0.70	−7.19%	11.22
普通股股数（百万股）	183 021	183 021	0	0.00%	183 021
股票市值（百万元）	1 654 510	1 782 625	−128 115	−7.19%	2 053 496
股东权益（百万元）	1 180 766	1 082 566	98 200	9.07%	1 010 101
托宾 Q 值	1.40	1.65	−0.25	−14.91%	2.03
负债账面价值（百万元）	988 071	834 962	153 109	18.34%	646 267
总资产账面价值（百万元）	2 168 837	1 917 528	251 309	13.11%	1 656 368
托宾 Q 值	1.22	1.37	−0.15	−10.74%	1.63

根据表 5—16 可知，中国石油公司近三年的托宾 Q 值均大于 1，说明市场对公司的估价均超过其重置成本，公司具有一定的市场价值。但该公司 2010—2012 年的托宾 Q 值却呈逐年下降趋势，与 2010 年相比，2012 年和 2011 年的托宾 Q 值分别降低了 25.25%和 16.25%，表明公司业绩持续下降，公司成长速度放缓。

不过，在运用托宾 Q 值判断公司盈利能力和市场价值时，股票价格影响因素的多样性，有可能导致托宾 Q 值不能真实反映公司的价值，如在有市场投机性的炒作时，市场价值在乐观情绪以及资金的推动下往往会出现非理性的上涨。因而在用托宾 Q 值判断公司盈利能力和市场价值时，要根据资本市场的现实状况作出一定的判断或调整。

第 3 节　盈利质量分析

盈利质量实质上是广义的盈利能力分析的一部分，是指盈利的稳定性与现金保证程度。对盈利质量进行分析的最终目的是更准确地评价公司盈利稳定性与盈利的现金保证程度。影响盈利稳定程度的主要因素是盈利结构，影响盈利现金保证程度的主要因素是经营现金流量与利润的同步性。因此，盈利结构与会计确认原则对公司盈利质量的分析评价具有关键作用。同样 100 万元的主营业务收入和营业外收入，对公司净利润的贡献是相同的，但是它们却反映了公司不同的盈利能力，100 万元的主营业务收入体现了公司的核心竞争力，而 100 万元的营业外收入未必意味着下期还有同样的收入，因此，不同的盈利结构反映着不同的盈利质量。另外，我们的盈利能力分析是以资产负债表、利润表为基础的，因而是在权责发生制基础上对公司在一定时期内获取利润能力的一种评价结果。但是，在权责发生制下确认的收入或利润未必都能实现，如果不能实现，则会高估公司的盈利能力。只有拥有现金保证的收入或利润才是有质量的盈利。因此，在收付实现制基础上，以现金流量表所列示的各项财务数据为基本依据，通过一系列现金流量指标的计算，对公司盈利能力进行进一步修复与检验，是盈利质量分析的另一种方法。这种通过现金流量指标的计算来修正和补充盈利能力指标，更有利于对公司盈利状况进行多视角、全方位综合分析，从而反映公司的利润质量。事实上，现金流量分析是财务报表分析的有机组成部分，应当贯穿财务报表分析的整个过程。但是，为了讲授和学习的方便，我们在各章重点讲解基于资产负债表和利润表的分析，而把现金流量分析集中在第 7 章讨论。因此，和现金流量有关的盈利质量分析也将在第 7 章介绍。本章只讨论盈利结构分析方法。

盈利结构是指收益组成项目的搭配及其排列、盈利的业务结构与盈利的地区结构。剖析公司的盈利结构，可以得知公司盈利的主要项目是什么，分析盈利质量如何，盈利总额发生增减变动的影响因素有哪些，从而帮助公司找出有利因素和不利因素，有针对性地采取措施，促使其提高盈利能力，并对未来的盈利能力作出预测。

可以按收益构成的诸多因素和项目，从不同角度进行项目搭配与排列，从而形成多种盈利结构，主要包括盈利的项目结构、盈利的业务结构和盈利的地区结构。

一、盈利的项目结构

根据公司盈利的性质，公司的利润来源主要包括主营业务带来的利润、投资获取的收益以及营业外收支净额。这三类性质的盈利代表的公司盈利质量是不一样的。主营业务获取的利润代表公司主业收益，是公司核心竞争力的表现，具有相对稳定性和未来预测价值，公司主营业务利润在净利润中的比重越大，说明公司的盈利质量越高。投资收益代表公司对外投资获取的收益，是为了多元化经营、分散公司风险或者利用闲置资金获取的收益，投资收益多，占净利润的比重大，说明公司盈利在一定程度上依赖于对外投资，而投资又是有风险的，因此，相同比重的投资收益对盈利质量的贡献不如主营业务利润的贡献大。营业外收支净额是营业外收入与营业外支出的差额，最不具有稳定性和预测价值，如果一个公司的净利润大部分是营业外收支净额的贡献，那么该公司的盈利质量值得关注。

进行盈利的项目结构分析用到的指标有：营业利润比重、投资收益比重、营业外收支净额比重。

$$营业利润比重=\frac{营业利润-公允价值变动收益-投资收益+资产减值损失}{净利润}\times 100\%$$

$$投资收益比重=\frac{投资收益}{净利润}\times 100\%$$

$$营业外收支净额比重=\frac{营业外收入-营业外支出}{净利润}\times 100\%$$

例 5—17

根据中国石油公司财务报表的有关资料，对该公司盈利的项目结构进行分析，如表 5—17 所示。

表 5—17　　中国石油公司盈利项目结构分析计算表　　金额单位：百万元

项　目	2012 年	2011 年	规模变动情况		2010 年
			增减额	增减率	
营业利润	165 431	184 517	−19 086	−10.34%	193 086
公允价值变动收益	0	0			0
投资收益	8 787	12 630	−3 843	−30.43%	7 043
资产减值损失	1 963	8 759	−6 796	−77.59%	4 408
营业外收入	11 578	9 480	2 098	22.13%	4 162
营业外支出	10 199	9 721	478	4.92%	8 054
净利润	130 618	146 007	−15 389	−10.54%	150 675
营业利润比重	121.43%	123.72%	−2.30%	−1.86%	126.40%
投资收益比重	6.73%	8.65%	−1.92%	−22.23%	4.67%
营业外收支净额比重	1.06%	−0.17%	1.22%	—	−2.58%

根据表 5—17 可知，中国石油公司 2012 年营业利润、投资收益、营业外收支净额在净利润中的比重分别为 121.43%，6.73%，1.06%，主营业务获取的利润所占比重最大，其中公司的资产减值损失同比下降高达 77.59%，主要是由于公司安全事故明显减少，表明公司的盈利能力主要来自主营收益，具有相对稳定性和未来预测价值。但是，公司营业利润比重较前两年均有所降低，降低幅度分别为 1.86%和 3.93%，说明公司的盈利质量持续降低。公司投资收益比重同比下降 22.23%，说明公司盈利在一定程度上减少了对对外投资的依赖。但是，2012 年营业外收支净额比重较前两年有极大的提高，主要是由于政府补助的逐年增加而大幅提高了该公司的营业外收入。从盈利项目整体来看，中国石油公司 2012 年的盈利质量得到改善。

二、盈利的业务结构

盈利的业务结构就是直接按照业务类型或公司业务分部对盈利的构成项目进行分析，从而明确各种业务的收益贡献。公司战略定位与核心业务带来的盈利更有质量，而非核心业务的盈利质量并不是由公司战略与经营贡献带来的，因此，其稳定性与连续性将存在一定差距。公司主要产品分部的盈利贡献越大，盈利质量越高，因为这样的盈利结构能保证盈利的稳定性和持续性。分析盈利的业务结构，不仅可以判断公司盈利质量，而且可以了解不同业务的盈利水平，明确它们各自对公司总盈利水平的影响方向和影响程度。分析盈利的业务结构，可以结合公司的分部报告进行。

例5—18

根据中国石油公司财务报表的有关资料，对该公司盈利的业务结构进行分析。中国石油公司主要经营与石油相关的产品、服务与活动。该公司的经营分部包括：勘探与生产、炼油与化工、销售及天然气与管道四大板块。

勘探与生产板块从事原油及天然气的勘探、开发、生产和销售。炼油与化工板块从事原油及石油产品的炼制，基本及衍生化工产品、其他化工产品的生产和销售。销售板块从事炼油产品的销售以及贸易业务。天然气与管道板块从事天然气、原油和成品油的输送及天然气的销售。总部及其他板块从事资金管理、融资、总部管理、研究开发，并为本集团其他业务板块提供商务服务。2008—2012年有关盈利的业务结构数据如表5—18所示。

表5—18　中国石油公司盈利业务结构分析表　金额单位：百万元

年度	业务类型	营业收入	营业成本	销售毛利	销售毛利率（%）	销售毛利贡献率（%）
2008	勘探与生产	611 330	237 353	373 977	61.17	96.39
	炼油与化工	553 149	605 422	−52 273	−9.45	−13.47
	销售	771 306	722 138	49 168	6.37	12.67
	天然气与管道	62 440	44 602	17 838	28.57	4.60
	总部及其他	235	152	83	35.32	0.02
	板块间抵销数	−957 366	−956 067	−1 299	0.14	−0.33
	材料销售	13 290	13 128	162	1.22	0.04
	其他	18 220	17 909	311	1.71	0.08
	合计	1 072 604	684 637	387 967	36.17	100.00

续前表

年度	业务类型	营业收入	营业成本	销售毛利	销售毛利率（%）	销售毛利贡献率（%）
2009	勘探与生产	391 862	216 733	175 129	44.69	45.35
	炼油与化工	493 645	362 110	131 535	26.65	34.06
	销售	764 358	705 885	58 473	7.65	15.14
	天然气与管道	76 463	54 024	22 439	29.35	5.81
	总部及其他	293	206	87	29.69	0.02
	板块间抵销数	−734 676	−733 060	−1 616	0.22	−0.42
	材料销售	10 248	10 117	131	1.28	0.03
	其他	17 082	17 085	−3	−0.02	0.00
	合计	1 019 275	633 100	386 175	37.89	100.00
2010	勘探与生产	525 895	263 328	262 567	49.93	53.02
	炼油与化工	657 728	516 927	140 801	21.41	28.43
	销售	1 128 000	1 062 145	65 855	5.84	13.30
	天然气与管道	115 181	89 873	25 308	21.97	5.11
	总部及其他	348	113	235	67.53	0.05
	板块间抵销数	−997 425	−995 449	−1 976	0.20	−0.40
	材料销售	10 160	9 696	464	4.57	0.09
	其他	25 528	23 576	1 952	7.65	0.39
	合计	1 465 415	970 209	495 206	33.79	100.00
2011	勘探与生产	756 912	360 210	396 702	52.41	68.57
	炼油与化工	839 826	747 928	91 898	10.94	15.88
	销售	1 684 330	1 615 428	68 902	4.09	11.91
	天然气与管道	170 643	151 211	19 432	11.39	3.36
	总部及其他	517	333	184	35.59	0.03
	板块间抵销数	−1 487 187	−1 486 361	−826	0.06	−0.14
	材料销售	10 025	9 419	606	6.04	0.10
	其他	28 777	27 116	1 661	5.77	0.29
	合计	2 003 843	1 425 284	578 559	28.87	100.00
2012	勘探与生产	771 717	387 909	383 808	49.73	68.48
	炼油与化工	876 122	765 078	111 044	12.67	19.81
	销售	1 879 960	1 813 793	66 167	3.52	11.81
	天然气与管道	199 081	199 060	21	0.01	0.00
	总部及其他	550	341	209	38.00	0.04
	板块间抵销数	−1 573 024	−1 572 216	−808	0.05	−0.14
	材料销售	10 233	9 867	366	3.58	0.07
	其他	30 657	30 987	−330	−1.08	−0.06
	合计	2 195 296	1 634 819	560 477	25.53	100.00

注：由于四舍五入，个别数据有误差。

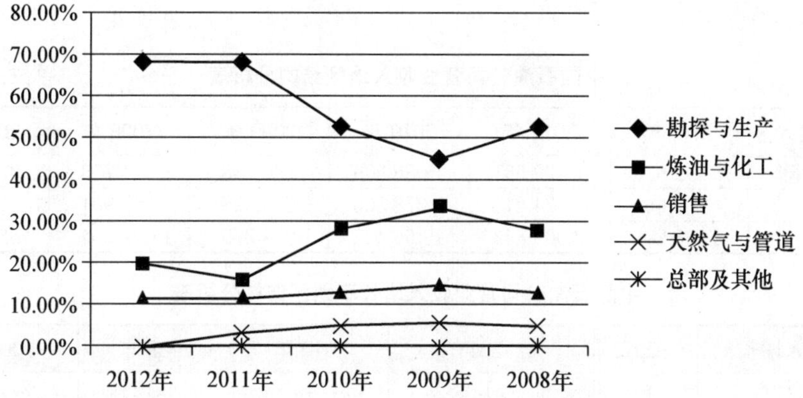

图 5—2　中国石油公司销售毛利贡献率趋势对比分析图

从盈利的业务结构来看，中国石油公司近五年的销售毛利主要来自勘探与生产业务，其销售毛利率较高，销售毛利贡献率 2011 年和 2012 年分别达到 68.57% 和 68.48%，说明勘探与生产板块仍然是中国石油公司最重要的盈利贡献板块。受成品油市场需求不旺等因素影响，近几年销售毛利率持续下降，2012 年销售板块经营利润同比下降 20.6%。天然气与管道业务受进口中亚天然气及 LNG 亏损增大影响，近几年销售毛利率大幅下降，2012 年天然气与管道板块经营亏损 21.10 亿元人民币，比 2011 年的经营利润 155.30 亿元降低 176.40 亿元，其中销售进口天然气及 LNG 亏损约 419 亿元，对销售毛利的贡献为零。除了勘探与生产板块，其余三大板块对公司的盈利质量均产生了不良影响，说明中国石油公司的盈利稳定性与可持续性值得关注。

三、盈利的地区结构

不同地区的市场，对公司意味着不同的盈利机会，公司会在发展战略上重点开发某些地区的市场，因此，不同地区的盈利结构体现着公司的盈利质量。公司在重点地区的盈利占净利润的比重越大，公司的盈利越稳定，越具有可持续性，因而盈利质量越高。所以分析公司盈利的地区结构，能在一定程度上揭示公司的盈利质量。与此同时，通过分析公司盈利的地区结构，还能够确定哪些地区的市场是公司的主要目标，有助于调整公司发展战略和市场结构，促进公司盈利和市场价值的提高。

例 5—19

根据中国石油公司财务报表的有关资料，对该公司盈利的地区结构进行分析。

中国石油公司 2008—2012 年有关盈利的地区结构数据分别如表 5—19、表 5—20 和图 5—3 所示。

表 5—19　　中国石油公司营业收入地区结构分析表　　单位：百万元

营业收入	2012 年	2011 年	2010 年	2009 年	2008 年	2007 年
中国大陆	1 492 636	1 429 631	1 086 909	790 748	824 703	807 712
其他	702 660	574 212	378 506	228 527	247 901	28 641
合计	2 195 296	2 003 843	1 465 415	1 019 275	1 072 604	836 353

表 5—20　　中国石油公司营业收入增长率地区结构分析表

营业收入增长率	2012 年	2011 年	2010 年	2009 年	2008 年
中国大陆	4.41%	31.53%	37.45%	−4.12%	2.10%
其他	22.37%	51.70%	65.63%	−7.82%	765.55%
合计	9.55%	36.74%	43.77%	−4.97%	28.25%

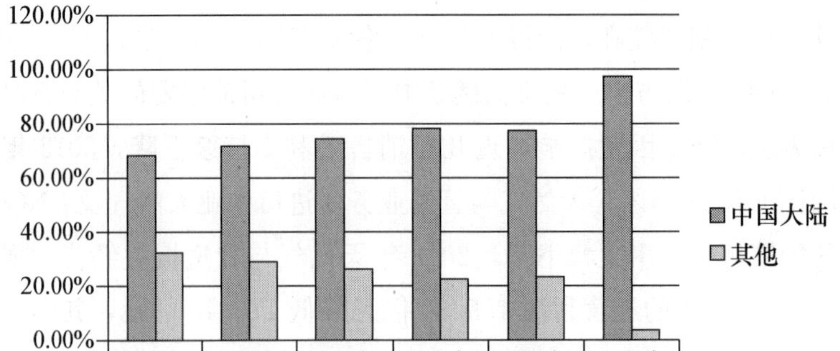

	2012年	2011年	2010年	2009年	2008年	2007年
中国大陆	67.99%	71.34%	74.17%	77.58%	76.89%	96.58%
其他	32.01%	28.66%	25.83%	22.42%	23.11%	3.42%

图 5—3　中国石油公司盈利地区结构占比趋势分析图

从盈利的地区结构来看，中国石油公司的市场定位于中国大陆，其营业收入占比相对较高，市场定位清晰。从图 5—3 和表 5—20 可以看出，该公司近几年在中国大陆的营业收入占比逐渐下降，海外业务却成效显著，对公司的贡献进一步提升，2012 年实现营业额 7 026.60 亿元，占公司总营业额的 32.01%，实现税前利润 326.72 亿元，占公司税前利润的 19.6%，说明公司近几年不断扩大国际贸易规模，全球资源配置能力明显提高，同时，也说明公司不断调整发展战略和市场结构，力争促进公司盈利和市场价值的提升。

本章小结

盈利能力是指公司赚取利润的能力，反映公司的资本增值能力。盈利能力分析是评估公司价值、判断公司偿债能力及公司风险、评价管理绩效的基础，在财务报表分析中处于核心和统御性地位。盈利能力分析就是要从各个方位对公司赚取利润的能力进行定量分析和定性分析。由于盈利质量影响着对盈利能力的判断，同样金额或比率的盈利能力并非意味着实际盈利能力相同，盈利结构与会计因素的影响，可能使实际盈利能力差距很大，因此在分析公司盈利能力时一定要进行盈利质量分析。

盈利能力分析包括以营业收入和营业成本费用为基础的盈利能力分析、以资产为基础的盈利能力分析、以权益资本为基础的盈利能力分析和上市公司特有的盈利能力分析。以营业收入和营业成本费用为基础的盈利能力分析包括销售利润率分析和成本费用利润率分析；以资产为基础的盈利能力分析包括总资产收益率分析、流动资产收益率和固定资产收益率分析、投资收益率分析以及长期资本收益率分析；以权益资本为基础的盈利能力分析主要指净资产收益率分析；上市公司盈利能力分析特有的方法包括与公司股票价格或市场价格相关联的一系列指标，如每股收益、市盈率、市净率、股利发放率、托宾Q值等。

盈利质量实质上是广义的盈利能力分析的一部分，是指盈利的稳定性与现金保证程度。对盈利质量进行分析的最终目的是更准确地评价公司盈利稳定性与盈利的现金保证程度。影响盈利稳定程度的主要因素是盈利结构，影响盈利现金保证程度的主要因素是经营现金流量与利润的同步性。因此，盈利结构与会计确认原则对公司盈利质量的分析评价具有关键作用。

盈利结构是指收益组成项目的搭配及其排列、盈利的业务结构与盈利的地区结构。

思考与练习

一、单项选择题

1. 不影响销售毛利率变化的因素是（　　）。

A. 产品销售数量　　B. 产品售价

C. 生产成本　　D. 产品销售结构

2. 销售净利率的计算公式中，分子是（　　）。

A. 净利润　　B. 利润总额

C. 营业利润　　D. 息税前利润

3. 公司销售毛利率与去年基本一致，而销售净利率却有较大幅度下降，最有可能的原因是（　　）。

A. 期间费用上升　　B. 主营业务收入上升

C. 主营业务成本上升　　D. 其他业务利润下降

4. 以下可以作为公司获取收入、实现利润的首要因素是（　　）。

A. 销售价格　　B. 销售数量

C. 品种结构　　D. 销售成本

5. 资产收益率中的收益是指（　　）。

A. 税前利润　　B. 税后利润

C. 息税前利润　　D. 营业利润

6. 为尽可能剔除资本结构对长期资本收益率的影响，计算长期资本收益率时，分子应使用（　　）。

A. 税前利润加全部利息　　B. 税前利润加长期资本利息

C. 税前利润　　D. 税后利润

7. 以下不影响净资产收益率指标的是（　　）。

A. 权益乘数　　B. 销售净利率

C. 资产周转率　　D. 收益留存比例

8. 每股收益能够反映（　　）。

A. 资金的供应能力　　B. 股票所含的风险

C. 股东的投资报酬　　D. 公司的投资报酬

9. 当财务杠杆系数不变时，净资产收益率的变动率取决于（　　）。

A. 资产收益率的变动率　　B. 销售净利率的变动率

C. 资产净利润率的变动率　　D. 总资产周转率的变动率

10. 甲公司2006年初拥有发行在外的普通股1 500万股，当年3月31日增发新股500万股，公司在当年6月30日回购普通股200万股，则甲公司2006年发行在外的普通股加权平均数为（　　）万股。

A. 1 800　　B. 2 000　　C. 2 200　　D. 1 775

二、多项选择题

1. 公司的短期债权人进行盈利能力分析的目的是想了解（　　）。

A. 所投资净资产的增值程度　　B. 公司本期的盈利能力

C. 盈利能力的稳定持久性　　D. 盈利情况下的现金支付能力

E. 盈利潜力

2. 基本财务比率分析中用到的利润只包括公司正常经营活动赚取的利润，必须剔除非正常因素对利润的影响。这些非正常因素主要有（　　）。

A. 营业收入　　B. 非正常或非经常项目

C. 已经或将要停止经营的项目　　D. 非常项目

E. 会计准则和财务制度变更带来的累计影响

3. 某公司的销售毛利率近三年来连续大幅下降，可能的原因是（　　）。
A. 存货购入成本上升速度比售价上升速度慢
B. 存货购入成本上升速度比售价上升速度快
C. 因竞争降低了售价
D. 商品组合变动后包含了更多利润较低的产品
E. 发生了偷盗事件
4. 影响销售净利变化的因素主要有（　　）。
A. 销售数量　　B. 销售价格
C. 单位生产成本　　D. 销售品种结构
E. 期间费用
5. 盈利质量高的公司具有的特点包括（　　）。
A. 拥有持续的、稳健的会计政策，且该政策对公司财务状况和净利润的计量是谨慎的
B. 公司税前利润是由经常发生的与公司基本业务相关的交易所带来的
C. 会计上反映的销售能迅速转化为现金
D. 具有稳定的、可预测的能够反映未来利润水平的利润趋势
E. 披露的利润数目和使用者的目标相关
6. 反映股东投资报酬的财务指标有（　　）。
A. 资产收益率　　B. 长期资本收益率
C. 净资产收益率　　D. 每股收益
E. 资产负债率
7. 息税前利润是总资产收益率的正面影响因素，对其分析的内容包括（　　）。
A. 息税前利润总额　　B. 息税前利润的构成
C. 息税前利润的稳定性　　D. 营业利润
E. 税后利润
8. 下列关于每股收益的说法中，正确的有（　　）。
A. 每股收益可以反映股票所含的风险
B. 每股收益适宜不同行业公司间的横向比较
C. 每股收益多，不一定意味着分红多
D. 每股收益反映普通股的投资报酬
E. 每股收益反映全体股东的投资盈利能力
9. 盈利质量分析的主要内容包括（　　）。
A. 盈利的项目结构分析　　B. 盈利的业务结构分析

C. 资产运营效率分析　　　　D. 现金流量保障程度分析

E. 盈利的地区结构分析

三、判断题

1. 盈利能力分析中采用的利润指标就是利润表中的利润总额。（　）

2. 反映公司从销售收入中盈利能力的指标销售利润率，其计算公式的分子和分母之间必须具有内在的逻辑关系。（　）

3. 在进行销售净利率的影响因素分析时，不考虑营业税金的影响，说明其不重要。（　）

4. 成本费用相对于收入而言，是公司增强盈利能力的更为可控的关键因素。（　）

5. 市盈率反映了股价相当于每股净资产的倍数。（　）

6. 某公司去年的销售净利率为5.73%，资产周转率为2.17；今年的销售净利率为4.88%，资产周转率为2.88。若两年的资产负债率相同，则今年的净资产收益率与去年相比，表现为上升。（　）

7. 仅分析一年的总资产收益率不足以对公司资产的投资报酬作出全面评价。（　）

8. 某公司今年与上年相比销售收入增长10%，净利润增长8%，资产总额增加12%，负债比率增加9%，可以判断，该公司净资产收益率比上年提高了。（　）

9. 从股东的立场看，当资产收益率高于借款利息率时，负债比例越小越好，否则负债比例越大越好。（　）

10. 某上市公司2000年底流通在外的普通股股数为1 000万股，2001年1月31日以2000年底总股本为基数，实施10股送5股分红政策，红股于2月15日上市流通。2001年的净利润为400万元，则2001年每股收益为0.29元。（　）

四、名词解释

1. 盈利能力
2. 销售毛利率
3. 销售净利率
4. 总资产收益率
5. 净资产收益率
6. 投资收益率
7. 基本每股收益
8. 稀释每股收益
9. 盈利质量

10. 市盈率

五、简述题

1. 如何对销售净利率进行深入分析？
2. 影响总资产收益率的因素有哪些？它们是如何影响该指标的？
3. 提高净资产收益率的途径有哪些？
4. 财务杠杆对净资产收益率有何影响？
5. 每股收益指标有哪些主要作用？
6. 试述每股收益与净资产收益率在反映股东权益报酬功能上的异同。

案例讨论

应收账款票据化对公司价值的影响

近几年，以银行承兑汇票为主的商业汇票在中国的勃然兴起，对企业财务管理产生了重要影响。2006年8月公布的中国货币政策执行报告显示，2006年上半年，我国企业累计签发商业汇票2.71万亿元，同比增长30.25%，累计贴现额和未到期余额也都增长迅猛。应收票据的大量存在将对我国企业的财务价值产生什么样的影响呢？

以青岛海尔（600690）为例。图5—4显示，青岛海尔的资产总额除2001年增

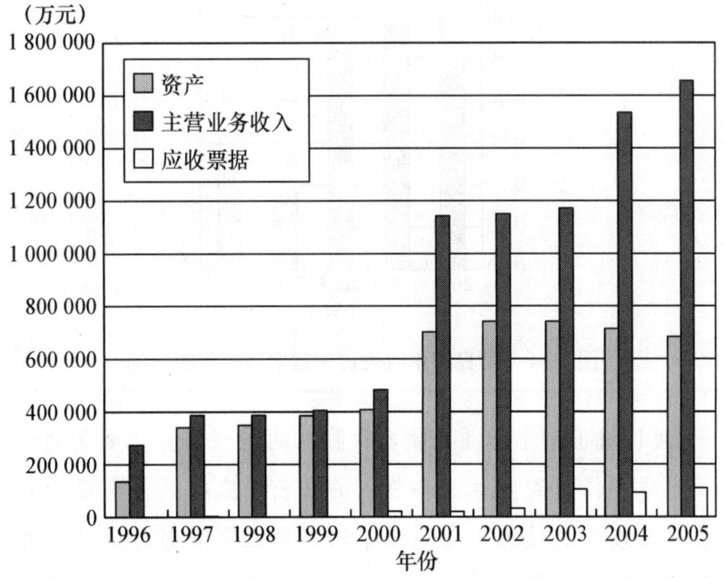

图5—4 青岛海尔近十年资产、主营业务收入与应收票据情况

长幅度较大以外，总体来看呈缓慢波动的趋势，尤其是近几年，青岛海尔的资产总规模呈现出平缓的下降趋势，而主营业务收入的增长则呈现明显的上升趋势，主营业务收入的增长速度远大于资产总规模的增长速度。伴随着公司主营业务收入增长的是应收票据余额的更大幅度的增长。尤其是2003年，应收票据余额较2002年增长了近两倍之多。可以计算出，青岛海尔资产总额2005年比十年前增长了416.34%，主营业务收入增长了524.40%，而应收票据余额增长了15 378.17%。

从图5—5可以看出，尽管青岛海尔的主营业务收入呈日益上升趋势，但是销售中的收现比例逐年降低，导致经营活动的现金流入呈下降趋势。图5—6则显示了青岛海尔主营业务收入与经营活动现金流入情况的对比，图形出现明显的喇叭口，主营业务收入与相关现金流入出现了严重偏离。由于在现金流量表中，经营活动产生的现金流入中，不仅包括本年度收到的现金，还包括以前年度应收票据、应收账款的收回和本年度预收账款的增加，因此，与本年度主营业务收入相匹配的现金流入要低于上述经营活动收到的现金金额，即青岛海尔的主营业务收入与收现的偏离程度实际上比图5—6显示的偏离程度还要大。据统计，在2005年主营业务收入与收现偏离度最大的十家上市公司中，青岛海尔位居榜首。

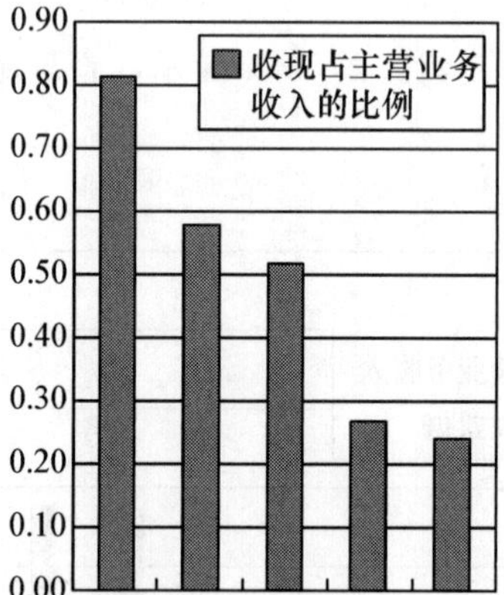

图5—5 青岛海尔收现占主营业务收入的比例

从图5—7可以看出，主营业务收入和收现的差额部分主要是通过应收票据来结算的，从而形成了伴随着主营业务收入的增长，应收票据大幅增长，且与主营业务收入规模日益接近的趋势。青岛海尔的商业汇票全部为银行承兑汇票。它为什么这么青睐银行承兑汇票呢？大量采用银行承兑汇票对公司有什么财务方面的价值？

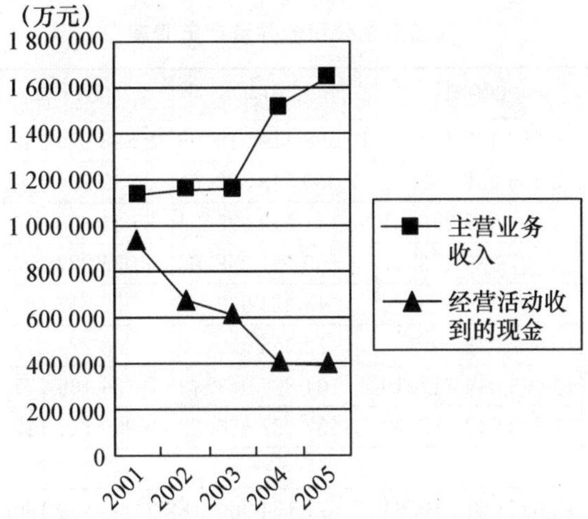

图 5—6　青岛海尔主营业务收入与经营活动现金流量

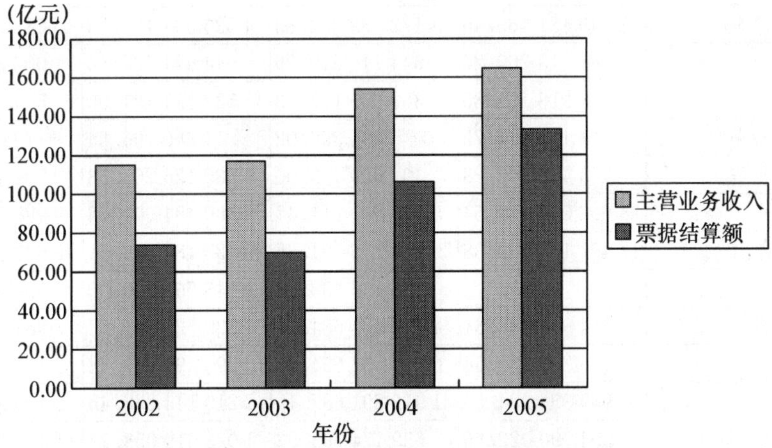

图 5—7　青岛海尔主营业务收入与票据结算额对照图

理论上，就商业汇票结算而言，如果使用银行承兑汇票，一方面，出票方要在银行留存相当数额的保证金存款，另一方面，收票方如提前承兑，还要支付承兑手续费，且占用银行信用额度，而且在承兑环节，银行往往还要审查与票据相关的真实交易背景，因此对于结算双方来讲程序复杂、成本较高。一般只有在结算双方相互信任程度较低的情况下才采用应收票据，如双方信任程度很高，使用应收账款结算方式即可。对青岛海尔来讲，事实果真如此吗？通过查阅青岛海尔 2005 年年报发现，青岛海尔的应收票据中，有 79.98%是应收其关联企业全国 42 家海尔工贸有限公司款项，双方信任度不可谓不高，因此它们之间使用票据结算肯定另有原因。

青岛海尔2009—2012年的有关财务数据如下：

青岛海尔公司合并资产负债表

单位：元

项　目	2009年	2010年	2011年	2012年
货币资金	6 282 453 462.87	10 098 119 515.96	12 888 270 252.98	16 283 769 901.77
应收票据	3 505 032 202.57	7 060 548 322.64	7 939 389 122.39	11 004 078 056.44
应收账款	1 204 649 240.74	2 141 519 625.34	3 081 828 050.72	4 196 720 339.90
预付账款	97 289 153.57	555 731 068.86	1 075 227 290.22	719 010 128.47
应收利息	—	43 624 935.98	72 517 490.96	59 117 038.94
应收股利	—	12 665 919.76	3 274 215.51	0.00
其他应收款	63 094 717.10	101 887 941.42	256 469 777.45	267 414 308.11
存货	1 742 542 533.99	3 557 067 650.22	5 969 111 117.43	7 098 645 195.69
其他流动资产	—	—	47 911 863.07	70 932 442.51
流动资产合计	12 895 061 310.84	23 571 164 980.18	31 333 999 180.73	39 699 687 411.83
可供出售金融资产	10 893 188.94	13 561 534.73	9 297 639.72	10 022 434.32
长期股权投资	1 527 259 286.09	1 078 317 683.37	1 700 888 490.75	2 201 823 654.12
投资性房地产	—	20 800 129.00	64 949 188.37	54 303 757.31
固定资产净额	2 449 481 465.46	3 172 289 232.83	4 536 601 196.26	5 282 765 216.81
在建工程	261 913 760.20	644 716 619.29	944 671 593.56	1 063 821 471.16
无形资产	197 918 351.85	363 255 177.23	532 311 421.95	564 593 266.71
长期待摊费用	1 160 314.72	391 366.02	11 640 106.64	76 839 238.22
递延所得税资产	153 464 852.28	402 659 469.00	589 125 265.53	734 460 245.94
非流动资产合计	4 602 091 219.54	5 695 991 211.47	8 389 484 902.78	9 988 629 284.59
资产总计	17 497 152 530.38	29 267 156 191.65	39 723 484 083.51	49 688 316 696.42
短期借款	—	861 136 338.00	1 143 766 000.00	1 097 959 250.00
应付票据	2 614 969 392.31	4 437 085 684.49	6 829 723 541.55	7 961 103 013.96
应付账款	3 156 892 711.66	6 399 534 654.84	10 090 494 599.78	13 117 026 894.48
预收账款	989 386 384.59	1 912 291 687.15	2 210 145 368.45	2 499 991 333.26
应付职工薪酬	294 790 022.66	639 174 709.92	1 023 319 058.17	1 199 693 897.64
应交税金	130 960 265.73	819 299 792.15	667 630 951.28	972 602 643.49
应付利息	—	16 935 042.08	8 803 031.87	7 487 285.61
应付股利	280 940 199.39	352 825 594.69	576 509 357.63	46 036 246.03
其他应付款	1 190 297 567.92	3 235 064 909.43	3 357 266 556.60	4 439 336 542.54
一年内到期的非流动负债	39 800 000.00	—	25 000 000.00	—
流动负债合计	8 698 036 544.26	18 673 348 412.75	25 932 658 465.33	31 341 237 107.01
长期借款	—	—	—	59 536 790.97
应付债券	—	—	669 849 052.60	699 642 611.95
预计负债	—	1 011 188 840.23	1 492 322 768.63	2 054 834 062.02
递延所得税负债	1 449 230.85	10 097 068.29	9 483 629.36	12 987 400.31
其他非流动负债	45 427 712.33	83 734 439.31	80 221 424.77	93 939 712.67
非流动负债合计	46 876 943.18	1 105 020 347.83	2 251 876 875.36	2 920 940 577.92

续前表

项　目	2009 年	2010 年	2011 年	2012 年
负债合计	8 744 913 487.44	19 778 368 760.58	28 184 535 340.69	34 262 177 684.93
股本	1 338 518 770.00	1 339 961 770.00	2 685 127 540.00	2 685 127 540.00
资本公积	3 030 528 900.82	1 780 902 468.97	271 275 201.97	426 721 414.68
盈余公积	1 231 756 067.77	1 461 577 982.87	1 667 412 210.58	1 727 375 073.05
未分配利润	2 119 929 744.91	2 429 017 390.24	3 695 505 793.52	6 270 265 162.62
外币报表折算差额	—	8 465 630.78	18 368 162.90	19 057 297.14
归属于母公司所有者权益合计	7 720 733 483.50	7 019 925 242.86	8 337 688 908.97	11 128 546 487.49
少数股东权益	1 031 505 559.44	2 468 862 188.21	3 201 259 833.85	4 297 592 524.00
股东权益合计	8 752 239 042.94	9 488 787 431.07	11 538 948 742.82	15 426 139 011.49
负债和股东权益总计	17 497 152 530.38	29 267 156 191.65	39 723 484 083.51	49 688 316 696.42

青岛海尔公司合并利润表　　单位：元

项　目	2009 年	2010 年	2011 年	2012 年
一、营业总收入	32 979 419 367.01	60 588 248 129.75	73 662 501 627.24	79 856 597 810.97
其中：营业收入	32 979 419 367.01	60 588 248 129.75	73 662 501 627.24	79 856 597 810.97
二、营业总成本	31 515 989 782.90	57 865 369 583.78	70 020 458 413.85	75 129 270 897.21
其中：营业成本	24 263 147 272.18	46 420 009 145.90	56 263 081 343.94	59 703 870 817.98
营业税金及附加	134 738 200.38	160 226 116.51	331 881 010.10	429 872 234.17
销售费用	4 984 187 508.44	7 815 461 209.67	9 099 342 578.93	9 628 798 167.66
管理费用	2 116 221 142.76	3 416 664 435.09	4 053 202 612.90	5 188 995 999.97
财务费用	—7 965 819.41	6 658 266.14	115 380 434.91	—22 147 108.29
资产减值损失	25 661 478.55	46 350 410.47	157 570 433.07	199 880 785.72
投资收益（损失以"—"号填列）	167 071 754.33	263 666 041.69	420 764 850.88	542 586 538.35
三、营业利润（亏损以"—"号填列）	1 630 501 338.44	2 986 544 587.66	4 062 808 064.27	5 269 913 452.11
加：营业外收入	116 134 297.88	737 470 704.78	369 722 503.94	197 365 194.82
减：营业外支出	6 485 256.04	11 708 789.80	18 988 725.84	39 010 123.54
其中：非流动资产处置损失	—	3 892 986.26	4 633 281.56	—
四、利润总额（亏损总额以"—"号填列）	1 740 150 380.28	3 712 306 502.64	4 413 541 842.37	5 428 268 523.39
减：所得税费用	365 542 251.25	888 022 311.38	765 879 164.87	1 067 657 942.46
五、净利润（净亏损以"—"号填列）	1 374 608 129.03	2 824 284 191.26	3 647 662 677.50	4 360 610 580.93
归属于母公司所有者的净利润	1 149 474 619.69	2 034 594 665.84	2 690 022 207.41	3 269 459 401.22
少数股东损益	225 133 509.34	789 689 525.42	957 640 470.09	1 091 151 179.71

续前表

项　目	2009年	2010年	2011年	2012年
六、每股收益：				
（一）基本每股收益	0.86	1.52	1.00	1.22
（二）稀释每股收益	0.86	1.51	1.00	1.22

青岛海尔公司合并现金流量表

单位：元

项　目	2009年	2010年	2011年	2012年
一、经营活动产生的现金流量：				
销售商品、提供劳务收到的现金	40 561 535 955.94	56 590 410 548.34	59 836 968 038.59	64 504 721 712.24
收到的税费返还	129 203 783.73	275 619 669.81	299 913 410.80	296 289 792.55
收到的其他与经营活动有关的现金	258 640 668.97	825 201 104.75	596 932 202.34	424 081 269.25
经营活动现金流入小计	40 949 380 408.64	57 691 231 322.90	60 733 813 651.73	65 225 092 774.04
购买商品、接受劳务支付的现金	24 988 417 302.52	39 223 188 707.54	38 705 234 287.74	41 864 116 926.94
支付给职工以及为职工支付的现金	2 876 329 411.43	4 004 260 489.83	5 147 545 097.91	5 613 514 868.05
支付的各项税费	2 619 402 358.54	2 630 243 198.63	3 726 906 431.74	4 942 780 264.01
支付的其他与经营活动有关的现金	4 904 205 579.13	6 249 913 529.56	6 954 152 811.20	7 285 888 852.63
经营活动现金流出小计	35 388 354 651.62	52 107 605 925.56	54 533 838 628.59	59 706 300 911.63
经营活动现金流量净额	5 561 025 757.02	5 583 625 397.34	6 199 975 023.14	5 518 791 862.41
二、投资活动产生的现金流量：				
收回投资所收到的现金		1 027 400.00	50 569 001.30	
取得投资收益所收到的现金	27 047 032.61	259 349 907.91	4 838 563.54	41 999 707.88
处置固定资产、无形资产和其他长期资产而收回的现金	21 660 360.00	5 361 119.39	3 216 409.76	4 523 844.21
处置子公司及其他营业单位收到的现金净额	—	1 955 800.00		
投资活动现金流入小计	48 707 392.61	267 694 227.30	58 623 974.60	46 523 552.09
购建固定资产、无形资产和其他长期资产所支付的现金	337 771 116.22	1 264 216 542.14	1 584 330 415.74	1 227 995 202.35
投资所支付的现金		2 533 908 805.19	2 986 335 687.06	
投资活动现金流出小计	337 771 116.22	3 798 125 347.33	4 570 666 102.80	1 227 995 202.35

续前表

项　目	2009 年	2010 年	2011 年	2012 年
投资活动产生的现金流量净额	−289 063 723.61	−3 530 431 120.03	−4 512 042 128.20	−1 181 471 650.26
三、筹资活动产生的现金流量：				
吸收投资所收到的现金	42 502 367.00	135 095 242.69	177 122 230.69	184 856 862.93
取得借款收到的现金	189 946 392.02	2 170 902 056.00	2 054 332 743.22	1 165 175 533.64
收到其他与筹资活动有关的现金				438 600 000.00
筹资活动现金流入小计	232 448 759.02	2 305 997 298.69	2 231 454 973.91	1 788 632 396.57
偿还债务所支付的现金	513 046 392.02	1 868 830 276.00	955 036 088.00	1 168 393 400.00
分配股利、利润或偿付利息支付的现金	342 993 362.58	608 296 645.77	514 846 565.01	1 088 774 744.83
支付其他与筹资活动有关的现金			6 324 276.46	
筹资活动现金流出小计	856 039 754.60	2 477 126 921.77	1 476 206 929.47	2 257 168 144.83
筹资活动产生的现金流量净额	−623 590 995.58	−171 129 623.08	755 248 044.44	−468 535 748.26
四、汇率变动对现金及现金等价物的影响	−3 111.84	−64 091 369.14	−66 130 227.25	−8 905 108.00
五、现金及现金等价物净增加额	4 648 367 925.99	1 817 973 285.09	2 377 050 712.13	3 859 879 355.89
加：期初现金及现金等价物余额	3 518 694 393.88	8 167 062 319.87	9 985 035 604.96	12 362 086 317.09
六、期末现金及现金等价物余额	8 167 062 319.87	9 985 035 604.96	12 362 086 317.09	16 221 965 672.98

青岛海尔 2009—2012 年底的股票价格和普通股股数

项　目	2009 年	2010 年	2011 年	2012 年
股价（元）	24.79	28.21	8.93	13.40
普通股股数（股）	1 338 518 770.00	1 339 961 770.00	2 685 127 540.00	2 685 127 540.00

青岛海尔 2012 年度分部收入概况

项目名称	营业收入（万元）	营业成本（万元）	毛利率（%）	占主营业务收入比例（%）
空调器（产品）	1 476 870.12	1 073 574.16	27.31	18.66
电冰箱（产品）	2 517 046.47	1 745 272.05	30.66	31.80
小家电（产品）	168 603.18	124 690.17	26.05	2.13
洗衣机（产品）	1 327 268.87	935 770.12	29.50	16.77
热水器（产品）	448 622.80	247 483.33	44.83	5.67
装备部品（产品）	717 176.16	639 419.17	10.84	9.06

续前表

项目名称	营业收入（万元）	营业成本（万元）	毛利率（%）	占主营业务收入比例（%）
渠道综合服务（产品）	1 259 616.24	1 163 561.57	7.63	15.91
国内地区（地区）	7 082 636.30	5 136 843.05	27.47	89.48
国外地区（地区）	832 567.53	792 927.52	4.76	10.52

青岛海尔 2011 年度分部收入概况

项目名称	营业收入（万元）	营业成本（万元）	毛利率（%）	占主营业务收入比例（%）
空调器（产品）	1 210 135.64	948 110.24	21.65	16.58
电冰箱（产品）	2 504 834.55	1 773 096.19	29.21	34.32
小家电（产品）	174 038.75	125 263.02	28.03	2.38
洗衣机（产品）	1 221 486.99	868 920.52	28.86	16.74
热水器（产品）	382 830.34	216 644.98	43.41	5.25
装备部品（产品）	830 724.02	751 248.38	9.57	11.38
渠道综合服务（产品）	974 195.78	904 290.41	7.18	13.35
国内地区（地区）	6 520 828.06	4 870 775.12	25.27	89.35
国外地区（地区）	777 418.02	716 798.61	7.80	10.65

讨论

1. 请计算青岛海尔 2010—2012 年的销售利润率、成本费用利润率、总资产收益率、净资产收益率、每股收益、市盈率、市净率、托宾 Q 值。

2. 请对青岛海尔 2010—2012 年的总资产利润率与净资产利润率进行趋势分析，说明其变动的主要原因。

3. 请计算青岛海尔 2010—2012 年的总资产周转率、权益乘数、销售净利率，分析这三个指标与各年的总资产收益率以及净资产收益率之间的关系，并说明关系存在的原理。

4. 请计算分析青岛海尔 2011 年、2012 年的业务结构状况，据以分析其盈利质量。

5. 请参照第 7 章内容，计算青岛海尔 2010—2012 年的现金比率、经营活动净现金比率、每股经营现金流量、净资产现金回收率、盈利现金比率和销售获现比率，并根据这些指标分析公司的盈利质量。

6. 请分析应收账款票据化对青岛海尔盈利能力与盈利质量的影响（提示：主要考虑坏账准备对损益的影响）。

7. 请根据上述分析及公司其他相关资料，综合评价青岛海尔的盈利能力、盈利质量、公司风险以及公司价值状况。

第6章

增长能力与风险分析

学习目的与要求

1. 了解公司增长与公司价值创造之间的关系。
2. 掌握公司实际增长率的计量指标与分析方法。
3. 掌握公司可持续增长能力的分析方法及其应用。

引导案例

蒙牛快速增长的秘密

在中国企业界，“蒙牛速度”是这几年最吸引人们眼球的经济名词之一。蒙牛创造了中国乳业市场最大的奇迹——1999年销售收入只有3 730万元，而2005年底这一数字预计超过百亿元。

2001年9月，蒙牛制定未来五年规划，牛根生将2006年的销售目标锁定为100亿元。此议一出，众皆哗然，因为蒙牛2000年的销售收入不到3亿元，而100亿元相当于中国乳业2000年总销售收入的半壁江山。有魄力的牛根生力排众议，通过了这个五年规划。要实现该规划，扩张型财务战略无疑是唯一选择，投资、筹资和风险控制是三大核心内容。

（一）投资

蒙牛在投资环节上有两大炼金术：一是虚拟联合；二是财务资源向营销及产品质量倾斜。

投资炼金术之一：虚拟联合

1999年蒙牛创立之时，注册资本只有100万元，面临的是“一无工厂，二无奶源，三无市场”的窘境。在这种情况下，蒙牛搞虚拟联合：与中科院联合，走产学研相结合的道路，开发产品，塑造品牌；与中间商联合，开辟全国大市场；自治区内外八家乳品企业则是自己的贴牌加工车间。

后来蒙牛将虚拟联合渗透到企业运营的各个方面。在有了自己的工厂后，虚拟联合在制造环节不断收缩，而在产业链的其他环节上却进一步延伸。截至2004年，参与蒙牛原料、产品运输的3 000多辆运货车、奶罐车、冷藏车，为蒙牛收购原奶的2 600多个奶站及配套设施，以及员工宿舍，合起来总价值达20多亿元，几乎没有一处是蒙牛自己掏钱做的，均由社会投资完成。

投资炼金术之二：财务资源向营销及产品质量倾斜

营销是蒙牛的核心竞争力之一，蒙牛对营销的财务支持不惜血本。1999年2月，牛根生当时共筹集到300万元，却毅然拿出100万元做广告。蒙牛产品1999年4月问世，5月初便与中央电视台签订了第一份广告合同，6月1日正式开播。1999年蒙牛总募集资金1 000多万元，其中300多万元打了广告，用1/3的钱去攻占消费者的心智资源。

此外，蒙牛对产品质量的财务支持不遗余力。蒙牛的产品战略是“产品质量的好坏等于人格品行的好坏”。初创阶段的蒙牛勒紧裤带建厂，资金捉襟见肘，而为了保证产品质量，不惜耗费巨资建起了国内首家“奶车桑拿浴车间”（光洗车的钱一年得额外支出300万～400万元）。“奶车桑拿浴车间”后来在保障牛奶原汁原味、胜出竞争对手方面，为蒙牛立下了汗马功劳。

（二）筹资

高增长企业的一个明显标志是销售高增长。面临销售高增长时，高增长企业往往出现极度的资金饥渴，这主要是因为销售增加通常会引起存货和应收账款等资产的增加。销售增长的张力越大，资金饥渴问题就越严重。为解决资金饥渴问题，蒙牛的资本线路走了其他企业曾经想也不敢想的道路：从民间资本到风险资本，到公众资本，再到产业资本。

面世不到半年，资金成为蒙牛发展的巨大瓶颈。与此同时，蒙牛开始向民间资本融资，并经历了一场有惊无险的非法集资风波。8月18日，内蒙古蒙牛乳业股份有限公司在内蒙古工商局注册成立，注册资本1 398万元，法定代表人牛根生，发起人共10位。

耐人寻味的是，此时的蒙牛虽然缺钱，但取之有道，与蒙牛价值理念尚未完全融合的人，送来的钱也要卡着收。这里隐藏着一个潜规则：新生的蒙牛要把企业话语权牢牢掌控在自己手中。

2002年12月19日，蒙牛将绣球抛向风险资本。美国摩根士丹利、香港鼎晖、英国英联三家公司一次性向蒙牛投资2 600多万美元（折合人民币2.16亿元），共持有蒙牛乳业约32%的股份。时隔一年，在2003年第四季度，这三家国际投资机构再次向蒙牛增资扩股3 500万美元。风险资本两次投资的背后，是令人眼花缭乱的财务安排。

摩根士丹利等三家投资商的良好国际背景，为蒙牛海外上市开辟了捷径。蒙牛股票于2004年6月10日在香港联合交易所成功上市，IPO融资近14亿港元。

2005年8月，春风得意的蒙牛开始对产业资本敞开怀抱，携手国际乳业巨头丹麦阿拉·福兹公司，共同合作生产以婴幼儿奶粉为主的高档配方奶粉。此次合作是以蒙牛的品牌、市场网络和五期工程的厂房为基础，以阿拉·福兹的技术、研发、管理为依托，两家共同投资5.4亿元人民币，引进国际一流设备，组建一个注册资本为1.8亿元人民币、设计规模为年产奶粉2万吨——国内属单体规模最大的奶粉厂。其中蒙牛占51%股份，阿拉·福兹占49%股份。

不断地筹资使蒙牛的资金流满足了高速发展的需要，从而使企业避免了面临困境、险境、绝境乃至死境的局面。

（三）风险控制

蒙牛在快速扩张规模的同时必然存在财务风险，而且集团已经退出各分子公司的具体经营，即放弃了事中实时控制，而变成指导管理，那么如何事前规避集团的财务风险？

风险控制系统是蒙牛扩张型财务战略的核心内容之一。该风险控制系统包括四大子系统：财务集中组织管理系统；信息系统；财务考评系统；资金、预算核算与管理系统。有效的风险控制系统不断化解蒙牛快速增长所带来的风险，保障了企业的快速增长。

即便如此，“三鹿奶粉”事件也给投资者一个警醒：需要密切关注蒙牛的经营风险与短期流动性风险。

蒙牛是如何实现高增长的？有什么风险？如何防范？对此你有什么评价？本章将给出分析框架与分析方法。

第1节 公司增长与公司价值

一、公司增长的含义

公司增长可以从狭义与广义两个层面研究：狭义层面是指公司自身如何快速

健康地成长；广义层面是指公司作为宏观经济的微观主体，如何与自然、人文和社会资源的可持续发展保持和谐统一。市场发达国家已经开始从广义层面探索公司长期成长机制，如美国证券交易委员会（SEC）所建立的道琼斯全球可持续发展指数（Dow Jones Sustainability Index），从经济、环境和社会等方面综合评价那些具有社会责任感的知名公司。另外，世界银行与国际金融公司的专家也为公司如何在复杂的人文社会环境下保持平衡稳定的增长制定了一套标准。然而从财务报表分析与价值评估的角度来看，对公司增长的研究主要解决公司狭义层面增长的问题。狭义层面的公司增长能力以及竞争优势、长期绩效成为保持我国经济健康快速发展、完善资本市场、保护投资者利益的基础与关键，因此，本章关于公司增长的内容限定在狭义层面。

狭义层面的公司增长是指单个公司价值的增长。由于衡量价值的指标不同，对公司增长驱动力的认识不同，公司增长有的着眼于销售的增长，有的着眼于收益的增长，有的着眼于资产的增长，有的着眼于公司股东权益的增长。对于上市公司来说，股本市值的增长、账面收益或资产的增长都可以体现公司的增长水平（如以市盈率或净资产倍率来衡量或预测公司增长水平）。

公司增长能力通常是指公司未来生产经营活动的发展趋势和发展潜能，包括公司的资产、销售收入、利润等方面的增长趋势和增长速度。从形成看，公司的增长能力主要是通过自身的生产经营活动，不断扩大积累而形成的，主要依托于不断增长的销售收入、不断增加的资金投入和不断创造的利润等。从结果看，一个增长能力强的公司能够不断为股东创造财富，不断增加公司价值。

二、公司增长与公司价值

传统的财务分析仅仅是从静态的角度出发来分析公司的财务状况，也就是只注重分析公司的偿债能力、营运能力、盈利能力，这在日益激烈的市场竞争中显然不够全面和充分。首先，公司价值在很大程度上取决于公司未来的盈利能力，取决于公司销售收入、收益和股利的未来增长，而不是取决于公司过去或目前所获得的收益情况。对于上市公司而言，股票价格固然受多种因素的影响，但从长远看，公司的未来增长趋势是决定公司股票价格上升的根本因素。其次，增长能力反映了公司目标与财务目标，是公司偿债能力、营运能力、盈利能力的综合体现。无论是增强公司的盈利水平和风险控制能力，还是提高公司的资产营运效率，都是为了公司未来的生存和发展的需要，都是为了提高公司的增长能力，因此要着眼于从动态的角度出发分析和预测公司的增长能力。

公司增长是宏观经济增长的基础、资本市场稳定发展的关键、公司利益相关者的利益保障，政府希望增长，股东要求增长，管理者追求增长，增长已成为公司战略制定与业绩评价的关键内容。然而，公司的增长不仅要求公司能够在激烈的市场竞争中不断提高创新能力，保持和增强自身的创新优势，而且要求财务资源的合理规划与组织，保证在资金上能够支持公司的可持续增长能力。因此，公司的技术、资源条件以及公司与特定环境的交互作用方式决定了公司可持续增长的速度，即在一定时期内（通常以一年来考察）公司的可增长速度在理论上应当有一个定数，公司的实际增长速度与这一理论定数相一致意味着其实际增长与自身的资源相协调。增长过快，会引起公司资源的紧张，从而导致公司陷入财务危机或破产；增长过慢，会使公司的资源不能有效利用，同样会引起公司的生存危机。理论界早就指出，“快速的增长可能导致公司的资源变得相当紧张，除非管理层意识到这一结果并且能够采取积极的措施加以控制，否则快速增长可能导致公司破产”（Robert C. Higgins，1977）。现实中公司对增长速度的过度追求，会导致公司管理层过度看重销售的增长，一味追求增长最大化，而很少考虑财务后果，没有意识到骑虎难下的风险。因此，一个公司没有增长是一种危险，这样会抑制公司价值创造的潜力，然而这种风险很容易被经营者所意识到并加以防范；同样，增长过速，容易使经营者沉醉于高速增长的快感中，从而掩盖了公司内部矛盾混乱的危险。在 2008 年以来的全球金融危机中破产的公司，大都是没有控制好增长的速度。

因此，公司增长能力与实际增长水平不仅是公司价值的关键来源，也是公司风险的重要测度，公司增长能力分析与风险能力分析是公司价值分析的核心内容，也是财务报表分析的重点。

三、公司增长能力分析的内容

与盈利能力一样，公司增长能力的大小同样是一个相对的概念，即分析期的股东权益、收益、销售收入和资产的增长是相对于上一期的股东权益、收益、销售收入和资产而言的。这种仅仅利用增长额表示的增长只能说明公司某一方面的增长幅度，而无法反映公司在其他方面的增长幅度，既不利于不同规模公司之间的横向对比，也不能准确反映公司的增长能力，因此在实践中通常使用增长率来进行公司增长能力分析。

使用增长率只是分析了公司实际增长速度，并没有很好地反映公司的可持续增长能力。因此只有通过分析公司可持续增长能力，并与公司实际增长速度进行对比，才能从更深层面解释公司的增长能力，揭示公司增长对公司价值以及公司风险的影响。快速增长很容易导致公司风险加大，尤其是融资约束下的高速增长即意味着负债不断增加，从而使资金链条不断收紧，财务风险不断加大，所以公司风险分析也是公司增长能力分析的重要方面。公司的可持续增长能力则体现了公司增长的潜在能力，超过可持续增长速度的增长意味着公司面临较大风险。因此公司增长能力与风险分析可以分为以下两方面内容：

第一，公司实际增长率分析。公司价值要获得增长，必须依赖于股东权益、收益、销售收入和资产等方面的不断增长。公司实际增长率分析就是通过计算和分析股东权益增长率、利润增长率、销售增长率、资产增长率等指标，分别衡量公司在股东权益、收益、销售收入、资产等方面的增长情况，并对其在股东权益、收益、销售收入、资产等方面的发展趋势进行评估。

第二，公司可持续增长能力分析。增长未必都会带来公司价值的提升，超过可持续增长率的增长不仅不能提升公司价值，还可能会导致公司风险过大从而增大公司陷入财务危机的概率。因此，通过定义可计算可持续增长率，并与公司实际增长速度进行比较，从而分析公司的增长能力与增长质量。公司的高速增长可能会使公司资金变得紧张，分析公司的增长速度与可持续增长率的差异情况，本身就是一种风险分析。

第2节 公司实际增长率分析

一、销售增长率

（一）销售增长率的内涵与计算

市场是公司生存和发展的空间，销售增长是公司增长的源泉。一个公司的销售情况越好，说明其在市场所占份额越大，公司生存和发展的市场空间也越大，因此可以用销售增长率来反映公司在销售方面的增长能力。销售增长率就是本期营业收入增加额与上期营业收入之比。其计算公式如下：

$$\text{销售增长率}=\frac{\text{本期营业收入增加额}}{\text{上期营业收入}}\times 100\%$$

该公式反映的是公司某个时期整体销售增长情况。销售增长率为正数，说明公司本期销售规模扩大，销售增长率越高，说明公司营业收入增长得越快，市场越有利；销售增长率为负数，则说明公司销售规模减小，销售增长率越低，说明市场越不利。

（二）销售增长率分析

在利用销售增长率来分析公司在销售方面的增长能力时，应该注意以下几个方面：

（1）要判断公司在销售方面是否具有良好的成长性，必须分析销售增长是否具有效益性。如果营业收入的增加主要依赖于资产的相应增长，也就是销售增长率低于资产增长率，说明这种销售增长是投入引致型，未必是市场开拓的结果，同时也反映公司在销售方面可持续增长能力不强。正常情况下，一个公司的销售增长率应高于其资产增长率，只有在这种条件下，才能说明公司在销售方面具有良好的成长性。

（2）要全面、正确地分析和判断一个公司营业收入的增长趋势和增长水平，必须对公司不同时期的销售增长率加以比较和分析。因为某个时期的销售增长率可能会受到一些偶然的和非正常的因素影响，而无法反映出公司实际的销售增长能力。

（3）可以利用某种产品销售增长率指标来观察公司的产品结构，进而分析公司的成长性。其计算公式如下：

$$某种产品销售增长率=\frac{某种产品本期营业收入增加额}{上期营业收入净额}\times 100\%$$

根据产品生命周期理论，每种产品的生命周期一般可以划分为四个阶段。每种产品在不同的阶段反映出的销售情况也不同：在投放期，由于产品研究开发成功，刚刚投入生产，因此该阶段的产品销售规模较小，而且增长比较缓慢，即某种产品销售增长率较低。在成长期，由于产品市场不断拓展，生产规模不断扩大，销售量迅速增加，因此该阶段的产品销售增长较快，即某种产品销售增长率较高。在成熟期，由于市场已经基本饱和，销售量趋于稳定，因此该阶段的产品销售将不再有大幅增长，即某种产品销售增长率与上一期相比变动不大。在衰退期，由于该产品的市场开始萎缩，因此该阶段的产品销售增长速度放慢甚至出现负增长，即某种产品销售增长率较上一期变动非常大，甚至表现为负数。根据这一原理，借助某种产品销售增长率指标，大致可以分析公司生产经营的产品所处的生命周期阶段，据此也可以预测公司发展前景。对一个具有良好发展前景的公司来说，较为理想的产品结构是“成熟一代，生产一代，储备一代，开发一代”。

例 6—1

根据中国石油公司财务报表的有关资料，分析该公司的销售增长率，有关数据如表 6—1 所示。

表 6—1　　中国石油公司销售增长率计算表　　金额单位：百万元

项　目	2012 年	2011 年	2010 年	2009 年	2008 年	2007 年
营业收入	2 195 296	2 003 843	1 465 415	1 019 275	1 072 604	836 353
本年营业收入增加额	191 453	538 428	446 140	－53 329	236 251	
销售增长率（%）	9.55	36.74	43.77	－4.97	28.25	

从表 6—1 可以看出，2010 年以来，公司销售规模不断扩大，营业收入从 2007 年的 836 353 百万元增加到 2012 年的 2 195 296 百万元，但从增长幅度来看，2010—2012 年的销售增长率呈持续下降趋势，2012 年的下降幅度最大，同比下降达 27.19%，主要原因是：1）受宏观经济形势影响，国内成品油需求增速总体放缓，柴油消费增速大幅下降。另外，中国政府对成品油价格进行了四升四降共八次调整，汽油、柴油标准品价格累计分别上调 250 元/吨和 290 元/吨。2）化工市场受欧债危机及其引起的全球经济二次探底担忧影响，市场需求萎缩，价格连续下降，化工行业难以摆脱低迷局面。3）国际市场需求不足，进出口贸易活跃程度下降。以上说明中国石油公司的销售增长速度减慢，市场对公司是不利的。但是市场需求的不足是否带来公司效益的下降，还需要分析利润增长率。

二、利润增长率

（一）利润增长率的内涵与计算

由于一个公司的价值主要取决于其盈利及增长能力，所以公司的收益增长是反映公司增长能力的重要方面。又由于收益可表现为息税前利润、营业利润、利润总额、净利润等多种指标，因此相应的利润增长率也具有不同的表现形式。在实际中，通常使用营业利润增长率、净利润增长率这两种比率。

营业利润增长率是本期营业利润增加额与上期营业利润之比，其计算公式如下：

$$\text{营业利润增长率}=\frac{\text{本期营业利润增加额}}{\text{上期营业利润}}\times 100\%$$

该公式反映的是公司营业利润增长情况。营业利润增长率为正数，说明公司本期营业利润增加，营业利润增长率越大，说明公司收益增长得越多；营业利润增长率为负数，则说明公司本期营业利润减少，收益降低。

由于净利润是公司经营业绩的综合评价结果，因此净利润的增长是公司成长性的基本表现。净利润增长率是本期净利润增加额与上期净利润之比，其计算公式如下：

$$\text{净利润增长率}=\frac{\text{本期净利润增加额}}{\text{上期净利润}}\times 100\%$$

该公式反映的是公司净利润增长情况。净利润增长率为正数，说明公司本期净利润增加，净利润增长率越大，说明公司收益增长得越多；净利润增长率为负数，则说明公司本期净利润减少，收益降低。

（二）利润增长率分析

要全面认识公司净利润的增长能力，还需要结合公司的营业利润增长情况进行分析。如果公司的净利润主要来源于营业利润，则表明公司产品获利能力较强，具有良好的增长能力；相反，如果公司的净利润不是主要来源于正常业务，而是来自营业外收入或者其他项目，说明公司的持续增长能力并不强。

要分析营业利润增长情况，应结合公司的营业收入增长情况。如果公司的营业利润增长率高于公司的销售增长率即营业收入增长率，说明公司正处于成长期，业务不断拓展，公司的盈利能力不断增强；反之，如果公司的营业利润增长率低于营业收入增长率，则反映公司营业成本、营业税费、期间费用等成本上升超过了营业收入的增长，说明公司的盈利能力并不强，公司发展潜力值得怀疑。

为了更准确地反映公司净利润和营业利润的增长趋势，应将公司连续多期的净利润增长率和营业利润增长率指标进行对比分析，这样可以排除个别时期偶然性或特殊性因素的影响，从而更加全面真实地揭示公司净利润和营业利润的增长情况。

例 6—2

根据中国石油公司财务报表的有关资料，分析该公司的利润增长能力，有关分析数据如表 6—2 和图 6—1 所示。

表 6—2　　中国石油公司利润增长率计算表　　金额单位：百万元

项　目	2012 年	2011 年	2010 年	2009 年	2008 年	2007 年
销售增长率（%）	9.55	36.74	43.77	−4.97	28.25	
营业利润	165 431	184 517	193 086	144 765	149 520	206 019
本年营业利润增加额	−19 086	−8 569	48 321	−4 755	−56 499	
营业利润增长率（%）	−10.34	−4.44	33.38	−3.18	−27.42	
净利润	130 618	146 007	150 675	106 378	126 097	154 311
本年净利润增加额	−15 389	−4 668	44 297	−19 719	−28 214	
净利润增长率（%）	−10.54	−3.10	41.64	−15.64	−18.28	

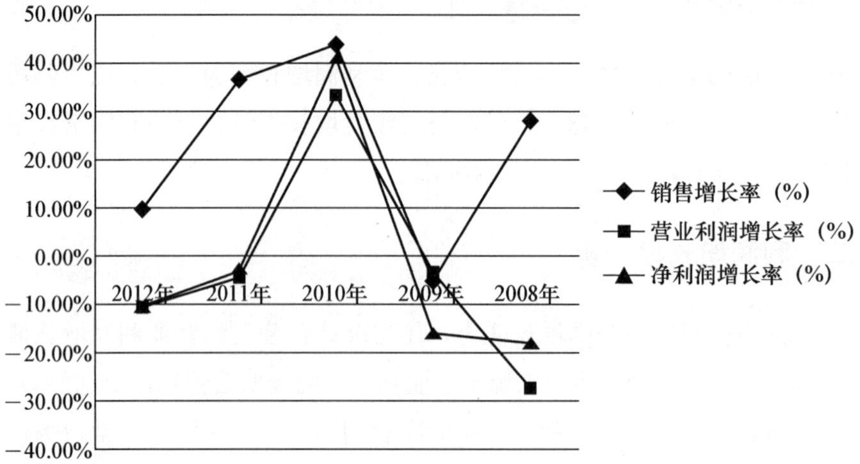

图 6—1　中国石油公司利润增长率分析图

首先，分析中国石油公司的营业利润增长率。从表 6—2 和图 6—1 可以看出，近几年该公司的营业利润增长率基本呈现为负值，并且营业利润增长率大多低于销售增长率，这反映了公司营业成本、营业税费、期间费用等成本的上升超过了营业收入的增长，说明公司未能有效地控制成本与费用，公司的盈利能力并不强，公司发展潜力值得怀疑。要探明更深层的原因，需要对公司市场与业务做更深入的考察。调查发现，主要是由于公司四个板块业务成本均有上升而导致业绩下降，其中：1）勘探与生产板块经营支出为 5 748.63 亿元，比 2011 年的 5 552.38 亿元增长 3.5%，其中，折旧、折耗及摊销比上年同期增加 157.70 亿元，油气操作成本比上年同期上升 2.2%。2）炼油与化工板块经营支出为 9 267.29 亿元，比 2011 年的 9 095.77 亿元增长 1.9%，其中，采购、服务及其他比上年同期增加 157.51 亿元，主要原因是外购原油、原料油及动力支出增加。2012 年炼油单位现金加工成本为 154.61 元/吨，比 2011 年的 146.27 元/吨增长 5.7%，主要原因是动力及添加剂成本上升，同时受国际原油价格高位运行、国内成品油价格宏观调控及炼化市场需求下行的影响，炼油与化工板块经营亏损435.11亿元。3）销售板块经营支出为18 741.67亿元，比2011年的16 724.77亿元增长12.1%，主要原因是油品贸易业务支出增加，同时受成品油市场需求不旺等因素影响而共同导致销售板块的经营亏损。4）天然气与管道板块经营支出为2 043.06亿元，比2011年的1 575.28亿元增长29.7%，主要原因是购气支出增加，同时受进口中亚天然气及液化天然气（LNG）亏损增大影响而共同导致天然气与管道板块的经营亏损。上述因素共同导致该公司成本效益降低并阻碍了公司的增长。

其次，分析该公司的净利润增长率。结合公司的营业利润增长率来看，除了2010年外，其余四年公司净利润增长率均呈现为负值，说明公司净利润持续减少，收益降低。同时，公司净利润的下降幅度基本与营业利润的下降幅度持平，说明这四年净利润的持续下降主要源于营业利润的大幅下降，公司的持续增长能力较弱。

综合以上分析可以看出，中国石油公司无论在营业利润还是净利润方面均不具备良好的增长能力，且表现为持续下降趋势，说明该公司未来持续增长的稳定性存在很大风险。

三、资产增长率

（一）资产增长率的内涵与计算

公司要增加销售收入，就需要增加资产投入。为了反映公司在资产投入方面的增长情况，可以利用资产增长率指标。资产增长率就是本期资产增加额与资产期初余额之比，其计算公式如下：

$$资产增长率=\frac{本期资产增加额}{资产期初余额}\times 100\%$$

资产增长率是用来考核公司资产投入增长幅度的财务指标。资产增长率为正数，说明公司本期资产规模增加，资产增长率越大，说明资产规模增加幅度越大；资产增长率为负数，则说明公司本期资产规模缩减，资产出现负增长。

（二）资产增长率分析

在对资产增长率进行具体分析时，应该注意以下几点：

(1) 公司资产增长率高并不意味着公司的资产规模增长就一定适当。评价一个公司的资产规模增长是否适当，必须结合销售增长、利润增长等情况一起分析。只有在公司的销售增长、利润增长超过资产规模增长的情况下，这种资产规模增长才属于效益型增长，才是适当的、正常的。

（2）要正确分析公司资产增长的来源。公司的资产一般来自负债和股东权益，在其他条件不变的情况下，无论是增加负债规模还是增加股东权益规模，都会提高资产增长率。如果一个公司的资产增长完全依赖于负债的增长，而股东权益项目在年度里没有发生变动或者变动不大，则说明公司不具备良好的发展潜力。从公司自身的角度看，公司资产的增长应该主要取决于公司盈利的增加。当然，盈利的增长能带来多大程度的资产增长还要视公司实行的股利政策而定。

（3）为全面认识公司资产规模的增长趋势和增长水平，应将公司不同时期的资产增长率加以比较。因为一个健康的处于成长期的公司，其资产规模应该是不断增长的，如果时增时减，则反映出公司的经营业务并不稳定，同时也说明公司不具备良好的增长能力。只有将一个公司不同时期的资产增长率加以比较，才能正确评价公司资产规模的增长能力。

例6—3

根据中国石油公司财务报表的有关资料，分析该公司资产增长能力，有关数据如表6—3所示。

表6—3　　中国石油公司资产增长率计算表　　金额单位：百万元

项　目	2012年	2011年	2010年	2009年	2008年	2007年
资产总额	2 168 837	1 917 528	1 656 368	1 450 742	1 196 962	1 069 135
资产增加额	251 309	261 160	205 626	253 780	127 827	
资产增长率（%）	13.11	15.77	14.17	21.20	11.96	
股东权益合计	1 180 766	1 082 566	1 010 101	908 111	848 439	783 402
股东权益增加额	98 200	72 465	101 990	59 672	65 037	
股东权益增加额占资产增加额比重（%）	39.08	27.75	49.60	23.51	50.88	

从表6—3可以看出，中国石油公司自2007年以来，其资产规模不断增加，从2007年的1 069 135百万元增加到2012年的2 168 837百万元，但近五年的资产增长率表现为时增时减，且公司资产规模增长速度整体呈现波动趋势，这说明公司的经营业务并不稳定，公司不具备良好的增长能力。

但是仅仅依据这一点，还是不能得出中国石油公司资产增长能力弱的结论。我们还必须分析该公司资产增长的效益性和资产增长的来源。资产增长的效益性分析，应结合销售增长分析和利润增长分析加以说明。由表6—2中的相关数据可知，2012 年的销售增长率和利润增长率均低于当年的资产增长率，这说明中国石油公司 2012 年的销售增长主要是依靠资产的追加投入取得的，公司的盈利能力较弱，资产的增长缺乏效益性。

中国石油公司资产增长的来源从表 6—3 中可以看出，2008—2012 年的股东权益增加额占资产增加额比重分别为 50.88%，23.51%，49.60%，27.75%和 39.08%，可看出该公司 2011 年和 2012 年股东权益增加额占资产增加额比重低于 2010 年，资产增长的大部分来自负债的增加，说明这两年资产增长的来源具有一定的风险。而 2012 年股东权益增加额占资产增加额比重与上年同期相比增长了 40.83%，尽管权益增长降低了公司风险，但并不能表明公司由内部积累产生的权益增长是理想的。

为全面认识公司资产规模的增长趋势和增长水平，应将公司不同时期的资产增长率加以比较。因为一个健康的处于成长期的公司，其资产规模应该是不断增长的，如果时增时减，则反映出公司的经营业务并不稳定，同时也说明公司不具备良好的增长能力。只有将一个公司不同时期的资产增长率加以比较，才能正确评价公司资产规模的增长能力。

四、股东权益增长率

（一）股东权益增长率的内涵与计算

股东权益增加是驱动剩余收益增长的因素之一，可以用比率表示。股东权益的增加就是期初余额到期末余额的变化，股东权益增长率能够解释这种变化。股东权益增长率是本期股东权益增加额与股东权益期初余额之比，也叫做资本积累率，其计算公式为：

$$\text{股东权益增长率}=\frac{\text{本期股东权益增加额}}{\text{股东权益期初余额}}\times 100\%$$

股东权益增长率越高，表明公司本期股东权益增加得越多；股东权益增长率越低，表明公司本期股东权益增加得越少。

（二）股东权益增长率分析

股东权益的增长主要来源于经营活动产生的净利润和融资活动产生的股东净支付。所谓股东净支付，就是股东对公司当年的新增投资扣除当年发放股利后的余额。这样股东权益增长率还可以表示为：

$$股东权益增长率=\frac{本期股东权益增加额}{股东权益期初余额}\times 100\%$$

$$=\frac{净利润+(股东新增投资-支付股东股利)}{股东权益期初余额}\times 100\%$$

$$=\frac{净利润+股东净支付}{股东权益期初余额}\times 100\%$$

$$=净资产收益率+股东净投资率$$

公式中的净资产收益率和股东净投资率都是以股东权益期初余额作为分母计算的。从公式中可以看出股东权益增长率受净资产收益率和股东净投资率这两个因素驱动。其中，净资产收益率反映了公司运用股东投入资本创造收益的能力，而股东净投资率反映了公司利用股东新投资的程度，这两个比率的高低都反映了对股东权益增长的贡献程度。从根本上说，一个公司的股东权益增长应该主要依赖于公司运用股东投入资本所创造的收益。尽管一个公司的价值在短期内可以通过筹集和投入尽可能多的资本获得增加，并且这种行为在扩大公司规模的同时也有利于经营者，但是这种策略通常不符合股东的最佳利益，因为它忽视了权益资本具有机会成本并应获得合理投资报酬的事实。

为正确判断和预测公司股东权益规模的发展趋势和发展水平，应将公司不同时期的股东权益增长率加以比较。因为一个持续增长型公司，其股东权益应该是不断增长的，如果时增时减，则反映出公司发展不稳定，同时也说明公司并不具备良好的增长能力。因此仅仅计算和分析某个时期的股东权益增长率是不全面的，应利用趋势分析法将一个公司不同时期的股东权益增长率加以比较，从而正确评价公司的增长能力。

例 6—4

根据中国石油公司财务报表的有关资料，分析该公司股东权益增长能力，有关数据如表 6—4 和图 6—2 所示。

表 6—4　　中国石油公司股东权益增长率计算表　　金额单位：百万元

项　目	2012 年	2011 年	2010 年	2009 年	2008 年	2007 年
股东权益合计	1 180 766	1 082 566	1 010 101	908 111	848 439	783 402
股东权益增加额	98 200	72 465	101 990	59 672	65 037	
股东权益增长率	9.07%	7.17%	11.23%	7.03%	8.30%	
净资产收益率	12.07%	14.45%	16.59%	12.54%	16.10%	

注：$净资产收益率=\frac{净利润}{股东权益期初余额}\times 100\%$

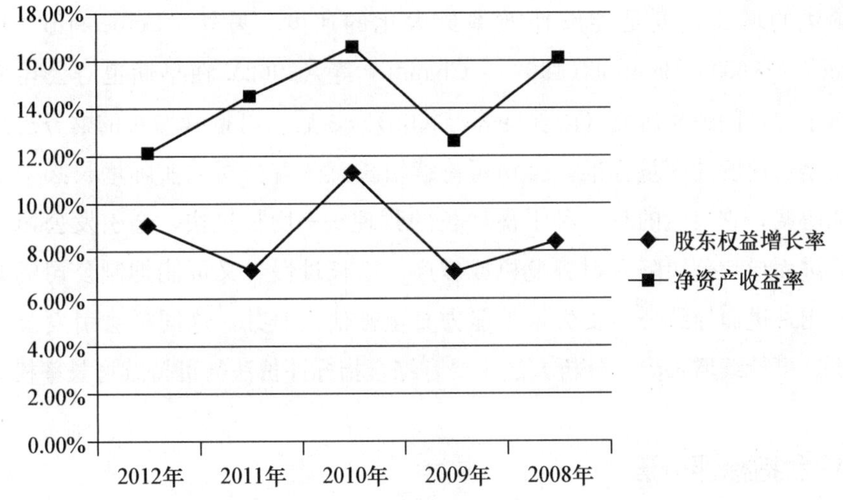

图 6—2　中国石油公司股东权益增长率分析图

从表 6—4 和图 6—2 可以看出，中国石油公司自 2007 年以来，其股东权益总额不断增加，从 2007 年的 783 402 百万元增加到 2012 年的 1 180 766 百万元。但公司 2008 年以来的股东权益增长率表现为时增时减，这反映出公司发展不稳定，同时也说明公司并不具备良好的增长能力。

进一步分析中国石油公司股东权益变化的原因，可以发现，2010—2012 年的净资产收益率不断下降，且在股东权益增长率中占有一定比重，这进一步说明公司股东权益的下降主要源于净利润的减少，公司难以依靠自身创造收益。据此可以判断该公司在股东权益方面缺乏增长能力，公司难以保持良好的发展势头。

第 3 节　公司可持续增长能力分析

公司可持续增长能力分析的实质是研究公司增长的合理速度以及公司增长的原动力问题。公司增长速度很早就被理论界所关注，Edith Penrose（1959）指出，扩张的最大极限是由公司为扩张储备的现有管理服务与管理服务的资金边际①之比所决定的，扩张需要的管理服务依赖于扩张本身的性质、特点、市场环境、业务创新与继承以及扩张方式，并特别强调了公司拥有的能够拓展其生产机会的知识积累的重要性。R. L. Marris（1960）进一步指出，公司的内部资源制约着公司的

① 即每 1 美元所需要的管理服务。

成长速度；若要保持效率，公司不可能仅通过快速招募的方式实现无限快速的增长；最优的增长速度是能够使效率最大化的速度。另外，Leibenstin（1960），Starbuck（1965），Baumol（1967），Chandler 等（1962）在早期也对公司成长的速度做了定性阐述和研究（汤谷良等，2005）。之后，可持续增长的财务思想就成了公司增长速度的衡量标准。公司可持续增长意味着公司的实际增长必须和自身资源相协调，它表达的是一种平衡增长的哲理——增长过快，会引发公司资源的紧张，进而导致公司陷入财务危机或破产；增长过慢，又可能抑制公司资源得到有效利用，进而导致公司丧失增长能力直至被他人兼并，这同样会引发公司的生存危机。可持续增长能力分析方法主要有综合指标评价法与可持续增长率模型法。

一、综合指标评价法

要分析公司的可持续增长能力，仅靠对公司增长能力进行单项分析是不够的。原因在于：其一，股东权益增长率、利润增长率、销售增长率和资产增长率等指标只是从股东权益、收益、营业收入和资产等不同侧面考察公司的增长能力，不足以涵盖公司增长能力的全部；其二，股东权益增长率、利润增长率、销售增长率和资产增长率等指标之间相互作用、相互影响，不能截然分开。因此，在实际运用时，只有把四种类型的增长率指标相互联系起来进行综合分析，才能正确评价一个公司的整体增长能力。综合指标评价法的思路是：

第一，分别计算股东权益增长率、利润增长率、销售增长率和资产增长率等指标的实际值。

第二，分别将上述增长率指标实际值与以前不同时期增长率数值、同行业平均水平进行比较，分析公司在股东权益、收益、营业收入和资产等方面的增长能力。

第三，考察股东权益增长率、利润增长率、销售增长率和资产增长率等指标之间的关系，判断不同方面增长的效益性以及它们之间的协调性。

第四，根据以上分析结果，运用一定的分析标准，判断公司的可持续增长能力。一般而言，只有当公司的股东权益增长率、资产增长率、销售增长率、利润增长率保持同步增长，且不低于行业平均水平时，才可以判断这个公司具有良好的可持续增长能力。

例 6—5

根据中国石油公司 2008—2012 年的销售增长率、营业利润增长率、净利润增长率、资产增长率和股东权益增长率等指标的实际值分析该公司的可持续增长能力，有关分析数据如表6—5所示。

表6—5 中国石油公司2008—2012年单项增长率一览表

项　目	2012年	2011年	2010年	2009年	2008年
销售增长率	9.55%	36.74%	43.77%	−4.97%	28.25%
营业利润增长率	−10.34%	−4.44%	33.38%	−3.18%	−27.42%
净利润增长率	−10.54%	−3.10%	41.64%	−15.64%	−18.28%
资产增长率	13.11%	15.77%	14.17%	21.20%	11.96%
股东权益增长率	9.07%	7.17%	11.23%	7.03%	8.30%

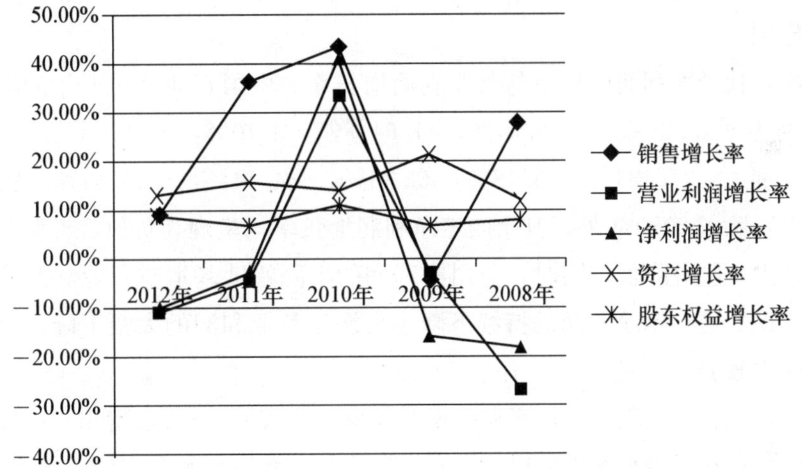

图6—3 中国石油公司2008—2012单项增长率分析图

根据表6—5和图6—3可知，中国石油公司2010年以来销售增长率、营业利润增长率、净利润增长率均呈下降趋势，说明公司2010—2012年的营业收入、利润一直都在下降。销售增长率2012年同比下降高达27.19%，主要是国内成品油需求增速总体放缓，国际市场需求不足，进出口贸易活跃程度下降所致。观察表6—5可以发现，公司2011年和2012年营业利润增长率、净利润增长率都为负值，营业利润和净利润呈现加速下降的趋势，各指标年度变化幅度较大。而资产增长率和股东权益增长率均表现为时增时减的趋势，说明公司的经营业务并不稳定。

再考察各种类型的增长率之间的关系。首先，比较销售增长率和资产增长率，从表6—5可以看出，中国石油公司2010—2011年的销售增长率分别为43.77%和36.74%，资产增长率分别为14.17%和15.77%，可以看出公司这两年的销售增长率均高于资产增长率，说明公司的销售增长并不是主要依赖于资产投入的增加，因此具有一定的效益性。而公司 2012 年的销售增长率为 9.55%，资产增长率为 13.11%，销售增长率低于资产增长率，反映出当年公司销售增长主要依赖于资产投入的增加，因此缺乏效益性。

其次，比较股东权益增长率与净利润增长率。中国石油公司五年的股东权益增长率分别为 8.30%，7.03%，11.23%，7.17%，9.07%，净利润增长率分别为 −18.28%，−15.64%，41.64%，−3.10%，−10.54%。可以看出该公司除了 2010 年外，其余四年的净利润增长率均低于股东权益增长率，且净利润增长率均为负值，一方面，说明公司这四年的股东权益增长并不是来自生产经营活动创造的净利润，公司难以依靠自身创造收益；另一方面，股东权益增长率与净利润增长率之间出现一定的差异，可能是由分配利润所导致的，应进一步分析二者出现差异的原因。

再次，比较净利润增长率与营业利润增长率。中国石油公司五年的净利润增长率分别为−18.28%，−15.64%，41.64%，−3.10%，−10.54%，营业利润增长率分别为−27.42%，−3.18%，33.38%，−4.44%，−10.34%。从表 6—5 可以看出，除了 2010 年外，其余四年净利润增长率均呈现为负值，说明公司净利润持续减少，收益降低，同时，公司净利润的下降幅度基本与营业利润的下降幅度持平，说明这四年净利润的持续下降主要源于营业利润的大幅下降，公司的持续增长能力较弱。

最后，比较营业利润增长率和销售增长率。从表 6—5 可以看出，中国石油公司四年的营业利润增长率均呈现为负值，且营业利润增长率大多低于销售增长率，这反映了公司营业成本、营业税费、期间费用等成本的上升超过了营业收入的增长，说明公司这几年未能有效地控制成本与费用，公司的盈利能力减弱，其发展潜力值得怀疑。

通过以上分析，对中国石油公司的增长能力可以得出一个初步的结论：公司 2010—2012 年的销售增长率、营业利润增长率、净利润增长率、资产增长率、股东权益增长率大多呈下降趋势，尤其是利润均呈现为负增长，说明公司近几年管理效率低下，经营业绩持续下降，公司缺乏一定的增长能力。当然，考虑到公司增长能力还受许多其他复杂因素的影响，因此要得到关于公司增长能力的更为准确的结论，还需要利用更多的资料进行更加深入的分析，如行业分析、公司战略分析等。

二、可持续增长率模型法

运用综合指标分析法判断公司可持续增长能力，主观性较强，且没有一定的理论标准，在实际操作中有一定困难。针对这种缺陷，下面介绍可持续增长率模型法。

（一）增长率与资金需求

公司要以增长求生存，销售增长是任何企业都无法回避的问题。公司增长的财务意义是资金增长。销售增长时公司往往需要补充资金，这是因为资产是销售收入的基础，资产的投资需要资金。销售增长得越多，需要的资金越多。从资金来源上看，公司增长的实现方式有以下三种。

1. 完全依靠内部资金增长

不管公司是由于不愿借款还是借不到款，它们主要依靠内部积累实现增长。但是由于内部财务资源是有限的，因此往往会限制公司的增长，从而使公司无法充分利用内外财务资源来增加公司财富。

2. 主要依靠外部资金增长

从外部融资，包括增加债务和股东投资，都可以提高公司增长率。主要依靠外部资金实现增长是不能持久的。增加负债会使公司的财务风险增加，资本结构恶化，融资能力下降，最终会使公司完全丧失借款能力。增加股东投入资本不仅会分散公司控制权，而且会稀释每股收益，除非增加的资本投资于具有更高回报的项目，否则不能增加公司价值。

3. 平衡增长

平衡增长就是保持目前的资本结构和与此有关的财务风险，按照股东权益的增长比例增加借款，以此支持销售增长，一般不会耗尽公司的财务资源，是一种可持续的增长方式。

（二）内含增长率

所谓内含增长率（internal growth rate）是指在公司完全不对外融资的情况下其预测增长率的最高水平。由于公司的成长必须伴随着额外资金的注入，因此从内含增长率可以知道——仅利用留存收益来支付所需增加的资产时，公司最多能有多大的成长空间。从图 6—4 可以看出，内含增长率就是预测资产增量与预测留存收益增量两条线的交点。不过在数学上，我们可以用下列公式计算出内含增长率：

$$内含增长率=ROA\cdot b$$

式中，*ROA* 代表总资产净利率；*b* 代表留存收益比率，其值等于 1－股利发放率。

例 6—6

根据中国石油公司财务报表的有关资料，计算并分析该公司的内含增长率，有关数据如表 6—6 和图 6—4 所示。

表 6—6　　中国石油公司内含增长率计算表　　金额单位：百万元

项　目	2012 年	2011 年	规模变动情况		2010 年
			增减额	增减率	
总资产净利率	5.64%	7.44%	−1.80%	−24.19%	9.00%
股利发放率	25.72%	20.64%	5.08%	24.61%	15.92%
内含增长率	4.19%	5.90%	−1.71%	−29.05%	7.57%
营业收入	2 195 296	2 003 843	191 453	9.55%	1 465 415
可实现最大销售额的增长	91 970	118 315	−26 345	−22.27%	110 891

从表 6—6 可以看出，中国石油公司 2010—2012 年的内含增长率分别为 7.57%，5.90%和 4.19%，该数据表示公司在不对外融资的情况下仍可以保持 7.57%，5.90%和 4.19%的增长率。由于该公司 2010—2012 年的营业收入分别为 1 465 415 百万元、2 003 843 百万元和 2 195 296 百万元，因此，可以得出中国石油公司近三年可实现最大销售额的增长分别为 110 891 百万元、118 315 百万元和 91 970 百万元。

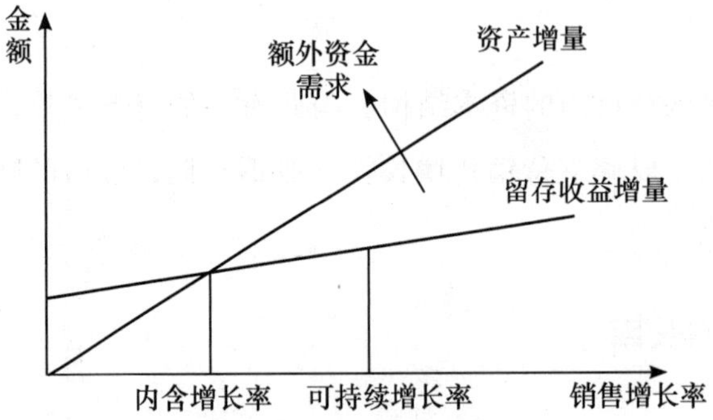

图 6—4　内含增长率与可持续增长率之间的关系

说明：当公司不使用任何外部资金时，其成长空间较小，见上图左边的内含增长率；而当公司有条件引入负债资金时，其受限的增长率比完全不使用任何外部资金时的内含增长率更大，称为可持续增长率。

（三）可持续增长率

Robert C. Higgins（1977）首次提出可持续增长率（sustainable growth rate,

SGR）的概念。所谓可持续增长率指的是在公司维持某一固定的资产负债率的前提下，不对外发行新股融资时其增长率的最高值。进一步而言，可持续增长率考察的是在限制新股发行数量的条件下，销售额增长的极限值。这意味着每一个设定的股东权益值都会对应一个可持续增长率。例如，假设 A 公司目前设定的理想资产负债率为 60%，若目前的总股东权益有 400 万元，总负债有 500 万元，则可持续增长率是在控制总股东权益不变的情况下，增加总负债到 600 万元时（使资产负债率维持在 60%）公司享有的最大增长率；同样，若目前总股东权益为 600 万元，则可持续增长率是在相同限制下，增加总负债到 900 万元时公司享有的最大增长率。

为什么要限制新股的发行数量呢（即为何不发行新股融资）？通常公司为维持最佳资本结构的相对融资比例，了解运用财务杠杆的剩余空间并且新股的发行成本较高，不太愿意采用股票融资。因此，可持续增长率可告知管理者在采用股票融资之前，公司还有多少成长空间。

可持续增长率可通过公式计算得到。此公式与内含增长率公式相似，只是将其中 *ROA* 换成了净资产收益率（*ROE*）。其公式如下：

$$可持续增长率=ROE \cdot b$$

式中，*ROE* 代表净资产收益率，在杜邦分析体系中：*ROE*＝销售净利率×总资产周转率×权益乘数；*b* 代表留存收益比率，其值等于 1－股利发放率。

上述公式表明：公司在保持目前经营和财务战略的条件下，公司的利润在下一个会计年度最多只能按照可持续增长率的速度增长。或者说，公司未来一年的利润增长率不可能大于本年度净资产收益率。也就是说，如果公司不发放股利的话，可持续增长率最多等于净资产收益率。可持续增长率越高，意味着公司的未来利润的增长速度越快，反之则越慢。

例 6—7

根据中国石油公司财务报表的有关资料，计算并分析该公司的可持续增长率，有关数据如表 6—7 所示。

表 6—7　　中国石油公司可持续增长率计算表

项　目	2012 年	2011 年	规模变动情况		2010 年
			增减额	增减率	
净资产收益率	11.54%	13.95%	−2.41%	−17.28%	15.71%
股利发放率	20.80%	22.66%	−1.86%	−8.21%	24.02%
可持续增长率	9.14%	10.79%	−1.65%	−15.29%	11.94%

从表6—7可以看出，中国石油公司2010—2012年的可持续增长率分别为11.94%，10.79%和9.14%，表明该公司这三年可以在不向外发行新股的情况下，分别达到11.94%，10.79%和9.14%的可持续增长率。这是在控制资本结构的条件下，公司使用财务杠杆所能够达到的最大增长率，同时表明公司这三年的可持续增长能力呈逐年下降趋势。

在介绍过内含增长率和可持续增长率之后，由上述两个增长率的公式可以发现，当 b 值越大（提高盈余保留率，减少股利发放）且 ROA 或 ROE 越高时，增长率越大。而在杜邦分析体系中，由于 ROE=销售净利率×总资产周转率×权益乘数，因此提高销售净利率、总资产周转率或扩大权益乘数都可以提高 ROE，管理层可以通过影响这些指标的财务政策（如举债融资的适度使用）的运用来达到公司持续成长的目的。管理者在确定成长目标后，应仔细审视目前的财务政策是否已作适当的调整，这样才能使公司早日实现所设定的成长目标。

（四）维持增长率与增长管理

公司增长离不开可持续增长率。当公司实际增长超过可持续增长时，会面临资金的压力；而当公司实际增长低于可持续增长时，表明市场在萎缩，公司必须调整自身的经营战略。因此，如何面对各种不同的情况，从财务上实施有效的管理，是财务规划必须解决的问题。

从影响可持续增长率的各种因素不难分析出，不同的增长模式都会有相应的财务规划与策略。图6—5列示了不同情形下的财务规划与策略，它只是为公司成长管理提供一个可行的框架。

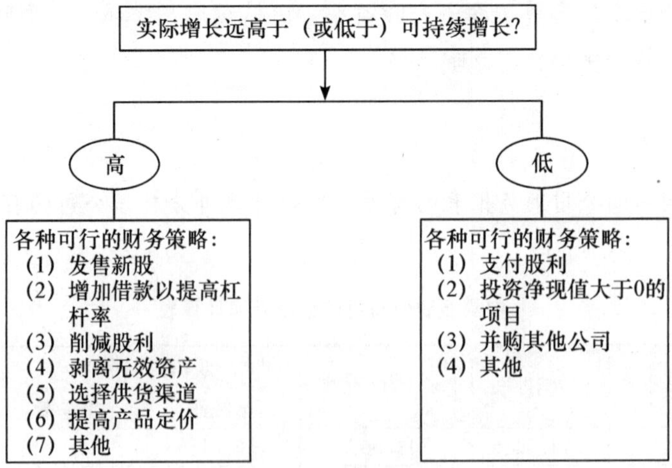

图6—5 成长管理框架

本章小结

公司增长能力通常是指公司未来生产经营活动的发展趋势和发展潜能，包括公司的资产、销售收入、利润等方面的增长趋势和增长速度，因此，公司盈利与风险均衡发展的结果就是公司增长，公司价值最终是由公司的增长能力所决定的。

公司增长可以从狭义与广义两个层面研究，本章只研究狭义层面的增长。狭义层面的公司增长是指单个公司价值的增长。由于衡量价值的指标不同，对公司增长驱动力的认识不同，公司增长有的着眼于销售的增长，有的着眼于收益的增长，有的着眼于资产的增长，有的着眼于公司股东权益的增长。

公司增长能力与实际增长水平不仅是公司价值的关键来源，也是公司风险的重要测度，公司增长能力分析与风险能力分析是公司价值分析的核心内容，也是财务报表分析的重点。

公司增长能力分析的内容包括公司实际增长率分析和公司可持续增长能力分析。公司实际增长率分析包括销售增长率、利润增长率、资产增长率、股东权益增长率分析；可持续增长能力分析包括综合指标评价法和可持续增长率模型法。

公司增长的财务意义是资金增长。从资金来源上看，公司增长的实现方式有三种：完全依靠内部资金增长，主要依靠外部资金，平衡增长。

内含增长率是指在公司完全不对外融资的情况下其预测增长率的最高水平。可持续增长率指的是在公司维持某一固定的资产负债率的前提下，不对外发行新股融资时其增长率的最高值。

公司增长离不开可持续增长率。当公司实际增长超过可持续增长时，会面临资金的压力；而当公司实际增长低于可持续增长时，表明市场在萎缩，公司必须调整自身的经营战略。因此，如何面对各种不同的情况，从财务上实施有效的管理，是财务规划必须解决的问题。

思考与练习

一、单项选择题

1. 从长期来看，公司的价值取决于（　　）。

A. 当期盈利　　　　B. 增长能力

C. 偿债能力　　　　D. 营运能力

2. 公司增长能力的最根本的驱动因素是（　　）。

A. 销售增长　　B. 资产增长

C. 净资产增长　　D. 负债增长

3. 在公司完全不对外融资的情况下其预测的最高增长率是（　　）。

A. 股东权益增长率　　B. 利润增长率

C. 内含增长率　　D. 可持续增长率

4. 当实际增长率高于可持续增长率时，公司应当采取的措施是（　　）。

A. 支付股利　　B. 投资新的项目

C. 并购其他公司　　D. 剥离无效资产

5. 公司增长越快，（　　）越高。

A. 净利润　　B. 公司价值

C. 风险　　D. 资产回报率

6. 某公司上年销售收入为1 000万元，若预计下一年产品价格会提高5%，公司销售量增长10%，所确定的外部融资占销售收入的比例为25%，则相应外部应追加的资金为（　　）万元。

A. 38.75　　B. 37.5　　C. 25　　D. 25.75

7. 某公司2008年的*ROE*为20%，可持续增长率为10%，则公司2008年的股利发放率为（　　）。

A. 20.8%　　B. 50%　　C. 68.2%　　D. 45.5%

8. 同一公司同一年度的内含增长率与可持续增长率之间的关系是（　　）。

A. 内含增长率大于可持续增长率

B. 内含增长率小于可持续增长率

C. 内含增长率与可持续增长率大小关系不确定

D. 内含增长率有时会与可持续增长率相等

二、多项选择题

1. 公司增长通常可以由（　　）来衡量。

A. 销售增长率　　B. 利润增长率

C. 资产增长率　　D. 股东权益增长率

E. 市盈率

2. 从资金来源上看，公司增长与资金需求的关系有（　　）。

A. 完全依靠内部资金增长　　B. 主要依靠债权资金增长

C. 主要依靠权益资金增长　　D. 平衡增长

E. 依靠销售收入增长

3. 当公司实际增长率高于可持续增长率时，意味着（　　）。

A. 公司陷入财务危机的概率增大　B. 公司价值最大化

C. 公司可能会不断耗尽财务资源　D. 公司盈利最大化

E. 公司资金需求增加

4. 公司外部融资需求取决于（　　）。

A. 销售的增长　B. 股利发放率

C. 销售净利率　D. 目标资本结构

E. 总资产周转率

5. 导致公司实际增长率过高的业务有（　　）。

A. 并购其他公司　B. 引入新的生产线

C. 储备资产　D. 支付股利

E. 多元化经营

三、判断题

1. 若公司不从外部增发股票，则必然引起资产负债率下降。（　　）

2. 可持续增长的概念不是说公司的实际增长率不可以高于或低于可持续增长率。（　　）

3. 公司增长的快慢会影响公司盈利和风险的均衡。（　　）

4. 公司销售的增长一定会带来公司盈利的增长。（　　）

5. 公司盈利的增长一定会导致公司价值最大化。（　　）

四、名词解释

1. 公司增长

2. 销售增长率

3. 利润增长率

4. 资产增长率

5. 股东权益增长率

6. 内含增长率

7. 可持续增长率

8. 增长管理

五、简述题

1. 简述公司增长与公司价值的关系。

2. 公司的实际增长率有哪些衡量指标？各有什么优缺点？

3. 为什么在分析销售增长率时要结合利润增长率分析？

4. 简述综合指标评价法的思路与局限性。

5. 可持续增长率的决定因素有哪些？

案例讨论

燕京啤酒的兼并扩张创造公司价值了吗？（一）

1997年5月，燕京啤酒集团公司下属的燕京啤酒股份有限公司（以下简称燕京啤酒）成功地参加了北京控股有限公司在香港的红筹股上市，不久又在深圳A股上市。几年来，燕京通过上市共募集资金24.3亿元，为企业技术改造、引进设备和兼并扩张提供了强有力的资金保证。燕京啤酒一直保持着快速的发展态势，其快速增长主要是通过兼并扩张实现的。

燕京的兼并扩张是从1999年初开始的。收购的第一个啤酒企业是江西吉安啤酒厂。收购前，吉安啤酒厂的实际生产能力只有3万吨，虽然略有盈利，但发展后劲明显不足。收购后，燕京当即投入7 000多万元进行技术改造，将生产能力扩大到8万吨，结果当年盈利500多万元。收购4年来，已累计盈利2 000多万元。此后，燕京加快了兼并收购的步伐，先后共投资10亿元，在湖南、湖北、山东、内蒙古、河北、广西等地收购、兼并、控股了12家外埠企业，共增加年生产能力186万吨，平均1亿元就增加生产能力18.6万吨，实现了真正的低成本扩张。

燕京在兼并收购中没有追求所谓数量的叠加，而是既考虑市场布局，又考虑企业经济效益。兼并和收购不仅扩大了燕京的企业规模，也提高了燕京的品牌效应。但是并购作为企业快速增长的主要方式之一，对公司价值的影响是否达到管理层的预期？这还需要用财务报表数字进行验证。

燕京啤酒有关财务数据如下：

燕京啤酒公司合并资产负债表　　单位：元

项　目	2009年	2010年	2011年	2012年
流动资产：				
货币资金	1 042 269 671.22	1 516 375 960.51	1 437 739 987.63	1 387 328 564.41
应收票据	33 759 689.00	2 678 750.00	9 020 127.57	3 795 575.00
应收账款	108 432 777.60	75 108 413.82	121 982 252.71	122 123 799.38
预付款项	225 212 737.54	430 857 176.44	300 445 439.84	305 057 977.90
其他应收款	70 782 351.89	70 060 513.26	90 141 280.49	77 499 036.81
存货	2 430 027 096.67	2 983 040 905.26	3 972 001 868.03	4 300 665 961.12
其他流动资产			188 339 693.43	193 386 625.19
流动资产合计	3 910 484 323.92	5 078 121 719.29	6 119 670 649.70	6 389 857 539.81
非流动资产：				
可供出售金融资产			159 724 304.40	146 060 000.00
长期股权投资	66 542 876.03	198 542 876.03	66 542 876.03	66 542 876.03
固定资产	6 850 940 119.97	7 475 613 917.51	8 630 111 674.45	8 766 304 048.25

续前表

项 目	2009年	2010年	2011年	2012年
在建工程	352 494 134.30	1 008 393 367.71	797 378 763.60	1 765 787 163.82
工程物资	579 477.31	579 477.31		
无形资产	612 786 381.71	711 308 967.89	688 020 769.07	734 042 906.88
商誉	50 461 810.27	187 407 536.88	273 113 903.96	273 113 903.96
递延所得税资产	11 647 092.95	11 315 477.14	20 375 004.41	33 777 279.41
其他非流动资产			108 760 733.82	48 223 843.76
非流动资产合计	7 945 451 892.54	9 593 161 620.47	10 744 028 029.74	11 833 852 022.11
资产总计	11 855 936 216.46	14 671 283 339.76	16 863 698 679.44	18 223 709 561.92
流动负债：				
短期借款	1 205 000 000.00	1 621 000 000.00	2 381 000 000.00	3 475 000 000.00
应付票据	23 828 276.33	39 454 050.63	11 225 813.51	20 312 066.44
应付账款	553 317 880.95	802 619 269.28	1 010 917 669.74	1 032 267 298.95
预收款项	277 819 275.32	288 388 274.32	412 356 090.75	433 621 375.57
应付职工薪酬	36 250 252.85	42 871 115.10	40 557 286.04	41 191 928.45
应交税费	92 002 020.10	63 053 449.37	207 611 843.07	162 490 150.44
应付利息	1 509 000.00	3 411 438.33	6 260 007.47	6 433 077.34
应付股利	24 301 708.88	22 390 405.13	36 461 467.15	53 964 352.58
其他应付款	884 206 275.99	1 216 968 875.65	1 368 534 004.23	1 560 988 048.54
一年内到期的非流动负债	90 000 000.00	9 614 656.81	140 814 656.81	144 814 656.81
流动负债合计	3 188 234 690.42	4 109 771 534.62	5 615 738 838.77	6 931 082 955.12
非流动负债：				
长期借款	8 800 000.00	150 000 000.00	150 000 000.00	160 000 000.00
应付债券		882 710 506.93	932 711 567.66	72 592 884.79
递延所得税负债		291 665.00	8 281 883.91	19 330 221.03
其他非流动负债	16 578 664.18	18 949 350.56	18 134 693.75	13 320 036.94
非流动负债合计	25 378 664.18	1 051 951 522.49	1 109 128 145.32	265 243 142.76
负债合计	3 213 613 354.60	5 161 723 057.11	6 724 866 984.09	7 196 326 097.88
股东权益：				
股本	1 210 266 963.00	1 210 266 963.00	1 210 267 507.00	2 522 587 229.00
资本公积	3 652 993 855.91	3 896 225 752.47	3 899 016 396.94	3 235 110 335.19
盈余公积	760 796 815.59	878 373 742.44	1 030 524 384.08	1 191 120 503.20
未分配利润	1 731 271 434.69	2 189 925 051.31	2 612 938 285.94	2 803 669 328.25
归属于母公司所有者权益合计	7 355 329 069.19	8 174 791 509.22	8 752 746 573.96	9 752 487 395.64
少数股东权益	1 286 993 792.67	1 334 189 296.12	1 386 085 121.39	1 274 896 068.40
所有者权益合计	8 642 322 861.86	9 508 980 805.34	10 138 831 695.35	11 027 383 464.04
负债和所有者权益总计	11 855 936 216.46	14 670 703 862.45	16 863 698 679.44	18 223 709 561.92

燕京啤酒公司合并利润表

单位：元

项　目	2009 年	2010 年	2011 年	2012 年
一、营业总收入	9 490 118 360.80	10 298 391 447.40	12 136 836 613.27	13 033 346 502.65
其中：营业收入	9 490 118 360.80	10 298 391 447.40	12 136 836 613.27	13 033 346 502.65
二、营业总成本	8 671 928 860.28	9 314 859 564.11	11 244 023 241.96	12 389 866 887.82
其中：营业成本	5 712 954 138.04	6 041 722 029.50	7 176 372 748.54	8 024 867 271.18
营业税金及附加	1 120 646 653.91	1 178 222 140.84	1 353 092 643.49	1 404 995 657.77
销售费用	1 012 826 603.80	1 212 126 350.40	1 586 254 411.90	1 575 523 912.25
管理费用	743 497 517.09	829 091 325.07	1 001 137 297.93	1 219 533 621.15
财务费用	68 148 046.16	46 109 408.83	122 931 533.92	153 067 236.79
资产减值损失	13 855 901.28	7 588 309.47	4 234 606.18	11 879 188.68
投资收益（损失以“—”号填列）	465 941.51	571 841.16	6 749 261.64	49 605 235.48
其中：对联营企业和合营企业的投资收益		—187 222.96	—	
三、营业利润	818 655 442.03	984 103 724.45	899 562 632.95	693 084 850.31
加：营业外收入	125 055 433.66	125 983 901.43	299 922 707.62	175 495 576.49
减：营业外支出	15 365 301.08	22 187 094.07	11 489 106.82	13 064 350.42
其中：非流动资产处置损失	9 722 723.94	7 255 779.23	4 112 824.15	2 699 744.58
四、利润总额	928 345 574.61	1 087 900 531.81	1 187 996 233.75	855 516 076.38
减：所得税费用	176 036 360.95	219 648 362.75	270 651 929.12	201 796 183.46
五、净利润	752 309 213.66	868 252 169.06	917 344 304.63	653 719 892.92
归属于母公司所有者的净利润	627 492 974.16	769 873 257.55	817 217 291.47	616 198 679.25
少数股东损益	124 816 239.50	98 378 911.51	100 127 013.16	37 521 213.67
六、每股收益：				
（一）基本每股收益	0.52	0.64	0.34	0.25
（二）稀释每股收益	0.52	0.63	0.33	0.25

燕京啤酒每股股利与目标资本结构

项　目	2010 年	2011 年	2012 年
每股股利（元）	0.18	0.21	0.11
目标资产负债率（%）	45	45	45

讨论

1. 计算燕京啤酒 2011 年、2012 年的销售增长率、利润增长率、资产增长率、股东权益增长率，并运用综合指标评价法评价燕京啤酒的可持续增长能力。

2. 计算燕京啤酒 2010 年、2011 年、2012 年的可持续增长能力，比较各年的实际增长率与可持续增长率，运用可持续增长理论评价燕京啤酒的可持续增长能力，并分析公司风险的大小。

3. 根据上述计算结果，分析燕京啤酒的兼并扩张对公司价值及公司风险造成的影响，应当采取哪些管理措施？

第7章

现金流量与财务舞弊分析

学习目的与要求

1. 理解现金流量表给报表使用者提供的主要信息。
2. 掌握现金流量的水平分析和结构分析方法。
3. 掌握现金流量的盈利质量分析方法。

引导案例

当每股现金高于股价

彼得·林奇的投资法则中有一个重要指标，即现金头寸。他认为企业所持现金会对股价形成一个坚实支撑，每股现金在股价中的比例越大，相当于投资者购买股票的折扣就越多。随着国内股票市场价格不断下跌，每股现金在股票价格中的比重不断提升，甚至开始出现每股现金大于股价的公司；也就是说，当你花1元钱购买股票的时候，你就拥有了高于1元的现金外加一个上市公司，这是否是百年难遇的投资良机呢?

事情没那么简单。从原理上讲，只有企业的超额现金，即那些即使分配也不会影响企业正常营运的现金才会对投资形成真正的安全边际。凡是企业营运必需的现金，都是其未来收益的必备条件，其价值已经包含在那部分扣除现金后的剩余股价之中了。不考虑这一点，单纯计算每股现金很可能造成对安全边际的错误高估。这也是为何林奇使用的现金头寸都是现金扣除长期债务后的余额，并同时假设企业的流动资产足以弥补流动负债。

如果简单使用每股账面现金，根据2008年三季报与截至11月6日的最新股价测算，A股上市公司中共有13家公司每股现金高于股价，排名第一的为中材国际，账面现金达股价的2.3倍之多；第二、三位为友谊股份和广船国际，每股现金分别为股价的1.97倍和1.63倍。但上述三家公司的PB指标却都大于1，分别为4.9，1.3和2.0倍，换句话说，现金的总额都大于当期的净资产。如果将其用于分配，将导致企业的资产负债比例恶化，形成资不抵债的状况。因此这些现金都不属于超额现金。

为了对A股公司做一个全局性的描述，我们简单按照流动资产大于流动负债后的余额来确定超额现金的数量，并要求超额现金必须大于净资产。在这一标准下，A股公司中每股超额现金大于股价的公司仅有一家，为辽通化工，该比例在50%以上的公司32家，而中材国际已经名落孙山，每股超额现金只有股价的8%。

当然，超额现金在股价中的比重远不能构成投资决策的唯一参考要素。别忘了林奇在使用上述指标时还同时强调了企业有效运用现金的能力以及公司的其他基本面状况。可以分配并不等于立刻分配，如果一个企业总是有盲目投资的冲动，那么这部分现金的价值将大打折扣。

如何正确分析公司现金流对公司价值的影响？如何分析公司的财务舞弊行为？本章将系统介绍有关分析方法。

第1节　现金流量分析

一、现金流量表的内涵及结构

现金流量表是现金流量分析最基础的资料之一，熟悉和理解现金流量表的内涵与结构是现金流量分析的前提。

（一）现金流量表的编制基础

现金流量表是反映公司在一定会计期间的现金和现金等价物流入和流出的会计报表。从编制原则上看，现金流量表按照收付实现制原则编制，将权责发生制下的盈利信息调整为收付实现制下的现金流量信息，便于信息使用者了解公司净利润的质量。从内容上看，现金流量表被划分为经营活动、投资活动和筹资活动三个部分，每类活动又分为各具体项目，这些项目从不同角度反映公司业务活动的现金流入与流出，弥补了资产负债表和利润表提供信息的不足。通过现金流量表，报表使用者能够了解现金流量的影响因素，评价公司的支付能力、偿债能力和周转能力，预测公司未来现金流量，为其决策提供有力依据。

现金流量是指公司一定时期的现金和现金等价物的流入和流出。现金及现金等价物中，现金是指公司库存现金以及可以随时用于支付的存款，包括现金、可以随时用于支付的银行存款和其他货币资金①。现金等价物是指公司持有的期限短、流动性强、易于转换为已知金额现金、价值变动风险很小的短期投资。期限短，一般指从购买日起三个月内到期的债券投资等。权益性投资变现的金额通常不确定，不属于现金等价物。在现金流量表中，现金及现金等价物被视为一个整体，公司现金形式的转换不会产生现金的流入与流出。例如，公司从银行提取现金，是公司现金存放形式的转换，并未流出公司，不构成现金流量。同样，现金及现金等价物之间的转换也不属于现金流量，例如，公司用现金购买三个月到期的国库券。

现金流量根据公司经济活动的性质，通常可分为经营活动现金流量、投资活动现金流量和筹资活动现金流量。现金流量根据现金的流程，又分为现金流入量、现金流出量和净现金流量。我国会计准则规定现金流量表主表的编制格式为按以上三项活动的现金流量分别归集其流入量、流出量和净流量，最后得出公司净现金流量。现金流量表补充资料的编制格式为以净利润为基础调整相关项目，得出经营活动净现金流量。

（二）现金流量表的结构

现金流量表分为正表和附注两部分，正表是采用直接法编报的现金流量表，便于分析公司经营活动产生的现金流量的来源和用途，预测公司现金流量的未来前景；附注中的现金流量表补充资料是采用间接法编报的现金流量表，便于将净利润与经营活动产生的现金流量净额进行比较，了解净利润与经营活动产生的现金流量出现差异的原因，从现金流量的角度分析净利润质量。所以，我国企业会计准则规定企业应当采用直接法编报现金流量表，同时要求在附注中提供以净利润为基础调节到经营活动现金流量的信息，如表 7—1 所示。

---

① 其他货币资金，是指公司存放在金融机构、有着特定用途的资金，如外埠存款、银行汇票存款、银行本票存款、信用证保证金存款、信用卡存款等。

表 7—1　　现金流量表的结构

正表部分的项目 （现金流量表）	数据关系
一、经营活动产生的现金流量 经营活动现金流入 经营活动现金流出 经营活动产生的现金流量净额	此处用直接法计算的经营活动产生的现金流量净额，可与补充资料部分用间接法计算的经营活动产生的现金流量净额核对
二、投资活动产生的现金流量 投资活动现金流入 投资活动现金流出 投资活动产生的现金流量净额	与资产负债表的非经营性资产（非流动资产等）有内在联系，但无直接核对关系 与利润表的投资收益有内在联系，但无直接核对关系
三、筹资活动产生的现金流量 筹资活动现金流入 筹资活动现金流出 筹资活动产生的现金流量净额	与资产负债表的短期借款、长期负债、所有者权益有内在联系，但无直接核对关系
四、汇率变动对现金及现金等价物的影响	
五、现金及现金等价物净增加额	此处按流量法计算现金及现金等价物净增加额 ＝第一项＋第二项＋第三项＋第四项 可与补充资料部分按存量法计算的现金及现金等价物净增加额核对
六、期末现金及现金等价物余额	期末现金及现金等价物余额 ＝第五项＋期初现金及现金等价物余额 可与补充资料中现金的期末余额核对
附注部分的项目 （现金流量表补充资料）	**数据关系**
1. 将净利润调节为经营活动现金流量	经营活动产生的现金流量净额＝净利润－非经营活动收益＋非付现费用＋经营性资产减少＋经营性负债增加＋递延所得税资产减少＋递延所得税负债增加 可与正表部分按直接法计算的经营活动产生的现金流量净额核对（具体内容见《企业会计准则第 31 号——现金流量表》应用指南）
2. 不涉及现金收支的重大投资和筹资活动	与其他部分没有核对关系
3. 现金及现金等价物净变动情况	按存量法计算的现金及现金等价物净增减额＝资产负债表现金及现金等价物期末余额－期初余额 可与正表部分第五项的数额核对

现金流量表的正表部分包括六个项目，其基本数据关系如下：

$$\text{经营活动产生的现金流量净额}+\text{投资活动产生的现金流量净额}+\text{筹资活动产生的现金流量净额}+\text{汇率变动对现金及现金等价物的影响}=\text{现金及现金等价物净增加额}$$

$$\text{期末现金及现金等价物余额}=\text{现金及现金等价物净增加额}+\text{期初现金及现金等价物余额}$$

式中，

经营活动产生的现金流量净额＝经营活动现金流入－经营活动现金流出

投资活动产生的现金流量净额＝投资活动现金流入－投资活动现金流出

筹资活动产生的现金流量净额＝筹资活动现金流入－筹资活动现金流出

现金流量表的补充资料部分包括三项内容：

（1）将净利润调节为经营活动现金流量。这部分是根据间接法计算经营活动产生的现金流量净额，其数据关系如下：

$$\begin{array}{c}\text{经营活动产生的}\\\text{现金流量净额}\end{array}=\text{净利润}-\begin{array}{c}\text{非经营活动}\\\text{收益}\end{array}+\text{非付现费用}+\begin{array}{c}\text{经营性资产}\\\text{减少}\end{array}+\begin{array}{c}\text{经营性负债}\\\text{增加}\end{array}+\begin{array}{c}\text{递延所得税}\\\text{资产减少}\end{array}+\begin{array}{c}\text{递延所得税}\\\text{负债增加}\end{array}$$

它与正表部分按直接法列示的经营活动产生的现金流量净额应当相等，可以相互核对。

（2）不涉及现金收支的重大投资和筹资活动。有些重大投资和筹资活动不涉及现金收支，但是对于报表使用者了解公司的理财活动又很重要，因此在该表中单独列示。它们包括债务转资本、融资租入固定资产、一年内到期的可转换公司债等，其项目可以根据实际情况增减。该部分数额与报表其他部分没有核对关系。

（3）按存量法计算的现金及现金等价物净增加额。所谓存量法是指根据期初、期末的存量变化计量本期净增加（减少）额的方法。它的对称方法是流量法，也就是根据本期增加额和本期减少额的差额确定本期净增加（减少）额的方法。

存量法：本期净增加额＝期末余额－期初余额

正表的第五项是按流量法计算的现金及现金等价物净增加额。

流量法：本期净增加额＝本期增加－本期减少

流量法与存量法的计算结果应当相同，可以起到相互核对的作用。

二、现金流量一般分析

现金流量的一般分析，就是根据现金流量表的数据对公司现金流量情况进行分析与评价，即阅读和理解现金流量表的数据，比较现金流量前后期变化，并解释现金流量变化的原因。下面以中国石油公司现金流量表资料为基础，对公司2012年现金流量进行一般分析。

例7—1

根据中国石油公司合并现金流量表（见附录三）的有关资料，分析该公司当期现金流量产生的原因。

第一，该公司2012年末现金流量比年初增加17 777百万元，其中，经营活动产生净现金流量239 288百万元；投资活动产生净现金流量－332 226百万元；筹资活动产生净现金流量75 356百万元。

第二，该公司2012年经营活动净现金流量产生的主要原因是销售商品、提供劳务收到现金2 552 815百万元，购买商品、接受劳务支付现金1 704 242百万元。

在三类业务活动引起的现金流量中，经营活动现金流量的稳定性和再生性较好，一般情况下应占较大比例。如果经营活动的现金流入量大于现金流出量，即经营活动的净现金流量大于0，反映出公司经营活动的现金流量自我适应能力较强，通过经营活动收取的现金不仅能够满足经营本身的需要，剩余部分还可以用于再投资或偿债。如果经营活动的现金流入量小于现金流出量，即经营活动的净现金流量小于0，说明经营活动的现金流量自我适应能力较差，经营活动的现金流量不能满足投资或偿债的资金需要，公司要借助于收回投资或举借新债取得现金才能维持正常的经营。形成这种情况的主要原因可能是销货款的回笼不及时，或存货大量积压无法变现，当然，也可能是公司处于初创期或季节性销售等原因所致。

第三，投资活动现金流量的变动主要是由于购建固定资产、油气资产、无形资产和其他长期资产支付了现金330 861百万元，进行投资支付了现金26 310百万元。这表明公司加快了投资和经营扩张的步伐，意味着公司有了新的盈利增长点。

第四，与筹资活动相关的现金流量主要包括公司借款收到现金575 558百万元，偿还债务支付现金448 931百万元，分配股利、利润或偿付利息支付现金84 806百万元。

筹资活动净现金流量分析应同公司理财政策以及前两项业务活动引起的现金流量方向结合起来进行。如果筹资活动现金流出量远远大于现金流入量，有可能是公司执行了高股利分配政策，或者是已经进入债务偿还期。联系经营活动的净现金流量，如果经营活动净现金流量也是负值的话，公司可能出现较大的资金缺口，有可能是公司前期经营不善所致。如果公司筹资活动的现金流入量明显大于现金流出量，说明公司吸收资本或举债的步伐加快。联系投资活动的净现金流量，如果投资活动的现金流出量也非常明显，则意味着公司加快了投资和经营扩张的步伐，这可能意味着公司有了新的盈利增长点。联系经营活动的净现金流量，如果经营活动的现金流出量比较明显的话，则说明吸收资本或举债的资金部分弥补了经营上的资金短缺。

三、现金流量水平分析

现金流量的一般分析只说明了公司当期现金流量产生的原因，没能揭示本期现金流量与前期或预计现金流量的差异。为了解决这个问题，可采用水平分析法对现金流量进行分析。

例 7—2

根据中国石油公司现金流量表（见附录三）的有关资料，编制现金流量水平分析表（见表 7—2），并分析该公司现金流量的变化情况。

表 7—2　　中国石油公司现金流量水平分析表　　金额单位：百万元

项　目	2012 年	2011 年	规模变动情况		2010 年
			增减额	增减率	
一、经营活动产生的现金流量：					
销售商品、提供劳务收到的现金	2 552 815	2 332 019	220 796	9.47%	1 699 461
收到的税费返还	3 966	3 974	−8	−0.20%	616
收到其他与经营活动有关的现金	7 105	6 493	612	9.43%	5 123
经营活动现金流入小计	2 563 886	2 342 486	221 400	9.45%	1 705 200
购买商品、接受劳务支付的现金	−1 704 242	−1 529 811	−174 431	11.40%	−957 898
支付给职工以及为职工支付的现金	−108 031	−96 866	−11 165	11.53%	−82 737
支付的各项税费	−433 420	−345 082	−88 338	25.60%	−270 819
支付其他与经营活动有关的现金	−78 905	−80 572	1 667	−2.07%	−74 950
经营活动现金流出小计	−2 324 598	−2 052 331	−272 267	13.27%	−1 386 404
经营活动产生的现金流量净额	239 288	290 155	−50 867	−17.53%	318 796
二、投资活动产生的现金流量：					
收回投资收到的现金	15 392	4 082	11 310	277.07%	2 294
取得投资收益收到的现金	8 946	10 058	−1 112	−11.06%	9 003
处置固定资产、油气资产、无形资产和其他长期资产收回的现金净额	607	837	−230	−27.48%	849
处置子公司及其他营业单位收到的现金净额			0		
收到其他与投资活动有关的现金			0		

续前表

项　目	2012 年	2011 年	规模变动情况		2010 年
			增减额	增减率	
投资活动现金流入小计	24 945	14 977	9 968	66.56%	12 146
购建固定资产、油气资产、无形资产和其他长期资产支付的现金	−330 861	−288 457	−42 404	14.70%	−272 292
投资支付的现金	−26 310	−10 158	−16 152	159.01%	−39 156
取得子公司及其他营业单位支付的现金净额					
支付其他与投资活动有关的现金					
投资活动现金流出小计	−357 171	−298 615	−58 556	19.61%	−311 448
投资活动产生的现金流量净额	−332 226	−283 638	−48 588	17.13%	−299 302
三、筹资活动产生的现金流量：					
吸收投资收到的现金	31 366	2 522	28 844	1 143.70%	5 118
其中：子公司吸收少数股东投资收到的现金	31 366	2 522	28 844	1 143.70%	5 118
取得借款收到的现金	575 558	471 072	104 486	22.18%	271 022
收到其他与筹资活动有关的现金	2 417	389	2 028	521.34%	297
筹资活动现金流入小计	609 341	473 983	135 358	28.56%	276 437
偿还债务支付的现金	−448 931	−384 837	−64 094	16.65%	−271 532
分配股利、利润或偿付利息支付的现金	−84 806	−78 430	−6 376	8.13%	−62 899
其中：子公司支付给少数股东的股利、利润	−7 499	−3 633	−3 866	106.41%	−2 955
资本减少	−21	−1 239	1 218	−98.31%	−2 368
支付其他与筹资活动有关的现金	−227	−218	−9	4.13%	−582
筹资活动现金流出小计	−533 985	−464 724	−69 261	14.90%	−337 381
筹资活动产生的现金流量净额	75 356	9 259	66 097	713.87%	−60 944
四、汇率变动对现金及现金等价物的影响	−195	−313	118	−37.70%	234
五、现金及现金等价物净增加额	−17 777	15 463	−33 240	−214.96%	−41 216
加：期初现金及现金等价物余额	61 172	45 709	15 463	33.83%	86 925
六、期末现金及现金等价物余额	43 395	61 172	−17 777	−29.06%	45 709

从表 7—2 可以看出，中国石油公司现金及现金等价物净增加额，2011 年为 15 463 百万元，2012 年为−17 777 百万元，比上年减少 33 240 百万元。这表明

2012 年现金流入和现金流出之间有很大的资金缺口，这主要是由以下几方面原因导致的。

2012 年该公司经营活动产生的现金流量净额为 239 288 百万元，比 2011 年的 290 155 百万元下降 17.53%，主要是受利润减少、应收应付款项及存货等营运资金变动以及缴纳税费增加的综合影响。这表明中国石油公司 2012 年的经营业绩较上年同期下降，公司创造现金的能力有所减弱。

2012 年投资活动产生的现金流量净额为－332 226 百万元，比 2011 年的－283 638 百万元下降 17.13%，主要原因是 2012 年该公司的付现资本性支出增加①，2012 年的资本性支出为 352 516 百万元，比 2011 年的 284 391 百万元增长 23.95%。总体来看，这两年进行各项投资导致现金流出数额较大，表明中国石油公司加快了投资和经营扩张的步伐，应关注公司风险。

2012 年筹资活动产生的现金流量净额为 75 356 百万元，比 2011 年的 9 259 百万元增加 66 097 百万元，增长幅度高达 713.87%，主要是由于公司 2012 年的借款较上年同期增加②，其中短期债务 2012 年为 151 247 百万元，比 2011 年的 137 698 百万元增长 9.84%；长期债务 2012 年为 293 774 百万元，比 2011 年的 180 675 百万元增长 62.60%。

综合以上三方面的分析，一方面由于受中国石油公司利润减少、应收应付款项及存货等营运资金变动以及缴纳税费增加等综合因素的影响，公司缺乏一定的创造现金的能力；另一方面由于公司加快了投资和经营扩张的步伐，导致公司的付现资本性支出增加，公司现金流出数额较大，2012 年现金流入和现金流出之间有很大的资金缺口，造成现金流量净额降低幅度高达 214.96%，此时我们应当关注公司风险。从公司筹资活动可以看出，该公司 2012 年的借款较上年同期显著增加，债务净额同比增长 56.15%，这进一步表明中国石油公司的风险增大。所以，当公司处于扩张期时，要协调好经营活动、投资活动和筹资活动，一方面要有足够经营所得来偿还债务和支付利息，另一方面要对投资方向、投资策略和收益给予更多的关注，防止投资风险，提高盈利能力。

一般来说，在经营状况良好、经营活动产生现金能力较强的情况下，通过筹资扩大投资，以提高公司的收益能力，是惯用的商业手法，但结合中国石油公司的整体情况，需注意以下两方面问题：一是公司的现金及现金等价物净增加额不宜长期为负数，长期现金不足是财务状况不良的反映；二是应密切关注投资项目的合理性和收益性，重视投资的方向和策略。针对以上问题，可以进行趋势分析，

---

① 中国石油公司近两年四大板块业务的资本性支出明细见 2012 年年报。

② 中国石油公司近两年的债务净额明细表见 2012 年年报。

以观察公司的发展变化趋势，从而为研究公司的经营策略提供依据，对未来作出正确的预测。

四、现金流量结构分析

现金流量结构分析的目的在于，揭示现金流入量和现金流出量的结构情况，从而抓住公司现金流量管理的重点。现金流量结构分析的资料通常使用直接法编制的现金流量表，分析方法为纵向分析法，也称作垂直分析法。下面以中国石油公司现金流量表的资料为基础，进行现金流量结构分析。

例 7—3

根据中国石油公司现金流量表（见附录三）的有关资料，编制现金流量结构分析表（见表 7—3），并分析该公司现金流量的构成情况。

表 7—3　　中国石油公司现金流量结构分析表　　金额单位：百万元

项　目	2012 年	流入结构	流出结构	内部结构
一、经营活动产生的现金流量：				
销售商品、提供劳务收到的现金	2 552 815			99.57%
收到的税费返还	3 966			0.15%
收到其他与经营活动有关的现金	7 105			0.28%
经营活动现金流入小计	2 563 886	80.17%		100.00%
购买商品、接受劳务支付的现金	−1 704 242			73.31%
支付给职工以及为职工支付的现金	−108 031			4.65%
支付的各项税费	−433 420			18.64%
支付其他与经营活动有关的现金	−78 905			3.39%
经营活动现金流出小计	−2 324 598		72.29%	100.00%
经营活动产生的现金流量净额	239 288			
二、投资活动产生的现金流量：				
收回投资收到的现金	15 392			61.70%
取得投资收益收到的现金	8 946			35.86%
处置固定资产、油气资产、无形资产和其他长期资产收回的现金净额	607			2.43%
处置子公司及其他营业单位收到的现金净额				
收到其他与投资活动有关的现金				
投资活动现金流入小计	24 945	0.78%		100.00%
购建固定资产、油气资产、无形资产和其他长期资产支付的现金	−330 861			92.63%

续前表

项　目	2012 年	流入结构	流出结构	内部结构
投资支付的现金	−26 310			7.37%
取得子公司及其他营业单位支付的现金净额				
支付其他与投资活动有关的现金				
投资活动现金流出小计	−357 171		11.11%	100.00%
投资活动产生的现金流量净额	−332 226			
三、筹资活动产生的现金流量：				
吸收投资收到的现金	31 366			5.15%
其中：子公司吸收少数股东投资收到的现金	31 366			
取得借款收到的现金	575 558			94.46%
收到其他与筹资活动有关的现金	2 417			0.40%
筹资活动现金流入小计	609 341	19.05%		100.00%
偿还债务支付的现金	−448 931			84.07%
分配股利、利润或偿付利息支付的现金	−84 806			15.88%
其中：子公司支付给少数股东的股利、利润	−7 499			1.40%
资本减少	−21			0.00%
支付其他与筹资活动有关的现金	−227			0.04%
筹资活动现金流出小计	−533 985		16.61%	100.00%
筹资活动产生的现金流量净额	75 356			
现金流入总额	3 198 172	100.00%		
现金流出总额	−3 215 754		100.00%	
四、汇率变动对现金及现金等价物的影响	−195			
五、现金及现金等价物净增加额	−17 777			
加：期初现金及现金等价物余额	61 172			
六、期末现金及现金等价物余额	43 395			

（一）现金流入结构分析

现金流入结构分为总流入结构和内部流入结构。总流入结构反映公司经营活动的现金流入量、投资活动的现金流入量和筹资活动的现金流入量分别占现金总流入量的比重。内部流入结构反映的是经营活动、投资活动和筹资活动等各项业务活动现金流入中具体项目的构成情况。现金流入结构分析可以明确公司的现金究竟来自哪里，为增加现金流入应在哪些方面采取措施等。

前文已说明，公司的经营活动、投资活动和筹资活动都可以产生现金流入，但在这三类现金流入中，经营活动产生的现金流入最能创造现金，投资活动次之，而筹资活动所产生的现金流入，不论是吸收权益性投资，还是发行债券、借款所收到的现金，均要按期偿还。因此，对中国石油公司2012年的现金流入结构分析如下：

中国石油公司2012年现金流入总量约为3 198 172百万元，其中经营活动现金流入量、投资活动现金流入量和筹资活动现金流入量所占比重分别为80.17%，0.78%和19.05%。可见公司的现金流入量主要由经营活动产生。经营活动的现金流入量中销售商品、提供劳务收到的现金，投资活动的现金流入量中收回投资收到的现金，筹资活动的现金流入量中取得借款收到的现金分别占各类现金流入量的绝大部分比重。

总体来说，公司的现金流入量中，经营活动的现金流入量占有相当大的比例，特别是其销售商品、提供劳务收到的现金明显高于其他经营活动收到的现金，这表明公司具有一定的创造现金的能力。但是不同性质的公司，这个比例可能有较大的差异。如一个单一经营、专心于某一特定业务、不愿意进行其他投资、筹资政策保守、不愿意举债经营的公司，该比例可能特别高。

（二）现金流出结构分析

现金流出结构分为总流出结构和内部流出结构。总流出结构反映公司经营活动的现金流出量、投资活动的现金流出量和筹资活动的现金流出量分别占现金总流出量的比重。内部流出结构反映的是经营活动、投资活动和筹资活动等各项业务活动现金流出中具体项目的构成情况。现金流出结构可以表明公司的现金究竟流向哪里，要节约开支应从哪些方面入手等。

一般情况下，经营活动的现金流出，如购买商品、接受劳务支付的现金往往占较大比重。如果购销行为和价款的现收现付均较为协调，经营活动产生的现金流入和现金流出就具有一定的稳定性。而投资活动和筹资活动的现金流入和现金流出则因公司的投融资政策和财务政策不同而会有较大的波动，稳定性差，有时甚至具有偶发性，比如集中交付投资款、偿还到期债务和支付股利等，会使某一个会计期间的现金流出大大增加。投资活动和筹资活动的现金流出的这种不稳定性必然影响到三类活动现金支出在全部现金流出中所占的比重。从表7—3中可以看到这方面的影响，对中国石油公司2012年的现金流出结构分析如下：

中国石油公司2012年现金流出总额为−3 215 754百万元，其中经营活动现金流出量、投资活动现金流出量和筹资活动现金流出量所占比重分别为72.29%，11.11%和16.61%。可见，在现金流出总量中经营活动现金流出量所占比重最大，筹资活动现金流出量所占比重次之。在经营活动现金流出量中，购买商品、接受劳务支付的现金占 73.31%，比重最大。投资活动的现金流出量中，购建固定资产、油气资产、无形资产和其他长期资产支付的现金占 92.63%。筹资活动的现金流出大部分用于偿还债务，从而导致公司现金流出大大增加。

为了掌握现金流量结构的变动情况，可将不同时期的现金流量结构进行对比分析。

五、现金流量比率分析

现金流量比率分析是指通过与现金流量有关的财务比率的计算和比较，对公司的偿债能力、盈利能力、盈利质量和财务弹性进行评价。现金流量比率包括现金流量偿债能力比率、现金流量支付能力比率和盈利质量分析比率。

（一）现金流量偿债能力比率

本书第 2 章和第 3 章分别对短期偿债能力和长期偿债能力的比率分析作了阐述。本章将从现金流量角度深化偿债能力分析。

公司的偿债能力最终由资产的流动性，即资产的周转与变现能力来评价。所有公司资产中，现金和现金等价物的变现速度最快、变现能力最强。因此，用现金流量来衡量和评价偿债能力，是最稳健、最能说明问题的分析方法。现金流量比率与流动比率、速动比率、资产负债率等结合使用，能对公司的偿债能力作出更准确的判断和评价。因此，现金流量在评价偿债能力比率的体系中占有重要地位，具有重要作用。

分析偿债能力的现金流量比率包括现金比率、经营活动净现金比率、现金流量利息保障倍数。

1. 现金比率

现金比率是以现金衡量公司偿还短期债务能力的一个比率，其计算公式为：

$$现金比率=\frac{现金}{流动负债}$$

式中，现金是指会计期末公司所拥有的现金数额，包括现金和现金等价物，可从现金流量表中的“期末现金及现金等价物余额”项目获得数据。

例 7—4

根据中国石油公司财务报表的有关资料，计算该公司 2010—2012 年的现金比率及与 2011 年对比的变动情况，有关数据如表 7—4 所示。

表 7—4　　中国石油公司现金比率分析表　　金额单位：百万元

项　目	2012 年	2011 年	规模变动情况		2010 年
			增减额	增减率	
现金	43 395	61 172	－17 777	－29.06%	45 709
流动负债	574 748	560 038	14 710	2.63%	429 736
现金比率	0.08	0.11	－0.03	－30.88%	0.11

注：这里的现金与现金流量表中的“期末现金及现金等价物余额”数值相等。

表 7—4 显示，中国石油公司 2012 年的现金比率比 2011 年减少了 0.03，说明公司为每 1 元流动负债提供的现金资产保障降低了 0.03 元。该指标是否合理，还应当结合同业分析或本公司多个会计期的趋势分析，以便作出客观的判断。

2. 经营活动净现金比率

经营活动净现金比率是一个以本期经营活动现金流量净额偿还债务的比率，其计算公式为：

$$经营活动净现金比率=\frac{经营活动现金流量净额}{流动负债}\times 100\%$$

例 7—5

根据中国石油公司财务报表的有关资料，计算该公司 2010—2012 年的经营活动净现金比率及与 2011 年对比的变动情况，有关数据如表 7—5 所示。

表 7—5　　中国石油公司经营活动净现金比率分析表　　金额单位：百万元

项　目	2012 年	2011 年	规模变动情况		2010 年
			增减额	增减率	
经营活动现金流量净额	239 288	290 155	－50 867	－17.53%	318 796
流动负债	574 748	560 038	14 710	2.63%	429 736
经营活动净现金比率	41.63%	51.81%	－10.18%	－19.64%	74.18%

从表 7—5 中可以看出，中国石油公司 2012 年的经营活动净现金比率为 41.63%，比 2011 年的 51.81%降低了 10.18%，说明公司为每 1 元流动负债提供的经营活动产生的现金资产保障降低了 0.1 元。总的来说，中国石油公司近三年的比率相对行业标准来说是持续下降的，由于 2010—2012 年公司经营活动现金净流量增长率分别为 18.95%，－8.98%和－17.53%，进一步说明公司偿债能力呈下降趋势。

3. 现金流量利息保障倍数

现金流量利息保障倍数是指公司经营活动现金流量净额与利息费用的比

率。该指标反映经营活动产生的现金流量净额是利息费用的多少倍。其计算公式为：

$$现金流量利息保障倍数=\frac{经营活动现金流量净额}{利息费用}$$

现金流量利息保障倍数比利息保障倍数更能反映公司的偿债能力。当公司息税前利润和经营活动净现金流量变动基本一致时，这两个指标结果相似。但如果公司正处于高速成长期，息税前利润和经营活动净现金流量相差很大，使用现金流量利息保障倍数指标更稳健、更保守。

例 7—6

根据中国石油公司利润表和现金流量表提供的资料，计算该公司 2010—2012 年的现金流量利息保障倍数及与 2011 年对比的变动情况，有关数据如表 7—6 所示。

表 7—6　　**中国石油公司现金流量利息保障倍数分析表**　　金额单位：百万元

项　目	2012 年	2011 年	规模变动情况		2010 年
			增减额	增减率	
经营活动现金流量净额	239 288	290 155	−50 867	−17.53%	318 796
利息费用	21 602	13 775	7 827	56.82%	9 909
现金流量利息保障倍数	11.08	21.06	−9.99	−47.41%	32.17

从表 7—6 中可以看出，中国石油公司 2010—2012 年的经营活动现金流量净额分别是利息费用的 32.17 倍、21.06 倍和 11.08 倍，表明近三年的比率对公司偿债来说是相对安全的。但近三年该比率却呈下降趋势，说明公司偿债能力逐年减弱。

（二）现金流量支付能力比率

支付能力是一个广义的概念，除了上面所讲的现金偿付债务，还包括各种支付，如购买商品支出、接受劳务支出、经营性租赁支出、各项费用支出、各项资本性支出、对外投资支出等。现金流量支付能力比率包括支付现金股利比率、现金充分性比率和每股经营现金流量。

1. 支付现金股利比率

支付现金股利比率是一个以本期经营活动现金流量净额衡量现金股利支付能

力的比率。其计算公式为：

$$\text{支付现金股利比率}=\frac{\text{经营活动现金流量净额}}{\text{现金股利}}\times 100\%$$

式中，现金股利是指本期已宣告分配的全部现金股利额，可从报表附注中获得数据。该比率越高，支付现金股利的现金保证程度越高。

2. 现金充分性比率

现金充分性比率是对公司进行综合衡量，判断是否有足够现金偿还债务、进行投资以及支付股利和利息等的一个比率。其计算公式为：

$$\text{现金充分性比率}=\frac{\begin{matrix}\text{经营活动现金}\\\text{流量净额}\end{matrix}+\begin{matrix}\text{投资活动现金}\\\text{流量净额}\end{matrix}+\begin{matrix}\text{筹资活动现金}\\\text{流量净额}\end{matrix}}{\text{债务偿还额}+\text{资本性支出额}+\text{支付股利、利息额}}\times 100\%$$

从以上计算公式可以看出，现金充分性比率必须保持在 1 以上，才能满足分母中各项支付的现金需要，如果小于 1，则会出现现金短缺局面。

3. 每股经营现金流量

每股经营现金流量是指经营活动现金流量净额与发行在外的普通股股数的比率。该指标反映每股发行在外的普通股平均占有的经营净现金流量。这个指标越大，说明公司进行资本支出和支付股利的能力越强。其计算公式为：

$$\text{每股经营现金流量}=\frac{\text{经营活动现金流量净额}}{\text{发行在外的普通股股数}}$$

式中，分母指的是全年发行在外的普通股股数。如果使用可转换债券等对发行股票股数具有稀释作用的融资工具，则应按照稀释后的股数计算。

例 7—7

根据中国石油公司利润表和现金流量表提供的资料，计算该公司 2010—2012 年的每股经营现金流量及与 2011 年对比的变动情况，有关数据如表 7—7 所示。

表 7—7　　中国石油公司每股经营现金流量分析表

项　目	2012 年	2011 年	规模变动情况		2010 年
			增减额	增减率	
经营活动现金流量净额（百万元）	239 288	290 155	−50 867	−17.53%	318 796
发行在外的普通股股数（百万股）	183 021	183 021	0	0.00%	183 021
每股经营现金流量（元）	1.31	1.59	−0.28	−17.53%	1.74

根据表 7—7 可知，中国石油公司 2010—2012 年的每股经营现金流量呈逐年下降趋势，表明公司近三年进行资本支出和支付股利的能力逐年减弱。

（三）盈利质量分析比率

第 5 章讲到盈利质量分析是公司盈利能力分析的一个有机组成部分，并且提到盈利质量分析主要包括盈利结构分析和现金流量的盈利保障程度分析。本节将介绍通过现金流量保障程度分析盈利质量的方法。用于计算现金流量的盈利保障程度的指标主要包括净资产现金回收率、全部资产现金回收率、盈利现金比率和销售获现比率。

1. 净资产现金回收率

净资产现金回收率是经营活动现金流量净额与平均净资产之间的比率。该指标是对净资产收益率的有效补充，对那些提前确认收益而长期未收现的公司，可以用净资产现金回收率与净资产收益率进行对比，从而观察净资产收益率的盈利质量。其计算公式为：

$$\text{净资产现金回收率}=\frac{\text{经营活动现金流量净额}}{\text{平均净资产}}\times 100\%$$

2. 全部资产现金回收率

全部资产现金回收率是指经营活动现金流量净额与平均总资产之间的比率。该指标可以作为对总资产收益率的补充，反映企业利用资产获取现金的能力，可以衡量企业资产获现能力的强弱。其计算公式为：

$$\text{全部资产现金回收率}=\frac{\text{经营活动现金流量净额}}{\text{平均总资产}}\times 100\%$$

例 7—8

根据中国石油公司的资料，其 2011 年、2012 年现金回收率指标如表 7—8 所示。

表 7—8　　中国石油公司现金回收率指标表　　金额单位：百万元

项　目	2012 年	2011 年	规模变动情况		2010 年
			增减额	增减率（%）	
经营活动现金流量净额	239 288	290 155	−50 867	−17.53	318 796
平均净资产	1 131 666	1 046 334	85 332	8.16	959 106
净资产现金回收率（%）	21.14	27.73	−6.59	−23.75	33.24
净资产收益率（%）[1]	11.54	13.95	−2.41	−17.28	15.71
平均总资产	2 043 183	1 786 948	256 235	14.34	1 553 555

续前表

项 目	2012年	2011年	规模变动情况		2010年
			增减额	增减率（%）	
全部资产现金回收率（%）	11.71	16.24	−4.53	−27.87	20.52
总资产收益率（%）[2]	9.18	11.07	−1.89	−17.03	12.77

注：1. 按照公式：净资产收益率$=\frac{净利润}{平均净资产}\times 100\%$计算。

2. 总资产收益率数据见第5章表5—6。

从表7—8可以看出，中国石油公司2010—2012年净资产现金回收率呈逐年下降趋势，与2010年相比，2012年和2011年分别下降了36.40%和16.58%，主要是受该公司利润减少、应收应付款项及存货等营运资金变动以及缴纳税费增加的综合影响，导致2012年公司经营活动产生的现金流量净额比2011年下降17.53%。公司的净资产是逐年增加的，但收益却是逐年下降的，而且净资产现金回收率的下降幅度大于净资产收益率的下降幅度，表明该公司的收益能力和经营现金流量均呈下降趋势，公司的净资产收益率的盈利质量也相对降低。同时，与2010年相比，该公司2011年和2012年的全部资产现金回收率分别下降了42.93%和20.86%，相对于公司总资产收益率的降幅而言，其降幅显著，这进一步表明中国石油公司的盈利能力和盈利质量呈下降趋势。

3. 盈利现金比率

盈利现金比率，也称盈余现金保障倍数，反映公司本期经营活动产生的现金流量净额与净利润之间的关系。其计算公式为：

$$盈利现金比率=\frac{经营活动现金流量净额}{净利润}\times 100\%$$

一般情况下，盈利现金比率越大，公司盈利质量就越高。如果比率小于1，说明本期净利润中存在尚未实现现金的收入。在这种情况下，即使公司盈利，也可能发生现金短缺。因此，需要进一步对应收账款进行分析。应收账款的增加可能有以下三方面原因：(1) 为了扩大市场份额而导致赊销增加；(2) 公司规模扩大（资产增加）导致应收账款增加；(3) 盈余管理促成虚列收入，应收增加。第一种原因可以借助指标——销售商品、提供劳务收到的现金/经营活动现金流入量来分析，若该指标持续上升，应收账款的增加尚属正常；第二种原因可以借助指标——（期末总资产－期末应收账款）/（期初总资产－期初应收账款）来分析，若该指标上升，说明公司规模扩大，债权资产增加也属正常；若非前两种原因，则有利用应收操纵利润之嫌。

在进行盈利质量分析时，仅仅靠一年的数据未必能说明问题，需要进行连续的盈利现金比率的比较，若企业盈利现金比率一直小于1甚至为负数，则说明企业盈利质量低下，严重时会导致公司破产。

例7—9

根据中国石油公司的资料，其2008—2012年盈利现金比率指标如表7—9所示。

表7—9　　中国石油公司盈利现金比率指标表　　金额单位：百万元

项　目	2012年	2011年	2010年	2009年	2008年
经营活动现金流量净额	239 288	290 155	318 796	268 017	177 140
净利润	130 618	146 007	150 675	106 378	126 097
盈利现金比率	183.20%	198.73%	211.58%	251.95%	140.48%

根据表7—9可知，中国石油公司2008—2012年的盈利现金比率均大于1，说明这五年的盈利质量不错。但除了2008年外，2009—2012年该公司盈利现金比率呈下降趋势，说明公司的盈利质量逐年降低。

4. 销售获现比率

销售获现比率是销售商品、提供劳务收到的现金与营业收入之间的比率。该指标反映企业通过销售获取现金的能力。其计算公式为：

$$销售获现比率=\frac{销售商品、提供劳务收到的现金}{营业收入}\times 100\%$$

例7—10

根据中国石油公司2012年和2011年的相关资料，其销售获现比率分析如表7—10所示。

表7—10　　中国石油公司销售获现比率分析表　　金额单位：百万元

项　目	2012年	2011年	规模变动情况		2010年
			增减额	增减率	
销售商品、提供劳务收到的现金	2 552 815	2 332 019	220 796	9.47%	1 699 461
营业收入	2 195 296	2 003 843	191 453	9.55%	1 465 415
销售获现比率	116.29%	116.38%	−0.09%	−0.08%	115.97%

由表7—10可知，中国石油公司2010—2012年的销售获现比率均大于1，表明公司产品销售形势较好，信用政策相对合理，能及时收回货款，收款工作得力。但是2012年与2011年相比，销售获现比率有所降低，表明公司通过销售获取现金的能力略有减弱。

利用该指标进行分析时，应注意当期收到的预收账款和收回前期的应收账款的影响。

第 2 节　财务舞弊分析

本节主要通过案例分析，阐述现金流量分析与其他分析方法相配合进行财务舞弊分析的原理与方法。

一、案例简介

衡阳市金荔科技农业股份有限公司（600762，以下简称金荔科技），主要从事农业高科技产品开发、培育、生产、销售。2000 年 11 月，金荔科技与广州金荔庄发展有限公司进行了重大资产置换，媒体一片溢美之词，称公司已转变为一家以果树种植为主，养殖、三高农业开发、休闲度假经营业务并举发展的现代高科技农业企业。二级市场股价从 1999 年最低的 8 元多涨到 2001 年 29 元，截至 2002 年末收盘价仍高于 15 元。然而从其缴纳的税费、现金流、支付职工现金、在建工程及其分业的报告来看，公司的主业实际营业能力却令人怀疑。

2004 年底，湖南证监会在接到内部举报后对该公司进行专项调查。2005 年 1 月，证监会初步查明该公司 2003 年和 2004 年 1—10 月共虚做收入 24 217 万元，虚增利润 14 534 万元，并涉嫌提供虚假银行单证，提供违规担保，拖欠员工工资及欠缴三金。现有证据证明自金荔入主飞龙实业那天起就开始疯狂舞弊（2000—2002 年）。2005 年 3 月，由于追溯调整后连续三年亏损，自 2005 年 3 月 30 日起，上交所对公司股票实施特别处理，简称变更为“ST 金荔”。同时，公司的一些内幕也彻底暴露出来，董事、常务副总经理欧阳述安因涉嫌挪用公款被拘留；财务总监周振清和财务部经理李小薇因涉嫌提供虚假财务报告被逮捕；董事长刘作超和他的前妻何雪梅闹矛盾，“伪造签名转让股权”的争执炒得沸沸扬扬。2005 年 4 月，公司生产经营基本停顿，“ST 金荔”再次发布预亏公告，股价跌至 1.05 元，最大跌幅达到 80%。中小股东利益受到了极大的损害。

二、金荔科技财务舞弊案分析

控股股东通过财务舞弊牟取暴利，由此产生的巨额损失却由众多中小股东来承担，这种现象在中国已不少见。金荔科技用来伪造公司业绩的手段，虽然具有一定的隐蔽性，但操作手法并不复杂。

（一）金荔科技财务舞弊手段分析

1. 虚做销售收入，虚增经营利润

公告显示，公司在 2002 年到 2004 年 10 月间共虚增收入 36 963 万元，利润 21 646 万元，而该公司在 2002 年到 2004 年 10 月间总收入只有 42 223 万元，净利润－16 111 万元，可见其造假程度相当疯狂。财务舞弊掩护下的公司侵占行为导致业绩急剧下滑，公司已经明显不堪重负，处在崩溃的边缘。

2. 伪造与公司业绩相关的资金流

为了使公司虚构的业绩看起来更真实，金荔科技配合虚构的业务伪造相应的资金流，使公司的购销业务都有资金流转轨迹和银行单据。公司 2004 年第三季度季报显示，公司当时总资产接近 9 亿元，其中货币资产达 1.2 亿元，而在湖南证监会调查之后，公司发布公告称银行单证不实，所以这个巨额数字是虚的，而存货 0.23 亿元及应收账款 0.26 亿元也是虚的。公司 2004 年年报审计报告中注明，金荔科技的银行借款和对外担保大部分已经逾期，持续经营能力存在重大的不确定性。可见，金荔科技通过伪造资金流把公司可利用资源榨取到极限。

3. 通过业务伪造与会计行为虚增资产

早在 2000 年末，在与广州金荔庄发展有限公司进行重大置换时，金荔科技将公司除货币资金以外的其他全部资产与金荔庄全部农业资产进行置换，换入资产约 4.7 亿元，其中无形资产竟高达约 2 亿元。直到 2005 年初公司才承认这个数字是虚假的。2002 年半年报披露在建工程余额是 7 941 万元，主要是金荔科技园的投资 7 589 元，但无法证明这批资金是否到位及何时入账，而 2002 年第三季度季报称湖南金荔科技园首期投入资金 3 000 万元。那么，金荔科技园的投资额到底是 3 000 万元还是 7 589 万元？除此之外，在建工程和递延资产等项目还存在虚构行为。2004 年年报的追溯调整显示，2002 年资产总计约 6.7 亿元，实际上是约 6.3 亿元；2003 年资产总计约 8.9 亿元，实际上是约 6.5 亿元；2004 年第三季度季报显示资产尚有近 9 亿元，年报则调整为约 6.2 亿元。可见通过财务舞弊虚增的资产比例之大。

4. 违法担保与大股东资金占用使金荔科技丧失持续经营能力

在证监会湖南监管局的专项调查中，2005 年 1 月，金荔科技发布对外担保补充公告，称公司于 2003 年 12 月和 2004 年 3 月两次为武汉巨力投资有限公司共 4 000 万元银行借款提供担保；2003 年 6 月为广东劲业科技开发公司 3 792 万元银行借款提供担保；2004 年 5 月为广州博澳医疗电子发展有限公司 2 990 万元银行借款提供担保。上述担保均为违规担保，截至 2004 年末，金荔科技担保余额为 18 482 万元，占公司 2003 年末净资产的 67%，其中为关联公司担保 3 792 万元，逾期担保 11 792 万元，截至 2005 年中报，对外违规担保金额已达 25 792 万元。

2005 年 2 月，金荔科技发布公告称，大股东广东金荔投资有限责任公司及其关联方通过往来占用公司资金 3 898 万元；大股东以公司名义为其他单位提供担保，并直接占用 4 750 万元的资金，使公司形成了约 4 750 万元的账外负债；公司资金大量用于工程项目支出，工程款支出及预付账款总额约 16 030 万元，涉嫌被公司大股东及关联方占用；大股东关联方涉嫌侵占公司两个农场（金荔苑、金荔庄）的经营收益。

（二）财务舞弊的主要特点

1. 舞弊的目的是圈钱牟利

金荔科技上市具有明显的圈钱目的，股票市场本应是优化社会资源配置的理想场所，但金荔科技为了上市圈钱，通过资产置换、银行借款等各种方式融入大量资金，公司股价一路看涨，而其并未如所公告的那样把上市筹集资金用于投资项目、扩大生产，而是为了个人控制和使用。这就注定了中小股东的利益难以维护，从而为后来的财务舞弊的暴露埋下了伏笔。

2. 舞弊利益足以吸引多方配合

近几年国内外发生的重大财务舞弊案中，经常可以发现银行等机构的影子。金荔科技案中虽然没有证据表明银行直接参与造假，但金荔科技多年来大量违规担保而未及时披露担保信息、转移资金等情况，银行能毫不知晓吗？另外，深圳鹏程会计师事务所对该公司 2003 年年报出具了无保留意见的审计报告，由于公司东窗事发，该事务所对公司 2004 年年报出具了无法发表意见的审计报告，这是否意味着 2003 年年报审计存在审计意见购买行为或合谋行为？

3. 造假成本巨大，社会后果严重

金荔科技伪造了大量虚假收入和资产，而且欠税余额急剧增加，同时，还对虚假收益实施分配，导致公司形成了一个巨大的黑洞。据有关人士测算，金荔科技近几年来用于作假的成本总计过亿元，中小股东所投入的资金没有用于生产经营，而是被不断消耗，最后难以为继，债务危机日趋严重；同时大量借款、对外担保逾期，最终导致财务危机爆发，给中小股东造成了巨大损失，严重影响了社会稳定。

三、财务舞弊分析

财务舞弊尽管具有很强的隐蔽性和欺骗性，但还是有很多方法和途径可以在事前识别财务舞弊行为。

（一）盈利能力的横向比较与纵向比较

虚构利润的公司的财务报表往往会显示出惊人的高盈利能力，因此，通过比较，把对象公司的盈利能力与同业公司进行横向比较，然后再跟该公司过去年度的盈利能力进行纵向比较，如果发现其盈利能力远远高于其他公司，并且该公司盈利能力存在巨大波动而最近几年盈利能力超高，那么该公司舞弊的嫌疑就很大。表 7—11 是金荔科技与行业平均盈利能力的比较。

表 7—11　　金荔科技与行业平均盈利能力的比较

年度 公司	1997		1998		1999		2000	
	金荔科技	行业平均	金荔科技	行业平均	金荔科技	行业平均	金荔科技	行业平均
毛利率	−0.008	0.169	−0.153	0.303	−0.127	0.293	0.248	0.268
销售净利率	0.115	0.179	−0.785	0.231	−1.103	0.190	0.049	0.149
ROA	0.058	0.072	−0.197	0.114	−0.148	0.106	0.016	0.062
ROE	0.133	0.091	−0.826	0.165	−0.333	0.158	0.076	0.095

年度 公司	2001		2002		2003	
	金荔科技	行业平均	金荔科技	行业平均	金荔科技	行业平均
毛利率	0.398	0.222	0.392	0.244	0.403	0.230
销售净利率	0.284	0.067	0.179	−0.179	0.094	0.066
ROA	0.058	0.026	0.037	−0.021	0.020	0.023
ROE	0.142	0.039	0.098	−0.105	0.063	0.055

从表 7—11 看出，金荔科技自 2001 年以后，毛利率和销售净利润率远远高于行业平均水平，2002 年毛利率达到 39.20%，2003 年达到 40.30%，几乎是行业平均毛利率的两倍。而其 2000 年以前则始终低于行业平均水平，对于这种突然的急转直上的畸高毛利率，中小投资者应当高度警惕，因为这种情况说明存在财务舞弊的可能性很大。

（二）现金流量分析

现金流是公司的血液，如果说利润可以操纵的话，营业现金流操纵起来就有一定的难度。因而，现金流量一直被认为是比利润更可靠、更真实的指标，投资者应当加大对经营活动净现金流量的关注力度，警惕现金流与业务流不同步的公司，因为这种公司舞弊的可能性很大。

从表 7—12 来看，金荔科技的现金流与业务流（利润）的不同步现象很明显，如 2002 年实现净利润 2 510 万元，但经营活动净现金流量却是－1 873 万元；2003 年经营活动现金流量也不理想，实现净利润 1 742 万元，但经营活动净现金流量只有－1 283 万元，情况如此糟糕的经营活动现金流量令人难以理解，结合所从事的产业，应高于净利润才是，中小投资者应当对此引起高度重视。

表 7—12　　金荔科技现金流量分析　　单位：万元

项　目	2004 年	2003 年	2002 年	2001 年	2000 年	1999 年
经营活动净现金流量	761	－1 283	－1 873	921	6 483	867
投资活动净现金流量	－10	－655	－7 781	－3 852	12	－198
筹资活动净现金流量	303	2 449	9 260	－1 480	－3 697	3 998
现金净流量	1 054	511	－394	－4 411	2 798	4 667

（三）税收、工资等经营性流动负债的支付情况分析

关注公司一些流动负债的支付情况也是很有帮助的，如缴税、工资发放情况等（见表 7—13、表 7—14 和表 7—15）。

表 7—13　　金荔科技部分年度缴税情况　　单位：万元

项　目	2004 年	2003 年	2002 年	2001 年	2000 年	合计
支付税费	9	106	180	199	62	556

表 7—14　　金荔科技相关欠税情况　　单位：万元

项　目	2004 年	2003 年	2002 年	2001 年	2000 年
应交税费余额	1 471	1 475	2 773	2 139	1 215
其中：增值税	0.1	0.05	－1.78	566	847
营业税	357	359	358	406	304
农业特产税	1 265	1 268	2 541	1 268	118
企业所得税	－206	－209	－174	－207	－207

表 7—15　　金荔科技支付职工现金情况　　金额单位：万元

项　目	2004 年	2003 年	2002 年	2001 年	2000 年
职工人数	319	319	339	561	1 210
支付职工现金	197	276	106	195	195
主营业务收入	9 757	13 221	7 023	11 506	19 437
所占比例（%）	2.02	2.09	1.51	1.69	1.00

该公司五年内几经起伏后净增欠税 256 万元，到 2004 年，欠税已达 1 471 万元，再结合其利润和缴税额可以发现，这种欠税极其不正常，往往是主业造假导致账面欠税。该公司支付职工现金也存在问题：2000 年度职工人数是 1 210 人，支付职工现金数是 195 万元，而 2001 年职工人数突然降至 561 人，支付职工现金数也是 195 万元。

因此，从税收缴纳、工资支付等流动负债来看，至 2003 年，金荔科技已经有种种迹象说明其财务舞弊的可能性很大。中小投资者如果在这时注意到这些问题并尽早抛售其股票，就可以避免后来的股价大跌所带来的损失。

（四）关注公司其他非财务性的舞弊迹象

投资者还可以从以下一些方面发现公司舞弊的迹象：公司治理结构、董事和高管的背景、任职情况、人员更换情况、遭受监管机构谴责和处罚情况、诉讼和担保情况、财务主管和外部审计师是否频繁变更等。金荔科技存在严重的内部人控制，公司的大股东及其关联方占用资金和大量的违规担保等重大事项，以及公司年度审计先后变更了湖南开元、华鹏、鹏城三个会计师事务所，这些都是舞弊的征兆。另外，公司发布的接受大股东关联方赠予 2.2 亿元资产的公告，以及其他一些令人生疑的重大事项公告，都是公司财务舞弊的迹象。

本章小结

公司价值是未来现金流量的折现值，而未来现金流量又是通过财务报表提供的数据结合未来情况进行预测得到的，因此，现金流量是公司价值的关键决定变量，是公司盈利、增长、风险的集中体现。现金流量分析是财务报表分析的深化，贯穿于财务报表分析的始终。财务报表舞弊是公司的最大风险，会使财务报表分析失去意义，而现金流量分析是发现财务报表舞弊的有效手段。

现金流量表是现金流量分析的最基础的资料之一，熟悉和理解现金流量表的内涵与结构是现金流量分析的前提。现金流量分析包括现金流量一般分析、现金流量水平分析、现金流量结构分析和现金流量比率分析。现金流量比率包括现金流量偿债能力比率、现金流量支付能力比率和盈利质量分析比率。现金流量偿债能力比率包括现金比率、经营活动净现金比率、现金流量利息保障倍数；现金流量支付能力比率包括支付现金股利比率、现金充分性比率、每股经营现金流量；盈利质量分析比率包括净资产现金回收率、全部资产现金回收率、盈利现金比率和销售获现比率。

财务舞弊分析主要包括盈利能力的横向比较与纵向比较，现金流量分析，税收、工资等经营性流动负债的支付情况分析和关注公司其他非财务性的舞弊迹象等手段和方法。

思考与练习

一、单项选择题

1. 下列各项中不属于企业经营活动现金流量的是（　　）。

A. 购买商品、接受劳务支付的现金

B. 支付给职工以及为职工支付的现金

C. 收到的税费返还

D. 偿付利息所支付的现金

2. 下列各项中不属于企业投资活动现金流量的是（　　）。

A. 分得利润收到现金　　B. 出售长期股权

C. 处置固定资产　　D. 短期证券（预期三个月内）的买卖

3. 以下最能反映企业获取现金能力的现金流量是（　　）。

A. 经营活动现金流量　　B. 投资活动现金流量

C. 筹资活动现金流量　　D. 以上各项

4. 确定经营活动现金流量净额的计价基础是（　　）。

A. 权责发生制　　B. 应收应付制

C. 收入费用配比制　　D. 收付实现制

5. 以下属于企业筹资活动现金流量的是（　　）。

A. 购建固定资产支付的现金　　B. 经营租赁支付的现金

C. 融资租入固定资产的租赁费　　D. 取得债券利息收入收到的现金

6. 使经营活动现金流量减少的项目是（　　）。

A. 无形资产摊销费　　B. 销售长期投资利得

C. 存货增加　　D. 应收账款减少

7. 每股经营现金流量主要衡量的是（　　）。

A. 偿债能力　　B. 支付能力

C. 资产运用效率　　D. 财务弹性

8. 在经营活动现金流量中，下列项目中最能反映现金创造能力的是(　　)。

A. 销售商品、提供劳务收到的现金

B. 收到的租金

C. 收到的税费返还

D. 收到其他与经营活动有关的现金

二、多项选择题

1. 现金流量分析一般包括（　　）。

A. 现金流量一般分析　　B. 现金流量水平分析

C. 现金流量结构分析　　D. 现金流量比率分析

E. 财务舞弊分析

2. 现金流量比率主要包括（　　）。

A. 现金流量偿债能力比率　　B. 现金流量支付能力比率

C. 未来现金流量的预测　　D. 盈利质量分析比率

E. 资产周转率

3. 下列属于现金流量偿债能力比率的是（　　）。

A. 现金比率　　B. 净资产现金回收率

C. 盈利现金比率　　D. 每股经营现金流量

E. 销售获现比率

4. 下列现金流量财务比率中，评价盈利质量的比率有（　　）。

A. 经营现金与股东权益比　　B. 每1元销售现金净流入

C. 每股经营现金流量　　D. 全部资产现金回收率

E. 经营现金与债务总额比

5. 下列各项中，影响经营活动现金流量的有（　　）。

A. 发生应付账款　　B. 购买无形资产

C. 缴纳应交税费　　D. 发行长期债券

E. 支付职工工资

三、名词解释

1. 现金比率
2. 经营活动净现金比率
3. 现金流量利息保障倍数
4. 支付现金股利比率
5. 现金充分性比率
6. 每股经营现金流量
7. 净资产现金回收率
8. 全部资产现金回收率
9. 盈利现金比率
10. 销售获现比率

四、判断题

1. 企业用现金购买将于6个月内到期的国库券，构成报告期内的现金流出。 （ ）

2. 现金流量表中的“经营活动”只限于企业直接进行产品生产、商品销售或劳务提供的活动。 （ ）

3. 现金流量表中的“投资活动”不是对外投资的概念，还包括对内投资，实际上是长期资产的取得和处置活动。 （ ）

4. 因为应付账款属于短期负债筹资，所以，应付账款的发生和归还属于现金流量表中的“筹资活动”。 （ ）

5. 对于现金流量表中周转快、金额大、期限短的项目应按净额报告。 （ ）

6. 运作比较好的企业其经营现金与流动负债比应大于0.4。 （ ）

7. 一般情况下，允许经营现金与债务总额比低于企业的银行贷款利率。 （ ）

8. 每股经营现金流量通常高于每股收益。 （ ）

五、简述题

1. 简述现金流量分析的作用。

2. 简述现金流量结构分析的含义和意义。

3. 为什么要进行现金流量偿债能力比率分析？现金流量偿债能力比率分析应注重考察哪几项指标？

4. 简述用现金流量评价盈利质量的原因。

5. 财务舞弊对公司价值有什么影响？如何进行财务舞弊分析？

案例讨论

燕京啤酒的兼并扩张创造公司价值了吗？（二）

通过现金流量分析评价燕京啤酒的兼并扩张对公司风险造成的影响，燕京啤酒案例资料见第6章章末案例，燕京啤酒的现金流量表如下：

燕京啤酒公司合并现金流量表 单位：元

项 目	2009年	2010年	2011年	2012年
一、经营活动产生的现金流量：				
销售商品、提供劳务收到的现金	11 447 450 741.16	12 091 019 420.89	14 472 191 498.35	15 492 307 667.01
收到的税费返还	21 088 512.01	46 217 488.62	31 713 846.82	51 375 661.18

续前表

项　目	2009 年	2010 年	2011 年	2012 年
收到其他与经营活动有关的现金	347 814 760.52	465 916 228.14	759 982 644.07	829 914 654.07
经营活动现金流入小计	11 816 354 013.69	12 603 153 137.65	15 263 887 989.24	16 373 597 982.26
购买商品、接受劳务支付的现金	5 377 558 552.61	6 038 294 209.68	7 756 346 486.01	8 142 628 654.07
支付给职工以及为职工支付的现金	1 152 754 931.21	1 451 945 940.34	1 766 066 581.21	2 048 944 513.43
支付的各项税费	2 113 493 435.37	2 212 600 048.39	2 599 708 201.52	2 756 127 770.51
支付其他与经营活动有关的现金	1 113 294 055.26	1 352 131 477.78	2 317 708 216.72	2 092 812 384.94
经营活动现金流出小计	9 757 100 974.45	11 054 971 676.19	14 439 829 485.46	15 040 513 322.95
经营活动产生的现金流量净额	2 059 253 039.24	1 548 181 461.46	824 058 503.78	1 333 084 659.31
二、投资活动产生的现金流量：				
收回投资收到的现金	4 000 000.00		—	58 300 000.00
取得投资收益收到的现金	653 164.47	571 841.16	6 749 261.64	49 409 726.04
处置固定资产、无形资产和其他长期资产收回的现金净额	8 253 500.63	6 555 579.98	154 234 719.93	27 733 074.76
收到其他与投资活动有关的现金		1 848 975.10	715 000 000.00	540 000 000.00
投资活动现金流入小计	12 906 665.10	8 976 396.24	875 983 981.57	675 442 800.80
购建固定资产、无形资产和其他长期资产支付的现金	904 104 952.21	1 842 243 303.53	1 397 000 417.66	1 743 743 171.04
取得子公司及其他营业单位支付的现金净额		283 520 000.00	71 912 367.62	
支付其他与投资活动有关的现金		195 542 319.99	715 000 000.00	540 000 000.00
投资活动现金流出小计	904 104 952.21	2 321 305 623.52	2 183 912 785.28	2 283 743 171.04
投资活动产生的现金流量净额	−891 198 287.11	−2 312 329 227.28	−1 307 928 803.71	−1 608 300 370.24
三、筹资活动产生的现金流量：				
吸收投资收到的现金	17 020 000.00		62 714 184.60	9 000 000.00
其中：子公司吸收少数股东投资收到的现金	17 020 000.00		62 714 184.60	9 000 000.00
取得借款收到的现金	3 374 000 000.00	3 344 000 000.00	2 861 000 000.00	6 930 000 000.00
发行债券收到的现金		1 120 000 000.00		

续前表

项　目	2009 年	2010 年	2011 年	2012 年
收到其他与筹资活动有关的现金	10 418 330.00	84 960 932.08		
筹资活动现金流入小计	3 401 438 330.00	4 548 960 932.08	2 923 714 184.60	6 939 000 000.00
偿还债务支付的现金	4 063 200 000.00	2 895 000 000.00	1 997 800 000.00	6 088 268 100.00
分配股利和利润或偿付利息支付的现金	342 269 319.05	398 378 030.54	496 198 580.01	634 680 666.05
其中：子公司支付给少数股东的股利和利润	82 358 179.26	115 082 905.42	120 732 686.15	134 362 567.95
支付其他与筹资活动有关的现金		26 666 752.99		
筹资活动现金流出小计	4 405 469 319.05	3 320 044 783.53	2 493 998 580.01	6 722 948 766.05
筹资活动产生的现金流量净额	−1 004 030 989.05	1 228 916 148.55	429 715 604.59	216 051 233.95
四、汇率变动对现金及现金等价物的影响	−278 071.42	−1 411 627.74	−830 784.67	−331 694.92
五、现金及现金等价物净增加额	163 745 691.66	463 356 754.99	−54 985 480.01	−59 496 171.90
加：期初现金及现金等价物余额	854 395 703.23	1 018 141 394.89	1 481 498 149.88	1 426 512 669.87
六、期末现金及现金等价物余额	1 018 141 394.89	1 481 498 149.88	1 426 512 669.87	1 367 016 497.97

讨论

1. 请对燕京啤酒进行现金流量一般分析、现金流量水平分析、现金流量结构分析。

2. 请分别计算现金比率、经营活动净现金比率、现金流量利息保障倍数等现金流量偿债能力指标，以及支付现金股利比率、现金充分性比率、每股经营现金流量等现金流量支付能力比率，据以评价公司风险及成因。

3. 请计算净资产现金回收率、全部资产现金回收率、盈利现金比率和销售获现比率等盈利质量分析比率，并结合第 6 章章末案例的分析结果，评价公司兼并扩张对公司价值的影响。

4. 系统解释公司快速增长对公司价值与风险造成的影响，如何采取针对性措施？

第 8 章

综合财务分析与公司价值评估

学习目的与要求

1. 了解综合财务分析的意义。
2. 掌握杜邦分析法及其应用。
3. 了解沃尔比重评分法和综合评分法。
4. 熟悉公司价值评估的三种基本方法。

引导案例

英博沽售青岛啤酒

2009 年 2 月 5 日，青岛啤酒（600600）股东正式公布的简式权益变动报告书称，总部位于比利时的英博集团将所持 2.616 亿股青岛啤酒 H 股出售给日本朝日啤酒。这部分股份占青岛啤酒总股本的 19.99%，每股交易价为 19.78 港元，交易完成后，英博仍持青岛啤酒 7.1%的股份。

英博集团目前是全球第一大啤酒制造商，旗下拥有超过 200 个品牌，其中 Skol 和 Brama 都进入全球前十大品牌，并跻身全球前五大消费品生产商。英博在中国有 20 家啤酒厂，基本以人均啤酒消费量高的东部富裕地区及沿海城市为据点，在江浙地区，英博旗下拥有宁波 KK、温州双鹿、台州石梁、衢州新国光、南京金陵等子品牌。

一个行业发展成熟与否，最集中的反映就是行业龙头是否拥有定价权。而就国内啤酒业来说，即使包括青岛啤酒在内，也都缺乏产品定价权，主要依靠低价赢得消费者。这就意味着，国内啤酒企业只能不断扩大生产规模、增加营销费用、降低毛利率水平。但是，2007 年，青岛啤酒毛利率为 41.6%，营销费用为 26.5 亿元；2008 年，其毛利率虽然维持在 41.4%，但营销费用继续上升，前三季度已达 26.72 亿元。在此情形下，啤酒业的竞争注定是一场成本控制的游戏，即谁能在扩大规模的同时控制住营销费用和管理费用，谁就有可能最终胜出。

如果说国内啤酒行业所处的市场格局及发展阶段是英博出售所持青岛啤酒股权的外因，那么，英博在中国的倒金字塔形布局则是内因。2008 年 7 月，英博集团以 520 亿美元的价格收购美国 AB 公司，当时这家总部位于比利时的啤酒企业还只在全球排名第二。这次收购之后，英博在中国的布局渐渐成型：旗下的百威啤酒雄踞高端市场，哈尔滨啤酒和雪津啤酒则占据中端市场，低端市场则由旗下的宁波 KK、温州双鹿、南京金陵等地方性品牌把持。截至 2008 年，青岛啤酒自身已形成“1+1”型品牌战略，即中高端主打青岛啤酒品牌，低端则是山水啤酒。招商证券食品饮料业研究员朱卫华认为，青岛啤酒的定位某种程度上与英博业已形成的倒金字塔形布局相冲突，英博很难将青岛啤酒纳入其已有的体系。

大手笔收购美国 AB 公司后，英博的资金已经是捉襟见肘，因此，它制定了一系列通过出售资产化解资金压力的方案，青岛啤酒位列其中也就不足为奇。

英博出售青岛啤酒堪称急迫。实际上，以成交价计算，英博似乎并未获得最高价格：其定价标准相当于吨产能 3 700 元左右，而此前 AB 公司收购哈尔滨啤酒以及纽卡斯尔收购重庆啤酒，吨产能定价均在 4 000 元～6 000 元。不过，若以出售前后的青岛啤酒 H 股股价来算，价格也不低，因为交易价相当于该交易宣布之日青岛啤酒 H 股股价的 138%。另外，朱卫华称，AB 公司收购哈尔滨啤酒时，是按照整个中国区的盈利情况来计算的，由于当时其已在青岛啤酒上获得不错的收益，因此有理由高价收购哈尔滨啤酒；至于纽卡斯尔收购重庆啤酒，却是在当时行业发展最为迅猛的时候进行的，与目前情形大有不同。

如何通过财务报表分析进行公司价值评估？如何评价公司价值评估的合理性？本章将系统介绍综合财务分析与公司价值评估的理论与方法。

第 1 节　综合财务分析

综合财务分析方法主要有杜邦分析法、沃尔比重评分法、综合评分法等。下面分别介绍这些方法。

一、杜邦分析法

（一）杜邦分析法的定义及公式

杜邦分析法（DuPont analysis），又称杜邦财务分析体系，是利用各种主要财务比率指标间的内在联系，对公司财务状况及经营成果进行综合、系统的分析与评价的方法。具体来说，它是一种用来评价公司盈利能力和股东权益回报水平，从财务角度评价企业绩效的一种经典方法。该方法以净资产收益率为龙头，以总资产净利率和权益乘数为核心，重点揭示公司盈利能力、资产投资收益能力及权益乘数对净资产收益率的影响，以及各相关指标间的相互作用关系。因其最初由美国杜邦公司成功应用，所以称为杜邦分析法。杜邦分析公式如下：

$$\text{净资产收益率}=\text{销售净利率}\times\text{总资产周转率}\times\text{权益乘数}$$

其公式推导过程如下：

$$\begin{aligned}\text{净资产收益率}&=\frac{\text{净利润}}{\text{平均股东权益}}\times 100\%\\&=\frac{\text{净利润}}{\text{平均总资产}}\times\frac{\text{平均总资产}}{\text{平均股东权益}}\times 100\%\\&=\text{总资产净利率}\times\text{权益乘数}\end{aligned} \qquad ①$$

总资产净利率又可表达为：

$$\begin{aligned}\text{总资产净利率}&=\frac{\text{净利润}}{\text{营业收入}}\times\frac{\text{营业收入}}{\text{平均总资产}}\times 100\%\\&=\text{销售净利率}\times\text{总资产周转率}\end{aligned} \qquad ②$$

综合公式①和公式②，可以得出净资产收益率的杜邦等式：

$$\begin{aligned}\text{净资产收益率}&=\frac{\text{净利润}}{\text{营业收入}}\times\frac{\text{营业收入}}{\text{平均总资产}}\times\frac{\text{平均总资产}}{\text{平均股东权益}}\times 100\%\\&=\text{销售净利率}\times\text{总资产周转率}\times\text{权益乘数}\end{aligned}$$

利用这种方法进行综合分析时，可把各项财务指标间的关系绘制成杜邦分析图（见图 8—1）。

杜邦分析图的左边部分，主要分析公司的盈利能力和营运能力，并展示出公司盈利能力和营运能力两者之间的内在联系；杜邦分析图的右边部分，主要分析公司的资本结构。资产投资收益能力和资本结构共同影响净资产收益率的水平。因

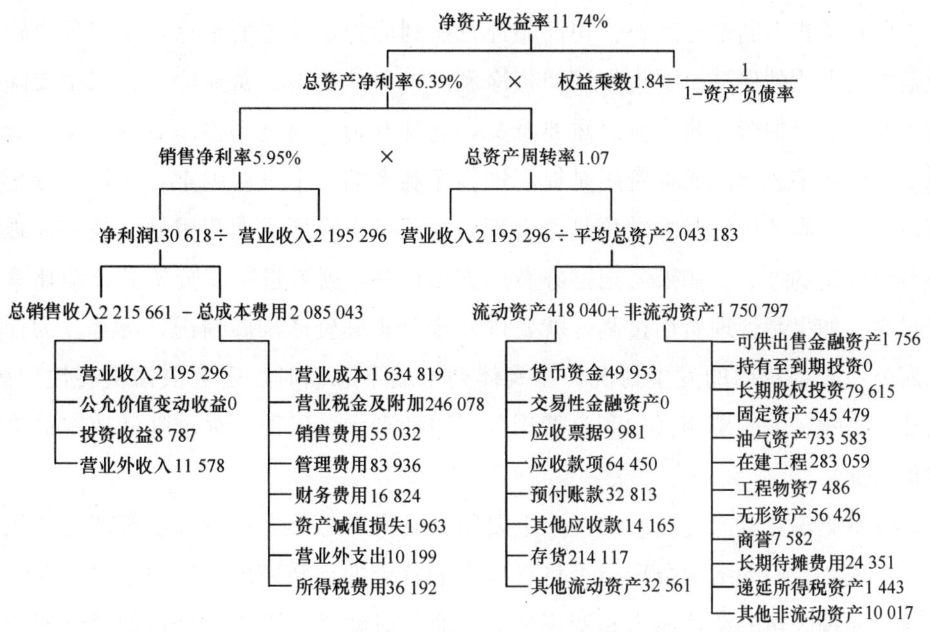

图 8—1　中国石油公司 2012 年杜邦分析图

说明：由于四舍五入，个别数据有误差。

此，净资产收益率是杜邦财务分析体系的核心，是一个综合性最强的财务指标，反映公司财务管理目标的实现情况。

（二）杜邦分析法的应用

杜邦等式和图 8—1 可以帮助管理层更加清晰地看到净资产收益率的决定因素，以及销售净利率与总资产周转率、资本结构之间的关系，给管理层提供了一幅考察公司资产管理是否使股东投资回报最大化的路线图。杜邦分析法是对公司财务状况的综合分析。它通过几个主要财务比率之间的关系，全面、系统、直观地反映出公司的财务状况，从而大大节省了财务报表使用者的时间。利用杜邦分析图进行分析需要注意以下几方面：

（1）净资产收益率是一个综合性最强的财务分析指标，是杜邦分析体系的龙头。财务管理的目标是使股东财富最大化。净资产收益率反映公司所有者投入资本的盈利能力，说明公司筹资、投资、资产营运等各项财务及其管理活动的效率。不断提高净资产收益率是使股东财富最大化的基本保证，这一财务分析指标是公司所有者、经营者都十分关心的。净资产收益率高低的决定因素主要有三个，即销售净利率、总资产周转率和权益乘数。这样分解之后，就可以将净资产收益率这一综合指标发生升降变化的原因具体化，比只用一项综合性指标更能说明问题。

（2）销售净利率是反映公司商品经营盈利能力最重要的指标，是实现净资产收益率最大化的保证。要想提高销售净利率：一是要增加营业收入；二是要降低成本费用。增加营业收入具有重要意义，它既有利于提高销售净利率，又可提高总资产周转率。降低成本费用是提高销售净利率的一个重要因素，从杜邦分析图可以看出成本费用的基本结构是否合理，从而找出降低成本费用的途径和加强成本费用控制的办法。如果公司财务费用支出过高，就要进一步分析其负债比率是否过高；如果是管理费用过高，就要进一步分析其资产周转情况，等等。为详细了解公司成本费用的发生情况，在具体列示成本总额时，还可根据重要性原则，将那些影响较大的费用（如利息费用等）单独列示，以便为寻求降低成本的途径提供依据。

（3）影响总资产周转率的一个重要因素是资产总额。它由流动资产与非流动资产组成，它们的结构合理与否将直接影响资产的周转速度。一般来说，流动资产直接体现公司的偿债能力和变现能力，而非流动资产则体现公司的经营规模和发展潜力，两者之间有一个合理的比率关系。如果发现某项资产比重过大，影响资金周转，就应深入分析原因。例如，若公司持有的货币资金超过业务需要，就会影响公司的盈利能力；如果公司占有过多的存货和应收账款，既会影响盈利能力，又会影响偿债能力。因此，还应进一步分析各项资产的占用数额和周转速度。

（4）权益乘数主要受资产负债率指标的影响。负债比率越大，权益乘数就越高，说明公司的负债程度比较高，给公司带来了较多的杠杆利益，同时，也带来了较多的风险。对权益乘数的分析要联系营业收入分析公司的资产使用是否合理，联系权益结构分析公司的偿债能力。在资产总额不变的条件下，适当开展负债经营可以减少所有者权益所占的份额，从而达到提高净资产收益率的目的。在权益总额及权益结构相对稳定的情况下，加速资金周转也可以提高公司的偿债能力和盈利能力。

杜邦分析法的作用是解释指标变动的原因，为采取措施指明方向。应当指出，杜邦分析是一种分解财务比率的方法，并不是另外建立新的财务指标，因而它可以用于各种财务比率的分析。也就是说，杜邦分析法和其他财务分析方法一样，关键不在于指标的计算，而在于对指标的理解和运用。通过杜邦分析法自上而下地分析，不仅可以了解公司财务状况的全貌以及各项财务分析指标间的结构关系，还可以查明各项主要财务指标增减变动的影响因素及存在的问题。杜邦分析法提供的上述财务信息，较好地解释了指标变动的原因，不仅为进一步采取具体措施指明了方向，还为决策者优化资产结构和资本结构，提高公司偿债能力和经营效益提供了基本思路，即提高净资产收益率的根本途径在于扩大营业、改善资产结构、节约成本费用开支、合理配置资源、加速资金周转、优化资本结构等。

从杜邦分析图中可以发现提高净资产收益率的四种途径：第一，使营业收入增长幅度高于成本费用的增长幅度；第二，减少公司的销货成本或经营费用；第三，提高总资产周转率，即在现有资产基础上，增加营业收入，或者减少公司资产；第四，在不危及公司财务安全的前提下，扩大债务规模，提高负债比率。

（三）实例分析

例 8—1

下面以中国石油公司为例，说明杜邦分析法的运用。中国石油公司的基本财务数据如表 8—1、表 8—2 所示。

表 8—1　　中国石油公司基本财务数据表　　单位：百万元

年份	净利润	营业收入	资产总额	负债总额	总成本费用
2012	130 618	2 195 296	2 168 837	988 071	2 085 043
2011	146 007	2 003 843	1 917 528	834 962	1 879 946

表 8—2　　中国石油公司财务比率计算表

项　目	2012 年	2011 年	规模变动情况		2010 年
			增减额	增减率	
净资产收益率①（%）	11.74	14.47	−2.73	−18.86%	15.90
总资产净利率②（%）	6.37	8.16	−1.80	−22.03%	9.66
权益乘数	1.84	1.77	0.07	3.95%	1.64
销售净利率（%）	5.95	7.29	−1.34	−18.38%	10.28
总资产周转率（次）	1.07	1.12	−0.05	−4.46%	0.94
资产负债率（%）	45.65	43.50	2.15	4.94%	39.02

注：①按照以下公式计算：

净资产收益率＝销售净利率×总资产周转率×权益乘数

②该表中的总资产净利率由销售净利率与总资产周转率相乘计算出来。

1. 对净资产收益率的分析

净资产收益率是衡量公司利用净资产获取利润能力的指标。净资产收益率充分考虑了筹资方式对公司盈利能力的影响，因此，它所反映的盈利能力是公司经营能力、财务决策和筹资方式等多种因素综合作用的结果。

中国石油公司的净资产收益率从 2010 年到 2012 年呈逐年下降趋势，2012 年较 2011 年下降了 18.86%。公司的投资者在很大程度上依据该指标来判断是否投资或是否转让股份，考察经营者业绩和决定股利分配政策。这些指标对公司的管理者也至关重要。

2. 分解分析过程

公司经理们为改善财务决策而进行财务分析，他们可以将净资产收益率分解为权益乘数和总资产净利率，以找到问题产生的原因。净资产收益率分解如下：

净资产收益率＝总资产净利率×权益乘数

2012 年的净资产收益率＝6.393%×1.837＝11.74%

2011 年的净资产收益率＝8.171%×1.771＝14.47%

经过分解可以看出，2012 年净资产收益率的降低主要是由于总资产净利率降低。接下来，我们继续对总资产净利率进行分解：

总资产净利率＝销售净利率×总资产周转率

2012 年的总资产净利率＝5.95%×1.074＝6.39%

2011 年的总资产净利率＝7.286%×1.121＝8.17%

经过分解可以看出，2012 年总资产净利率降低：一是由总资产周转率降低带来的，说明资产利用效果差于上年，该公司利用其总资产产生营业收入的效率降低了。二是由销售净利率降低带来的，说明该公司盈利能力减弱了。下面继续对销售净利率进行分解：

$$销售净利率=\frac{净利润}{营业收入}\times 100\%$$

$$2012\text{ 年的销售净利率}=\frac{130\ 618}{2\ 195\ 296}\times 100\%=5.95\%$$

$$2011\text{ 年的销售净利率}=\frac{146\ 007}{2\ 003\ 843}\times 100\%=7.29\%$$

上述结果表明，中国石油公司 2012 年的销售净利率较 2011 年有所下降，下降幅度为 1.34%，而且净利润的降幅大于营业收入的增幅，主要原因是公司近几年四个板块业务成本上升导致业绩下降：一是属于盈利支柱的上游板块油气量价齐升；二是炼油与化工板块整体大幅亏损超预期；三是勘探费用的增加以及人工和折旧的快速增长；四是天然气与管道板块经营受进口油气高位成本影响而亏损，其中销售进口天然气及 LNG 亏损约 419 亿元。综合上述原因，说明该公司未能有效地控制成本与费用，导致该公司成本效益降低，盈利能力下降。

该公司权益乘数在 2010—2012 年间呈上升趋势。权益乘数越大，公司负债程度相对越高，偿还债务能力越弱，财务风险程度越高。这个指标同时也反映了财务杠杆对利润水平的影响。财务杠杆具有正反两方面的作用：在收益较好的年度，它可以使股东获得的潜在报酬增加，但股东要承担因负债增加而引起的风险；在收益不好的年度，则可能使股东潜在的报酬下降。该公司的权益乘数近三年处于1.64～1.84 之间，即资产负债率在 40%～50%之间，同行业的资产负债率为55.86%，与同业相比，该公司虽然具有一定的长期偿债能力，但近几年财务风险呈上升趋势，不属于稳健战略型公司。

综上所述，杜邦分析法以净资产收益率为主线，将公司在某一时期的营业成果以及资产营运状况全面联系在一起，层层分解、逐步深入，构成一个完整的分析体系。它能帮助管理者发现公司财务和经营管理中存在的问题，能够为改善公司经营管理提供十分有价值的信息，因而得到普遍的认同，并在实际工作中得到广泛的应用。

该方法作为一种综合分析方法，从结果倒推原因，若与其他分析方法相结合，不仅可以弥补自身的缺陷和不足，也可以弥补其他方法的缺点，使分析结果更完整、更科学。比如以杜邦分析法为基础，结合专项分析，进行一些后续分析，可以对有关问题形成的原因有更深入、更细致的了解；也可结合比较分析法和趋势分析法，将不同时期的杜邦分析结果进行对比，从而形成动态分析，找出变化的规律，为预测、决策提供依据；或者与一些公司财务风险分析方法结合，进行必要的风险分析，为管理者决策提供依据。从公司绩效评价的角度来看，杜邦分析法只包括财务方面的信息，不能全面反映公司的实力，有很大的局限性，在实际运用中需要加以注意，分析时必须结合公司的其他信息。杜邦分析法的缺陷主要表现在以下方面：

（1）对短期财务结果过分重视，有可能助长公司管理层的短期行为，忽略公司长期的价值创造。

（2）财务指标反映的是公司过去的经营业绩，在反映未来的公司财务状况方面具有一定的局限性。在目前的信息时代，顾客、供应商、雇员、技术创新等因素对公司经营业绩的影响越来越大，而杜邦分析法在这些方面无能为力。

二、沃尔比重评分法

在进行财务分析时，人们常遇到的一个主要困难是在计算出各项财务比率后，无法判定其是偏高还是偏低。将实际比率与本公司的历史水平或预算指标相比，只能看出本公司自身的变化，很难评价其在市场竞争中的优劣地位。为了弥补这些缺点，亚历山大·沃尔在其 20 世纪初编写的《信用晴雨表研究》和《财务报表比率分析》中，提出了信用能力指数概念。他把选定的流动比率、产权比率、固定资产比率、存货周转率、应收账款周转率、固定资产周转率、权益（即所有者权益）资本周转率等七项财务比率用线性关系结合起来，并分别给定各自的分数比重，总和为 100 分。然后通过与标准比率进行比较，确定各项指标的得分及总体指标的累计分数，从而对公司的财务状况做出综合评价。评分过程分三步：

第一步，计算相对比率。

$$\text{相对比率}=\frac{\text{实际值}}{\text{标准值}}$$

第二步，计算某项比率得分。

$$\text{某项比率得分}=\text{标准值评分}\times\text{该指标的相对比率}$$

第三步，计算综合得分。

$$\text{公司综合得分}=\sum\text{各项比率得分}$$

例 8—2

下面用沃尔比重评分法给中国石油公司 2012 年的信用状况评分，结果如表 8—3 所示。

表 8—3　　中国石油公司各项财务比率

财务比率	比重 (1)	标准比率 (2)	实际比率 (3)	相对比率 (4)＝(3)÷(2)	评分 (5)＝(1)×(4)
流动比率	25	2	0.73	0.37	9.13
$\frac{\text{净资产}}{\text{负债}}$	25	1.5	1.20	0.80	20.00
$\frac{\text{资产}}{\text{固定资产}}$	15	2.5	3.98	1.59	23.88
$\frac{\text{营业成本}}{\text{存货}}$	10	8	7.64	0.96	9.55
$\frac{\text{销售额}}{\text{应收账款}}$	10	6	34.06	5.68	56.77
$\frac{\text{销售额}}{\text{固定资产}}$	10	4	4.02	1.01	10.05
$\frac{\text{销售额}}{\text{净资产}}$	5	3	1.86	0.62	3.10
合计	100				132.47

沃尔比重评分法从理论上讲有一个明显的问题，就是不能证明为什么要选择这七个指标，而不是更多或更少些，或者选择别的财务比率，以及不能证明每个指标所占比重的合理性。

沃尔比重评分法从技术上讲也有一个问题，就是当某一个指标严重异常时，会对总评分产生不合逻辑的重大影响。这个缺陷是由财务比率与其比重相乘引起的。财务比率提高一倍，评分增加 100%；而缩小一半，评分只减少 50%。在采用此方法进行财务状况综合分析和评价时，应注意这方面的问题。

尽管沃尔比重评分法在理论上有待证明，在技术上也不完善，但在实践中仍然被广泛应用。

三、综合评分法

综合评分法是财务报表分析与业绩评价的一种重要方法，已经被我国国有公司广泛应用。2006 年，国务院国有资产监督管理委员会发布的《中央企业综合绩效评价实施细则》对综合评分法的程序、方法及其应用作出了详细阐述和规定。下面借鉴这些做法对综合评分法进行讨论。

（一）选择业绩评价指标

国务院国有资产监督管理委员会提供的可供选择的公司综合绩效评价指标包括 22 个财务绩效定量评价指标和 8 个管理绩效定性评价指标，具体如表 8—4 所示。

表 8—4　公司综合绩效评价指标体系

	财务绩效定量评价指标		管理绩效定性评价指标
	基本指标	修正指标	
一、盈利能力状况	净资产收益率 总资产报酬率	销售（营业）利润率 盈余现金保障倍数 成本费用利润率 资本收益率	战略管理 发展创新 经营决策 风险控制 基础管理 人力资源 行业影响 社会贡献
二、资产质量状况	总资产周转率 应收账款周转率	不良资产比率 流动资产周转率 资产现金回收率	
三、债务风险状况	资产负债率 已获利息倍数	速动比率 现金流动负债比率 带息负债比率 或有负债比率	
四、经营增长状况	销售（营业）增长率 资本保值增值率	销售（营业）利润增长率 总资产增长率 技术投入比率	

1. 财务绩效基本指标及其计算

（1）净资产收益率，指公司运用投资者资本获得收益的能力。其计算公式为：

$$净资产收益率=\frac{净利润}{平均净资产}\times 100\%$$

（2）总资产报酬率，用于衡量公司运用全部资产盈利的能力。其计算公式为：

$$总资产报酬率=\frac{利润总额+利息支出}{平均资产总额}\times 100\%$$

（3）总资产周转率，指公司一定时期营业收入与总资产平均余额的比值，是综合评价公司全部资产经营质量和利用效率的重要指标。其计算公式为：

$$总资产周转率=\frac{营业收入}{总资产平均余额}$$

（4）应收账款周转率，指公司一定时期营业收入与应收账款平均余额之比。其计算公式为：

$$应收账款周转率=\frac{营业收入}{应收账款平均余额}$$

$$应收账款平均余额=\frac{期初应收账款+期末应收账款}{2}$$

$$应收账款余额=应收账款净额+应收账款坏账准备$$

（5）资产负债率，可用于衡量公司负债水平与偿债能力。其计算公式为：

$$资产负债率=\frac{负债总额}{资产总额}\times 100\%$$

（6）已获利息倍数，指息税前利润与利息费用之间的比率，可用于衡量公司的偿债能力。其计算公式为：

$$已获利息倍数=\frac{税前利润+利息费用}{利息费用}$$

（7）销售（营业）增长率，是反映公司销售（营业）收入增长情况的指标。其计算公式为：

$$销售(营业)增长率=\frac{本期营业收入增加额}{上期营业收入}\times 100\%$$

（8）资本保值增值率，可用于衡量公司所有者权益的保持和增长幅度。其计算公式为：

$$资本保值增值率=\frac{扣除客观增减因素的年末所有者权益}{年初所有者权益}\times 100\%$$

根据上述公式，中国石油公司 2012 年各项财务绩效基本指标如表 8—5 所示。

表 8—5　　中国石油公司 2012 年财务绩效基本指标表

基本指标	2012 年
净资产收益率	11.54%
总资产报酬率	9.22%
总资产周转率（次）	1.07
应收账款周转率（次）	37.12
资产负债率	45.56%
已获利息倍数（倍）	8.72
销售（营业）增长率	9.55%
资本保值增值率	109.07%

注：利息支出由于资料限制，用财务费用替代。

2. 财务绩效修正指标及其计算

(1) 销售（营业）利润率 $=\frac{\text{营业利润}}{\text{营业收入}}\times 100\%$

(2) 盈余现金保障倍数 $=\frac{\text{经营活动现金流量净额}}{\text{净利润}}$

(3) 成本费用利润率 $=\frac{\text{利润总额}}{\text{成本费用总额}}\times 100\%$

式中，

成本费用总额＝营业成本＋营业税金及附加＋销售费用＋管理费用＋财务费用

(4) 资本收益率 $=\frac{\text{净利润}}{\text{平均资本}}\times 100\%$

式中，

$$\text{平均资本}=\frac{(\text{年初实收资本}+\text{年初资本公积})+(\text{年末实收资本}+\text{年末资本公积})}{2}$$

(5) 不良资产比率 $=\frac{\text{资产减值准备余额}+\text{应提未提和应摊未摊的潜亏挂账}+\text{未处理资产损失}}{\text{资产总额}+\text{资产减值准备余额}}\times 100\%$

(6) 流动资产周转率 $=\frac{\text{营业收入}}{\text{流动资产平均占用额}}$

(7) 资产现金回收率 $=\frac{\text{经营活动现金流量净额}}{\text{平均资产总额}}\times 100\%$

(8) 速动比率 $=\frac{\text{速动资产}}{\text{流动负债}}\times 100\%$①

式中，

① 在业绩考评中，为了说明各绩效档次之间的差异，放大数据保留的位数，采用百分比表示。

速动资产＝流动资产－存货

(9) 现金流动负债比率$=\frac{\text{经营活动现金流量净额}}{\text{流动负债}}\times 100\%$

(10) 带息负债比率$=\frac{\text{短期借款}+\text{一年内到期的非流动负债}+\text{长期借款}+\text{应付债券}+\text{应付利息}}{\text{负债总额}}\times 100\%$

(11) 或有负债比率$=\frac{\text{或有负债余额}}{\text{所有者权益}}\times 100\%$

式中，

$$\text{或有负债余额}=\text{已贴现承兑汇票}+\text{担保余额}+\text{贴现与担保外的被诉事项金额}+\text{其他或有负债}$$

(12) 销售（营业）利润增长率$=\frac{\text{本期营业利润增加额}}{\text{上期营业利润}}\times 100\%$

(13) 总资产增长率$=\frac{\text{本期资产增加额}}{\text{资产期初余额}}\times 100\%$

(14) 技术投入比率$=\frac{\text{本年科技支出合计}}{\text{营业收入}}\times 100\%$

根据上述公式，中国石油公司 2012 年各项财务绩效修正指标如表 8—6 所示。

表 8—6　　中国石油公司 2012 年财务绩效修正指标表

修正指标	2012 年
销售（营业）利润率	7.54%
盈余现金保障倍数（倍）	1.83
成本费用利润率	8.19%
资本收益率	43.92%
不良资产比率①	2.17%
流动资产周转率（次）	5.46
资产现金回收率	11.71%
速动比率	35.48%
现金流动负债比率	41.63%
带息负债比率	45.04%
或有负债比率②	4.88%
销售（营业）利润增长率	−10.34%
总资产增长率	13.11%
技术投入比率③	0.66%

注：①不良资产比率中的资产减值准备余额数据来自附注资料，为 46 168 百万元。该公司无潜亏挂账。未处理资产损失见利润表数据。

②该公司无因或有事项形成的或有负债。

③本年科技支出为 2012 年度计入当期损益的研究与开发支出，共计 14 453 百万元。

（二）确定各项经济指标的标准值及标准系数

为了准确评价公司财务业绩，根据不同公司类型及指标分类情况规定了不同的经济指标标准值。

（1）财务绩效基本指标标准值及标准系数。基本指标评价的参照水平即标准值由财政部定期颁布，分为五档。不同行业、不同规模的公司有不同的标准值。例如，2007 年公司财务绩效基本指标标准值如表 8—7 所示。

表 8—7　　公司财务绩效基本指标标准值表

指标（标准系数） 项目	优秀 (1)	良好 (0.8)	平均 (0.6)	较低 (0.4)	较差 (0.2)
净资产收益率	13.8	10.3	6.4	2.7	−0.9
总资产报酬率	9.1	7.3	4.0	2.2	0.0
总资产周转率	1.1	0.9	0.7	0.6	0.5
应收账款周转率	8.6	6.8	4.2	2.9	1.7
资产负债率	40.2	53.4	62.1	74.8	84.7
已获利息倍数	5.7	3.4	2.3	1.7	0.9
销售（营业）增长率	35.7	27.5	18.3	14.2	3.5
资本保值增值率	111.7	109.2	106.1	102.4	98.3

（2）财务绩效修正指标标准值及修正系数。基本指标有较强的概括性，但是不够全面。为了更加全面地评价公司绩效，财政部另外设置了 4 类 14 项修正指标，根据修正指标的高低计算修正系数，用得出的系数去修正基本指标得分。2007 年公司财务绩效修正指标标准值如表 8—8 所示。

表 8—8　　公司财务绩效修正指标标准值表

指标（标准系数） 项目	优秀 (1)	良好 (0.8)	平均 (0.6)	较低 (0.4)	较差 (0.2)
一、盈利能力状况					
销售（营业）利润率	20.9	18.4	15.0	11.4	7.0
盈余现金保障倍数	6.4	3.5	1.0	−0.5	−2.3
成本费用利润率	10.9	7.8	4.7	0.4	−3.3
资本收益率	16.3	10.4	5.9	0.7	−1.2
二、资产质量状况					
不良资产比率	0.6	2.4	5.0	7.2	11.5
流动资产周转率	1.8	1.4	1.0	0.8	0.6
资产现金回收率	10.6	9.2	4.4	1.5	0.3
三、债务风险状况					
速动比率	105.3	87.1	59.3	42.7	26.7
现金流动负债比率	18.3	14.3	7.5	4.1	1.8

续前表

项目 \ 指标(标准系数)	优秀 (1)	良好 (0.8)	平均 (0.6)	较低 (0.4)	较差 (0.2)
带息负债比率	21.7	30.5	42.1	55.2	70.4
或有负债比率	0.4	1.3	6.1	14.7	23.8
四、经营增长状况					
销售（营业）利润增长率	37.6	29.1	21.1	4.5	−5.7
总资产增长率	22.3	16.7	10.5	3.5	−1.9
技术投入比率	4.3	2.4	1.5	0.8	0.0

（三）确定各项经济指标的权数

指标的权数根据评价目的和指标的重要程度确定。表 8—9 是公司综合绩效评价指标体系中各类及各项指标的权数或分数。

表 8—9　　公司综合绩效评价指标及权重表

财务绩效定量指标（权重 70%）					管理绩效定性指标（权重 30%）	
指标类别（100）	基本指标（100）		修正指标（100）		评议指标（100）	
一、盈利能力状况 (34)	净资产收益率	20	销售（营业）利润率	10	战略管理	18
	总资产报酬率	14	盈余现金保障倍数	9	发展创新	15
			成本费用利润率	8	经营决策	16
			资本收益率	7	风险控制	13
二、资产质量状况 (22)	总资产周转率	10	不良资产比率	9	基础管理	14
	应收账款周转率	12	流动资产周转率	7	人力资源	8
			资产现金回收率	6	行业影响	8
三、债务风险状况 (22)	资产负债率	12	速动比率	6	社会贡献	8
	已获利息倍数	10	现金流动负债比率	6		
			带息负债比率	5		
			或有负债比率	5		
四、经营增长状况 (22)	销售（营业）增长率	12	销售（营业）利润增长率	10		
	资本保值增值率	10	总资产增长率	7		
			技术投入比率	5		

（四）各类指标得分计算

1. 财务绩效基本指标得分计算

基本指标反映公司的基本情况，是对公司绩效的初步评价。基于功效系数法计分原理，将评价指标实际值与行业评价标准值对照，按照规定的计分公式计算各项基本指标得分。

（1）单项指标得分的计算。

单项基本指标得分＝本档基础分＋本档调整分

本档基础分＝指标权数×本档标准系数

本档调整分＝功效系数×(上档基础分－本档基础分)

$$功效系数=\frac{实际值-本档标准值}{上档标准值-本档标准值}$$

上档基础分＝指标权数×上档标准系数

本档标准值是指上下两档标准值中居于较低等级的一档。

例如，甲公司 2012 年总资产报酬率为 6.81%，该总资产报酬率已超过平均（4.0%）水平，因此可以得到平均档基础分；若它处于良好档（7.3%）和平均档（4.0%）之间，则需要调整。本档标准系数为 0.6，上档标准系数为 0.80。

$$\begin{aligned}本档基础分&=指标权数\times本档标准系数\\&=14\times0.6=8.4(分)\end{aligned}$$

$$\begin{aligned}本档调整分&=\frac{实际值-本档标准值}{上档标准值-本档标准值}\times(上档基础分-本档基础分)\\&=\frac{6.81\%-4.0\%}{7.3\%-4.0\%}\times(14\times0.8-14\times0.6)=2.38(分)\end{aligned}$$

总资产报酬率指标得分＝8.4＋2.38＝10.78(分)

其他基本指标得分的计算方法与此相同，不再举例。

（2）基本指标总分的计算。

$$分类指标得分=\sum 类内各项基本指标得分$$

$$基本指标总分=\sum 各类基本指标得分$$

中国石油公司单项基本指标得分的计算结果如表 8—10 第三列所示，分类指标得分和基本指标总分如第四列所示。

表 8—10　　中国石油公司基本指标得分计算表　　单位：分

类　别	基本指标（权数）	单项指标得分	分类指标得分
一、盈利能力状况	净资产收益率（20） 总资产报酬率（14）	17.42 14.00	31.42
二、资产质量状况	总资产周转率（10） 应收账款周转率（12）	9.70 12.00	21.70
三、债务风险状况	资产负债率（12） 已获利息倍数（10）	12 10	22.00
四、经营增长状况	销售（营业）增长率（12） 资本保值增值率（10）	3.76 7.92	11.68
基本指标总分			86.80

2. 财务绩效修正指标修正系数计算

对基本指标得分的修正是按指标类别得分进行的，需要计算分类综合修正系数。分类综合修正系数由单项指标修正系数加权平均求得，而单项指标修正系数由基本指标评价分数和修正指标实际值组成。

（1）单项指标修正系数的计算。

$$\text{单项指标修正系数}=1.0+\left(\text{本档标准系数}+\text{功效系数}\times 0.2-\text{该类基本指标分析系数}\right)$$

单项指标修正系数控制修正幅度为 0.7～1.3。

下面以盈余现金保障倍数为例说明单项指标修正系数的计算。

1）标准系数的确定。

已知中国石油公司盈余现金保障倍数为 1.25，表 8—8 中该指标的实际值介于良好 3.5 和平均 1.0 之间，其标准系数应为 0.60。

2）功效系数的计算。

$$\text{功效系数}=\frac{\text{实际值}-\text{本档标准值}}{\text{上档标准值}-\text{本档标准值}}$$

$$\text{盈余现金保障倍数指标的功效系数}=\frac{1.25-1.0}{3.5-1.0}=0.10$$

3）分类基本指标分析系数的计算。

$$\text{某类基本指标分析系数}=\frac{\text{该类基本指标得分}}{\text{该类指标权数}}$$

根据表 8—10 可知中国石油公司盈利能力类基本指标得分为 34.00，其权数为 34，则

$$\text{盈利能力类基本指标分析系数}=\frac{34.00}{34}=1.00$$

根据以上结果，可以计算出盈余现金保障倍数指标的修正系数为：

$$\text{盈余现金保障倍数指标的修正系数}=1.0+(0.6+0.10\times 0.2-1.00)=0.62$$

在计算修正指标单项修正系数的过程中，对于一些特殊情况作如下规定：

第一，如果修正指标实际值达到优秀值以上，其单项修正系数的计算公式如下：

$$\text{单项修正系数}=1.2+\text{本档标准系数}-\text{该部分基本指标分析系数}$$

第二，如果修正指标实际值处于较差值以下，其单项修正系数的计算公式

如下：

单项修正系数＝1.0－该部分基本指标分析系数

第三，如果资产负债率≥100%，指标得 0 分；其他情况按照规定的公式计分。

第四，如果盈余现金保障倍数的分子为正数，分母为负数，单项修正系数确定为 1.1；如果分子为负数，分母为正数，单项修正系数确定为 0.9；如果分子分母同为负数，单项修正系数确定为 0.8。

第五，如果不良资产比率≥100%或分母为负数，单项修正系数确定为 0.8。

第六，对于销售（营业）利润增长率指标，如果上年主营业务利润为负数，本年为正数，单项修正系数为 1.1；如果上年主营业务利润为零，本年为正数，或者上年为负数，本年为零，单项修正系数确定为 1.0。

按照上述方法，可以计算出销售（营业）利润率、成本费用利润率和资本收益率。三项修正指标的单项修正系数分别为 0.318，0.989，1.200。

（2）分类综合修正系数的计算。

$$分类综合修正系数=\sum 类内单项指标的加权修正系数$$

式中，

单项指标的加权修正系数＝单项指标修正系数×该项指标在本类指标中的权数

例如，成本费用利润率指标属于盈利能力指标，其权数为 8，盈利能力类指标总权数为 34。

$$成本费用利润率指标的加权修正系数=0.989\times\frac{8}{34}=0.23$$

盈利能力类的修正指标有 4 项，已计算出成本费用利润率指标的加权修正系数为 0.23，销售（营业）利润率指标的单项修正系数为 0.318，根据单项修正系数控制修正幅度为 0.7～1.3，0.318 远远小于 0.7，可以不予考虑。同样，盈余现金保障倍数指标的单项修正系数为 0.62，小于 0.70，也可以不予考虑。资本收益率指标的加权修正系数为 0.25，则

盈利能力类综合修正系数＝0.23＋0.25＝0.48

其他类别指标的综合修正系数计算方法与上述方法相同，不再举例。

3. 修正后得分的计算

$$修正后得分=\sum（分类综合修正系数\times分类基本指标得分）$$

中国石油公司各类基本指标得分和分类综合修正系数如表 8—11 所示，通过该

表可计算出修正后定量指标的总分。

表 8—11　　中国石油公司修正后得分的计算

项　目	类别修正系数	基本指标得分	修正后得分
盈利能力状况	0.67	31.42	21.05
资产质量状况	1.21	21.70	26.26
债务风险状况	0.60	22.00	13.20
经营增长状况	0.56	11.68	6.54
修正后定量指标总分			67.05

4. 管理绩效定性评价指标的计分方法

（1）管理绩效定性评价指标的内容。管理绩效定性评价指标的计分一般通过专家评议打分形式完成，聘请的专家应不少于 7 名。评议专家应当在充分了解公司管理绩效状况的基础上，对照评价参考标准，采取综合分析判断法对公司管理绩效指标做出分析评议，评判各项指标所处的水平档次，并直接给出评价分数。表 8—12 是一名评议专家给出的各项管理绩效定性评价指标的等级。

表 8—12　　管理绩效定性评价指标等级表

评议指标	权数	等级（参数）				
		优 (1)	良 (0.8)	中 (0.6)	低 (0.4)	差 (0.2)
战略管理	18		√			
发展创新	15	√				
经营决策	16		√			
风险控制	13		√			
基础管理	14			√		
人力资源	8		√			
行业影响	8	√				
社会贡献	8		√			

（2）单项评议指标得分。

$$单项评议指标分数=\sum\frac{单项评议指标权数\times 各评议专家给定等级参数}{评议专家人数}$$

假设评议专家有 7 人，对战略管理指标的评议结果为：优等 4 人，良等 3 人。

$$\begin{aligned}\text{战略管理评议指标得分}&=\frac{18\times1+18\times1+18\times1+18\times1+18\times0.8+18\times0.8+18\times0.8}{7}\\&=16.46\end{aligned}$$

其他指标的计算方法与上述方法相同，不再举例。

(3) 评议指标总分的计算。

$$评议指标总分=\sum 单项评议指标分数$$

前面已计算出战略管理评议指标分数为 16.46，假设其他 7 项评议指标的单项得分分别为 14，14，11，12，6，8 和 7，则

$$评议指标总分=16.46+14+14+11+12+6+8+7=88.46$$

(五) 综合评价得分计算

在得出财务绩效定量评价分数和管理绩效定性评价分数后，应当按照规定的权重，耦合形成综合绩效评价分数。其计算公式为：

$$\begin{matrix}公司综合绩效\\评价分数\end{matrix}=\begin{matrix}财务绩效定量\\评价分数\end{matrix}\times 70\%+\begin{matrix}管理绩效定性\\评价分数\end{matrix}\times 30\%$$

根据以上有关数据，中国石油公司的综合评价得分计算如下：

$$综合评价得分=67.11\times 70\%+88.46\times 30\%=73.52$$

在得出评价分数以后，应当计算年度之间的绩效改进度，以反映公司年度之间经营绩效的变化状况。其计算公式为：

$$绩效改进度=\frac{本期绩效评价分数}{基期绩效评价分数}$$

绩效改进度大于 1，说明经营绩效上升；绩效改进度小于 1，说明经营绩效下滑。

(六) 确定综合评价结果等级

公司综合绩效评价结果以 85，70，50，40 分作为类型判定的分数线。具体的公司综合绩效评价类型与评价级别如表 8—13 所示。

表 8—13　　公司综合绩效评价类型与评价级别一览表

评价类型	评价级别	评价得分
优 (A)	A++ A+ A	A++≥95 分 95 分>A+≥90 分 90 分>A≥85 分
良 (B)	B+ B B−	85 分>B+≥80 分 80 分>B≥75 分 75 分>B−≥70 分

续前表

评价类型	评价级别	评价得分
中（C）	C C−	70分>C≥60分 60分>C−≥50分
低（D）	D	50分>D≥40分
差（E）	E	E<40分

从表8—13中可以看出，中国石油公司综合得分73.52分，其综合绩效等级属于良（B^-）级。

第2节　公司价值评估

公司价值评估是财务报表分析的最基本目标之一，也是从事价值投资与价值管理的基本前提。财务报表提供了关于公司经营活动的可以得到的最广泛的数据和信息，这些信息全面反映了公司价值，但是，由于财务报表使用者未必是会计专家，不一定能把财务报表中的真实信息与歪曲和“噪音”区分开来，从而难以对公司内在价值做出准确评估。有效的公司分析通过加深对公司所在行业及其竞争策略的了解，可以从公开的财务报表数据中获取公司管理者的内部信息，增进对公司当前业绩与未来前景的了解，从而有助于做出准确的公司价值评估。利用财务报表进行公司分析与价值评估一般需要以下步骤：公司经营战略分析、会计分析、财务分析、业绩预测与价值评估。可见，利用财务报表进行公司价值评估所包含的工作内容远远超越了财务报表分析的工作内容。但是，无论如何，财务报表分析是公司分析与价值评估的基础。公司经营战略分析、业绩预测等内容作为公司财务报表分析的延伸，已经超越了本教材的内容范围，本书不再探讨，而是重点讨论利用财务报表进行价值评估的基本方法。利用财务报表进行价值评估的方法很多，下面主要介绍常用的三种方法：基于现金流量的价值评估（也称为现金流量折现法）、基于盈利的经济利润价值评估（也称为经济利润法）和基于价值倍数的价值评估（也称为相对价值法）。

一、现金流量折现法

财务理论认为，公司价值应该与公司未来资本收益的现值相等。公司未来资本收益可用股利、净利润和净现金流量等表示。不同的表示方法反映的公司价值内涵是不同的。利用净现金流量作为资本收益进行折现，被认为是较理想的价值评估方法，因为净现金流量与以会计为基础计算的股利及利润指标相比，更能全面、精确地反映所有价值因素。

（一）公司股权价值与公司价值模型

如果将公司未来现金流量定义为公司所有者的现金流量，则现金流量的现值实际上反映的是公司股权价值。将公司股权价值加上公司债务价值，可得到公司价值。如果将公司未来现金流量定义为公司所有资本提供者（包括所有者和债权者）的现金流量，则现金流量的现值反映的是公司价值，从公司价值中减去债务价值才能得到公司股权价值。其中债务价值是指债务的公允市场价值，也就是债权人现金流量的现值。

1. 公司股权价值模型

$$股权价值 = \sum_{t=1}^{\infty} \frac{股权现金流量_t}{(1+权益资本成本)^t}$$

式中，股权现金流量是指公司在一定期间能够提供给投资人的现金流量。权益资本成本是指投资人由于冒风险投资所要求的必要报酬率，也可以称为与股权现金流量等风险投资的机会成本。t 指股权带来现金流量的年度。

2. 公司价值模型

$$公司价值 = \sum_{t=1}^{\infty} \frac{公司现金流量_t}{(1+加权平均资本成本)^t}$$

式中，公司现金流量是指公司在一定期间全部现金流入减去付现成本以及必要资本支出后的剩余部分，是公司可以提供给所有投资人，即股权投资人与债权投资人的现金流量。加权平均资本成本是指按公司资本结构与个别资本成本加权平均得出的资本成本，代表了与公司现金流量匹配的等风险投资的必要报酬率。t 指带来现金流量的年度。

（二）自由现金流量的估计

运用现金流量折现法估计公司价值时，要使用公司自由现金流量与股权自由现金流量的概念。公司自由现金流量是指归属于公司全部股东和债权人的可自由支配的现金流量总和。股权自由现金流量是指归属于全部股东的可自由支配的现金流量。无论是公司自由现金流量还是股权自由现金流量，都是扣除一切必需的支出后剩余的现金流量，因此称为可自由支配的现金流量。

1. 公司自由现金流量的计算

公司自由现金流量可以根据以下公式计算：

公司自由现金流量＝经营现金净流量－资本支出
＝(息前税后利润＋折旧与摊销等非付现成本
－营运资本净增加额)－资本支出

式中，经营现金净流量是指息前税后利润加折旧与摊销等非付现成本，再减营运资本净增加额后的余额。需要特别注意的是，公式中的经营现金净流量只扣除息税前利润产生的所得税，不扣除利息的所得税影响，因为，负债筹资利息不属于经营活动，应把利息支出作为债权人现金流量，与现金流量表中的经营活动产生的现金流量净额不同。

资本支出是指用于购置各项长期资产的支出减无息长期负债的余额，实际上是净投资的概念，这部分支出是维持公司可持续增长及竞争优势所必需的。

息前税后利润是指已扣除所得税，但未扣除利息的利润。使用息前税后利润是因为在公司价值分析的现金流量现值模型中，使用的折现率是税后资本成本，为了使现金流量与折现率一致，也要使用税后现金流量。

2. 股权自由现金流量的计算

股权自由现金流量与公司自由现金流量的区别在于需要扣除属于债权人的现金流量，公式如下：

股权自由现金流量＝公司自由现金流量－债权人现金流量
债权人现金流量＝利息支出－利息所得税＋偿还债务本金－新借债务本金
＝税后利息支出－有息债务净增额
股权自由现金流量＝公司自由现金流量－税后利息支出＋有息债务净增额

3. 自由现金流量预测分析

自由现金流量预测的方法有很多，最基础的方法是编制预计财务报表，包括预计利润表、预计资产负债表和预计现金流量表。确定有明确预测期的现金净流量现值是公司价值评估的最重要内容。要正确预测现金净流量现值，需要明确预测期，从预测的准确性、必要性角度考虑，通常预测期为5～10年。

（三）折现率的确定

折现率的高低主要取决于公司资本成本的水平。为了与现金流量定义相一致，计算股权价值的折现率应使用权益资本成本，计算公司整体价值应使用加权平均资本成本。由于个别资本成本的高低取决于投资者从其他同等风险投资中可能得到的报酬率，因此，折现率的高低必须能准确反映现金流量的风险程度。只有折现率准确反映现金净流量的风险，价值评估结果才能准确；否则，不正确的折现率将使价值评估结果偏高或偏低。

（四）现金流量折现法的具体应用

根据现金流量的期限长短与变化特征，现金流量折现法包括永续增长模型、两阶段增长模型与三阶段增长模型。使用哪个模型取决于分析人员对未来现金流量的估计。

1. 应用现金流量折现法计算股权价值

（1）永续增长模型。永续增长模型假设公司未来永久保持一个固定的自由现金流量增长率。永续增长模型如下：

$$\text{股权价值}=\frac{\text{下期股权现金流量}}{\text{股权(权益)资本成本}-\text{现金流量永续增长率}}$$

永续增长模型的特例是永续增长率等于零，即零增长模型。

永续增长模型的使用条件是：影响现金流量的各种财务比率保持不变，即销售净利率、总资产周转率、权益乘数和股利发放率不变。当增长率接近折现率时，股票价值趋于无限大。因此，对于增长率和股权成本的预测质量要求很高。

例 8—3

某公司 2012 年每股息前税后利润 10 元，每股折旧与长期资产摊销 30 元，每股资本支出 35 元，该年比上年营运资本每股增加 2 元，每股债权人现金流量 2 元。预计公司在未来将持续保持 5%的自由现金流量增长率。该公司的股权资本成本为 10%。若当前股票市价为每股 18 元，是否值得购买该股票？

$$\begin{aligned}\begin{matrix}\text{每股股权自由}\\ \text{现金流量}\end{matrix}&=\begin{matrix}\text{每股息前}\\ \text{税后利润}\end{matrix}+\begin{matrix}\text{每股折旧}\\ \text{摊销}\end{matrix}-\begin{matrix}\text{每股营运}\\ \text{资本增加}\end{matrix}-\begin{matrix}\text{每股资本}\\ \text{支出}\end{matrix}-\begin{matrix}\text{每股债权人}\\ \text{现金流量}\end{matrix}\\ &=10+30-2-35-2=1(\text{元})\end{aligned}$$

$$\text{每股价值}=1\times\frac{1+5\%}{10\%-5\%}=21(\text{元})$$

显然，该股票被市场低估，应该买入。

（2）两阶段增长模型。两阶段增长模型假设自由现金流量的增长分两个阶段：第一阶段增长较快，称为预测期；第二阶段增长较慢，且增长率不变，称为后续期。两阶段增长模型如下：

股权价值＝预测期股权现金流量现值＋后续期股权现金流量现值

假设预测期为 n，则

$$股权价值=\sum_{t=1}^{n}\frac{股权现金流量_t}{(1+股权资本成本)^t}+\frac{\dfrac{股权现金流量_{n+1}}{股权资本成本-永续增长率}}{(1+股权资本成本)^n}$$

（3）三阶段增长模型。三阶段增长模型假设自由现金流量的增长分三个阶段，分别为高速增长阶段、增长递减阶段和后续增长阶段。三阶段增长模型如下：

假设预测期为 n，增长递减期为 m，则

$$\begin{aligned}股权价值&=高速增长期现金流量现值+增长递减期现金流量现值+后续期现金流量现值\\&=\sum_{t=1}^{n}\frac{高速增长期现金流量_t}{(1+股权资本成本)^t}+\sum_{t=n+1}^{n+m}\frac{增长递减期现金流量_t}{(1+股权资本成本)^t}\\&\quad+\frac{\dfrac{后续期现金流量_{n+m+1}}{股权资本成本-永续增长率}}{(1+股权资本成本)^{n+m}}\end{aligned}$$

2. 应用现金流量折现法计算公司价值

现金流量折现模型在计算公司价值时也可以分为三种类型：

（1）永续增长模型。

$$公司价值=\frac{下期公司现金流量}{加权平均资本成本-永续增长率}$$

（2）两阶段模型。

公司价值＝预测期现金流量现值＋后续期现金流量现值

假设预测期为 n，则

$$\begin{aligned}公司价值=&\sum_{t=1}^{n}\frac{公司现金流量_t}{(1+加权平均资本成本)^t}\\&+\frac{\dfrac{公司现金流量_{n+1}}{加权平均资本成本-永续增长率}}{(1+加权平均资本成本)^n}\end{aligned}$$

（3）三阶段模型。

公司价值＝高速增长期现金流量现值＋增长递减期现金流量现值
＋后续期现金流量现值

假设预测期为 n，增长递减期为 m，则

$$公司价值=\sum_{t=1}^{n}\frac{高速增长期公司现金流量_t}{(1+加权平均资本成本)^t}+\sum_{t=n+1}^{n+m}\frac{增长递减期公司现金流量_t}{(1+加权平均资本成本)^t}+\frac{\frac{后续期公司现金流量_{n+m+1}}{加权平均资本成本-永续增长率}}{(1+加权平均资本成本)^{n+m}}$$

计算公司价值使用的现金流量折现模型与计算股权价值使用的现金流量折现模型一样，只是选取的参数不同。计算公司价值时，分别使用公司现金流量和加权平均资本成本。由于公司自由现金流量包括股权自由现金流量和债权人现金流量，为此，折现率应选择与现金流量对应的加权平均资本成本。另外，公司自由现金流量的增长率与股权现金流量的增长率不同，前者不受财务杠杆等因素的影响。

例 8—4

已知华星公司预测期权益资本成本为 10%，债务资本成本为 5.5%，预测期平均资本结构为权益资本 55%，债务资本 45%；后续期权益资本成本为 9.416 6%，债务资本成本不变，后续期平均资本结构为权益资本 68%，债务资本 32%。该公司从第 11 年开始进入稳定增长期，增长率为 3%，计算过程显示在表 8—14 中。

表 8—14 华星公司的公司价值计算表 单位：万元

项目 \ 年度	5（现在）	6	7	8	9	10	11
公司自由现金流量	170.1	110.06	121.05	133.19	146.47	161.14	398.84
折现系数（8%）		0.925 9	0.857 3	0.793 8	0.735	0.680 6	
加权平均资本成本（%）		8	8	8	8	8	8.16
每期现金流量现值		101.9	103.78	105.73	107.66	109.67	
预测期公司价值	528.74						
后续期公司价值	5 260.67						
公司价值合计	5 789.41						

表 8—14 中的数据计算说明如下：

1）预测期使用的折现率(加权平均资本成本)＝10%×55%＋5.5%×45%＝8%

后续期使用的折现率(加权平均资本成本)＝9.416 6%×68%＋5.5%×32%＝8.16%

$$现值系数=\frac{1}{(1+i)^n}$$

2）预测期现金流量现值＝$\sum$（公司自由现金流量×折现率为 8%的复利现值系数）

3）$后续期现金流量现值=\frac{后续期第一年自由现金流量}{加权平均资本成本-永续增长率}\times$ 折现率为 8%的复利现值系数

$$=\frac{398.84}{8.16\%-3\%}\times 0.6806$$

$$=5\,260.67(\text{万元})$$

4）公司价值=528.74+5 260.67=5 789.41(万元)

二、经济利润法

(一) 经济利润

价值管理理论认为，只有当公司投入资本的回报超过公司资本成本时，才会创造价值，因此，公司价值应等于投资资本额加上相当于未来每年创造价值的现值。这里的未来每年创造价值的现值就是经济利润的现值。经济利润与公司价值的计算公式如下：

经济利润=息前税后利润－资本费用(债务成本与股权成本)

=息前税后利润－投资资本×加权平均资本成本率

=投资资本×(投资资本报酬率－加权平均资本成本率)

式中，投资资本是指公司在经营中投入的资本额，计算公式如下：

投资资本=权益资本投入额+债务资本投入额

=股东权益+全部付息债务

=营运资本+长期资产净值－无息长期负债

公司价值=投资资本+预计经济利润的现值

从经济利润模型中可以看出，公司价值的直接驱动因素包括投资资本规模、息前税后利润和资本成本水平，价值分析时应重点关注这些因素的变动及其原因。

(二) 经济利润法的分析程序

经济利润法的分析程序与现金流量折现法基本相同，但需要注意以下几个问题。

1. 确定预测期

经济利润的折现期必须有具体时限，因此，这种评估方法通常要将整个时期分为预测期和后续期两个阶段。

假设预测期为 n，则

$$\text{后续期经济利润现值}=\frac{\dfrac{\text{经济利润}_{n+1}}{\text{加权平均资本成本}-\text{永续增长率}}}{(1+\text{加权平均资本成本})^{n}}$$

此时，

公司价值＝投资资本＋预测期经济利润现值＋后续期经济利润现值

2. 确定预测期内经济利润

不同主体有不同的经济利润计算方法，要明确是计算股权价值，还是计算公司整体价值。

3. 确定折现率

不同的投资资本有不同的资本收益要求，因此，折现率的选择要与经济利润的内涵保持一致。

4. 确定投资资本

这里的投资资本是指预测期初的投资资本。由于投资资本于预测期初发生，因而投资资本本身价值或账面价值与其现值相同，通常可将投资资本的账面价值直接作为公司价值的组成部分。

5. 计算公司价值

例 8—5

下面仍以华星公司为例说明经济利润法的应用（见表 8—15）。

表 8—15　　使用经济利润法计算华星公司的公司价值　　单位：万元

项目 \ 年度	5（现在）	6	7	8	9	10	11
息前税后利润	284.4	337.26	370.97	408.09	448.89	493.79	508.6
加权平均资本成本（%）		8	8	8	8	8	8.16
投资资本	2 272	2 499.2	2 749.12	3 024.02	3 326.44	3 659.09	3 768.85
资本费用		199.94	219.93	241.92	266.12	292.72	307.54
经济利润		137.32	151.04	166.17	182.77	201.07	201.06
折现系数			0.857 3	0.793 8	0.735	0.680 6	
预测期经济利润现值	659.73	127.14	129.49	131.91	134.34	136.85	
后续期经济利润现值	2 651.97					3 896.51	
公司价值	5 583.7						

表 8—15 中有关项目的计算如下：

以第 6 年为例，

投资资本＝股东权益＋短期借款＋长期有息负债

＝2 499.2(万元)

资本费用＝2 499.2×8％＝199.94(万元)

经济利润＝337.26－199.94＝137.32(万元)

$$后续期经济利润现值=\frac{201.06}{8.16\%-3\%}\times 0.680\,6$$

$$=2\,651.97(万元)$$

公司价值＝投资资本＋预测期经济利润现值＋后续期经济利润现值

＝2 272＋659.73＋2 651.97＝5 583.7(万元)

三、相对价值法

相对价值法认为，可以通过与可比公司价值对比的方法确定公司价值。应用该方法有两个条件：一是存在一个决定市场价值的变量，比如每股收益、每股净资产、每股收入等；二是同行业中的其他公司可以作为目标公司的参照物，市场对这些参照物的定价是公平的。常用的价格比有市盈率（每股市价/每股收益）、市净率（每股市价/每股净资产）和市价收入比（每股市价/每股收入）。基本公式如下：

公司价值＝可比公司价格比×目标公司基数

（一）相对价值法的分析程序

使用相对价值法分析公司价值的基本步骤如下：

1. 选择适宜的价格比

对同一目标公司，选择不同的价格比所得出的结果可能是不同的，甚至相差很大，因此，必须结合目标公司的基数选择适宜的价格比。这些基数应该是决定市场价值的变量，如收益、收入等。选择的标准主要有两个：一是相关性，通常选择与公司股票价格相关程度最高的价格比；二是可靠性，即所选择的数据比较可靠。

2. 选择可比公司

选择可比公司的目的是用可比公司价格比计算目标公司的价值。通常情况下，可比公司与目标公司处于同一行业，同时，还要考虑诸如资本结构、竞争性质、管理水平等其他重要因素。有两种选择方法：一是对该行业中所有公司的选定价格比进行平均；二是选择本行业中最具相似性的公司。

3. 根据可比公司的实际数据计算价格比

选定可比公司后，可以使用可比公司历史价格比，并根据预测增长率进行修正。

4. 预测目标公司价格比基数

价格比基数是指与选定价格比的分母含义完全一致的目标公司的基础数据，如每股收益、每股净资产、每股收入等。

5. 计算目标公司的价值

将选定的价格比数值与预测的价格比基数相乘，就可以得出目标公司价值。

(二) 相对价值法的主要模型及价值驱动因素

相对价值法应用的模型有两大类：一类是以股票价格为基础的模型，包括市盈率模型、市净率模型和收入乘数模型；另一类是以公司价值为基础的模型，包括公司价值息前税后利润比模型、公司价值公司现金流量比模型。实际应用时以股票价格为基础的模型比较容易获取信息。

1. 市盈率模型

市盈率是以普通股每股市价除以每股收益得出的倍数，反映投资人愿意为每股收益支付的价格，代表了市场对公司的期望。模型如下：

$$\text{目标公司每股价值}=\text{可比公司平均市盈率}\times\text{目标公司每股收益}$$

使用市盈率模型的优点是市盈率指标容易取得，计算简单；同时，市盈率指标反映了市场对公司的预期，而市场对公司预期的依据是公司的风险程度、增长率、股利分配政策等，所以，该指标具有很强的综合性。采用市盈率模型的不足之处在于：如果是亏损公司，市盈率就失去了意义。其次，市盈率本身有时并不反映真实情况，股价高低除了受公司本身基本面的影响，还受到整个宏观经济状况的影响。经济繁荣时，市盈率上升；经济衰退时，市盈率下降。

价值分析的真正目的是找出价值的驱动因素，而不仅仅是计算公司价值。市盈率的驱动因素有哪些？依据股利增长模型（该模型假设股利支付率不变，股利增长率与每股收益增长率相同），权益资本成本的计算公式为：

$$\text{权益资本成本}=\frac{\text{预期年股利}}{\text{普通股市价}}+\text{股利增长率}$$

将上式变形：

$$\text{普通股市价}=\frac{\text{预期年股利}}{\text{权益资本成本}-\text{股利增长率}}$$

将等式两边同时除以每股收益，等式左边变为市盈率，右边可以推导为：

$$市盈率=\frac{\frac{预期年股利}{每股收益}}{权益资本成本-股利增长率}$$

$$=\frac{\frac{基期每股收益\times(1+每股收益增长率)\times股利支付率}{每股收益}}{权益资本成本-股利增长率}$$

$$=\frac{普通股股利支付率\times(1+股利增长率)}{权益资本成本-股利增长率}$$

从上面的公式可以看出驱动市盈率的关键因素是股利增长率、股利支付率和公司的风险程度。上述分析的意义在于：一是帮助分析人员将这些关键因素在可比公司与目标公司间对比，以便合理选择可比公司；二是帮助分析人员运用基本数据估计目标公司的市盈率，寻找影响公司价值的相关因素与深层原因。

例 8—6

某公司 2012 年的每股收益为 0.6 元，股利为 0.3 元，股票的β系数为 0.9，无风险收益率为 3%，市场平均收益率为 10%，收益与股息的预期增长率为 5%，公司股票市场价格为 8.5 元。

$$股利支付率=\frac{0.3}{0.6}\times100\%=50\%$$

$$权益资本成本=3\%+0.9\times(10\%-3\%)=9.3\%$$

由于收益与股息的预期增长率为 5%，因此

$$利用基本数据计算的公司市盈率=\frac{50\%\times(1+5\%)}{9.3\%-5\%}=12.21$$

$$实际市盈率=\frac{8.5}{0.6}=14.17$$

结果说明公司股价被高估。

2. 市净率模型

市净率是用普通股每股市价除以每股净资产得出的倍数，反映投资人愿意为每股净资产支付的价格。模型如下：

$$目标公司每股价值=可比公司平均市净率\times目标公司每股净资产$$

市净率模型的优点是有广泛的适用性，亏损公司不能使用市盈率模型，但可以使用市净率模型，除非净资产也为负值。市净率模型的不足之处在于，账面价值容易受到会计政策选择与会计估计的影响，会失去可比性。另外，资产规模很小的服务业和高科技公司，净资产与公司价值的相关程度不高，使用市

净率的意义不大。因此，这种模型主要适用于拥有大量资产、净资产为正值的公司。

依据股利增长模型，推导的市净率驱动因素公式如下：

原式：

$$普通股市价=\frac{预期年股利}{权益资本成本-股利增长率}$$

将原式两边同时除以每股净资产，等式左边变为市净率，右边可以推导为：

$$市净率=\frac{\dfrac{基期每股股利\times(1+股利增长率)}{每股净资产}}{权益资本成本-股利增长率}$$

$$=\frac{\dfrac{基期每股股利}{每股收益}\times\dfrac{每股收益}{每股净资产}\times(1+股利增长率)}{权益资本成本-股利增长率}$$

$$=\frac{净资产收益率\times股利支付率\times(1+股利增长率)}{权益资本成本-股利增长率}$$

从上面的公式可以看出，驱动市净率的关键因素是净资产收益率、股利增长率、股利支付率和公司的风险程度。

3. 收入乘数模型

收入乘数是用每股市价除以每股营业收入得出的倍数。模型如下：

目标公司每股价值=可比公司平均收入乘数×目标公司每股营业收入

采用收入乘数模型的最大优点是收入乘数不会出现负值，对于亏损公司和资不抵债的公司，也可以计算出一个有意义的价值乘数。但是收入乘数不能反映成本的变化，而成本是影响公司现金流量和价值的重要因素之一。因此，这种模型更适用于营业成本率较低的服务类公司，或者营业成本率相近的公司。

依据股利增长模型，推导的收入乘数驱动因素公式如下：

原式：

$$普通股市价=\frac{预期年股利}{权益资本成本-股利增长率}$$

将原式两边同时除以每股营业收入，等式左边变为收入乘数，右边可以推导为：

$$收入乘数=\frac{\dfrac{基期每股股利\times(1+股利增长率)}{每股营业收入}}{权益资本成本-股利增长率}$$

$$=\frac{\dfrac{\text{基期每股股利}}{\text{每股收益}}\times\dfrac{\text{每股收益}}{\text{每股营业收入}}\times(1+\text{股利增长率})}{\text{权益资本成本}-\text{股利增长率}}$$

$$=\frac{\text{销售净利率}\times\text{股利支付率}\times(1+\text{股利增长率})}{\text{权益资本成本}-\text{股利增长率}}$$

从上面的公式可以看出，驱动收入乘数的关键因素是销售净利率、股利增长率、股利支付率和公司的风险程度。

（三）相对价值法的应用

应用相对价值法应选择一组同行业的上市公司，计算出它们的平均市价比率，作为估计目标公司价值的乘数。选择同业公司时，应首先分析市价比率，寻找那些与目标公司有相同特征的公司，对关键驱动因素要给予格外重视，如增长率、净资产收益率、销售净利率、股利支付率和风险因素。

例 8—7

华星公司 2012 年每股收益 1.13 元，每股净资产 4.17 元，每股营业收入 8.40 元，股票市价 11.60 元。可比公司 A，B，C 的有关资料如表 8—16 所示。

表 8—16　　可比公司相关数据

项　目	华星公司	A 公司	B 公司	C 公司	A，B，C 公司平均值
市盈率	10.27	10.0	8.9	9.0	9.3
市净率	2.78	1.9	1.7	1.8	1.8
收入乘数	1.38	1.20	1.06	1.13	1.13

通过分析影响市盈率、市净率和收入乘数的关键因素，假设在市场平均值基础上，该公司市盈率被低估 6%，市净率被低估 8%，收入乘数居市场平均水平。使用相对价值法计算华星公司的价值，并说明该公司股票是否被市场低估。

经调整计算的市盈率、市净率分别为：

调整后的市盈率＝9.3×(1＋6%)＝9.858

调整后的市净率＝1.8×(1＋8%)＝1.944

按调整后的市盈率、市净率和平均收入乘数计算的公司价值分别为：

按调整后市盈率计算的公司价值＝9.858×1.13＝11.14(元/股)

按调整后市净率计算的公司价值＝1.944×4.17＝8.11(元/股)

按收入乘数计算的公司价值＝1.13×8.40＝9.49(元/股)

计算结果表明，上述计算的股票价值均低于华星公司股票市价，说明股票价值被市场略微高估。

本章小结

只有通过综合财务分析才可能对公司的经营业绩和公司价值做出逻辑一致、系统有序的客观评价。财务报表分析所得到的信息只能对公司价值做出定性评价，如果要定量进行公司价值评估，还需要通过一定的模型，结合公司的行业发展与战略对公司未来现金流量进行预测。

综合财务分析方法主要有杜邦分析法、沃尔比重评分法、综合评分法等。

公司价值评估是财务报表分析的最基本目标之一，也是从事价值投资与价值管理的基本前提。利用财务报表进行公司分析与价值评估一般需要以下步骤：公司经营战略分析、会计分析、财务分析、业绩预测与价值评估。可见，利用财务报表进行公司价值评估所包含的工作内容远远超越了财务报表分析的工作内容。但是，无论如何，财务报表分析是公司分析与价值评估的基础。

利用财务报表进行价值评估的方法很多，本章主要介绍了常用的三种方法：基于现金流量的价值评估（也称为现金流量折现法）、基于盈利的经济利润价值评估（也称为经济利润法）和基于价值倍数的价值评估（也称为相对价值法）。

思考与练习

一、单项选择题

1. 杜邦分析法的核心指标是（　　）。

A. 总资产净利率　　B. 净资产收益率

C. 销售净利率　　D. 总资产周转率

2. 在杜邦分析法中，假设其他情况相同，下列说法中错误的是（　　）。

A. 权益乘数大则风险大　　B. 权益乘数大则权益净利率大

C. 权益乘数等于股东权益比率的倒数　　D. 权益乘数大则资产净利率大

3. 能够反映企业业务所产生的，可以向所有资本供应者提供的现金流量是（　　）。

A. 自由现金流量　　B. 经营活动现金流量

C. 现金及现金等价物净增加额　　D. 净现金流量

4. 下列评估方法中不属于折现法的是（　　）。

A. 以会计收益为基础的价值评估　　B. 以现金流量为基础的价值评估

C. 以经济利润为基础的价值评估　　D. 以价格比为基础的价值评估

5. 在经济利润模型中，全部投资资本是指（　　）。

A. 所有者权益＋全部付息债务

B. 流动资产－无息流动负债＋长期资产净值－无息长期负债

C. 所有者权益＋全部无息债务

D. 流动资产＋长期资产净值＋长期负债

6. 若某公司保持目标资本结构资产负债率 40%，预计净利润为 200 万元，预计未来年度需要增加的营运资本为 50 万元，需要增加的资本支出为 100 万元，折旧摊销为 40 万元，则未来的股权现金流量为（　　）万元。

A. 127　　B. 110　　C. 50　　D. 134

二、多项选择题

1. 影响总资产净利率的因素主要有（　　）。

A. 产品的价格　　B. 单位成本的高低

C. 销售量　　D. 总资产周转率

E. 资本结构

2. 从杜邦分析图中可以发现，提高净资产收益率的途径在于（　　）。

A. 使销售收入增幅高于成本费用增幅

B. 减少公司的销货成本或销售费用

C. 提高总资产周转率

D. 在不危及企业财务安全的前提下，扩大债务规模，提高负债比率

E. 增加现金储备

3. 从经济利润模型可以看出，公司价值的直接驱动因素包括（　　）。

A. 投资资本规模　　B. 息前税后利润

C. 资本成本水平　　D. 资产周转率

E. 利润增长率

4. 运用现金流量折现法进行公司价值评估，应考虑的因素有（　　）。

A. 预测期长短　　B. 折现率

C. 预测期之后每年的现金流量　　D. 预测期每年的现金净流量

E. 每年现金流量的变化幅度

5. 运用现金流量永续增长公式估计公司连续价值的前提是（　　）。

A. 正确预测预测期后第一年的现金净流量

B. 连续价值期间内现金增长率不变

C. 预期现金流量增长率大于资本成本

D. 预期现金流量增长率小于资本成本

E. 预期现金流量增长率等于资本成本

6. 运用以经济利润为基础的公司价值评估法进行评估，公司价值等于（ ）。

A. 预测期经济利润现值＋后续期经济利润现值

B. 投资资本＋预计创造的超额收益现值

C. 投资资本＋预测期经济利润现值＋后续期经济利润现值

D. 投资资本＋预测期经济利润现值＋连续价值

E. 投资资本＋预测期经济利润现值

7. 以下关于经济利润的计算公式中，正确的有（ ）。

A. 所有者权益×(净资产收益率－股权资本成本)

B. 息前税后利润－资本费用

C. 税后利润－资本费用

D. 税后利润－股权资本费用

E. 总资产×(净资产收益率－股权资本成本)

8. 运用以价格比为基础的价值评估方法，通常可以选择的价格比有（ ）。

A. 每股价格与每股收益比

B. 每股价格与每股资产比

C. 每股价格与每股成本比

D. 每股价格与每股销售比

E. 每股价格与每股股利比

9. 驱动收入乘数的关键因素是（ ）。

A. 销售净利率

B. 收入增长率

C. 股利支付率

D. 企业的风险程度

E. 折现率

10. 就公司自由现金流量模型看，可增加公司价值的是（ ）。

A. 增加现有资产的现金流量

B. 提高现金流量增长率

C. 延长高速增长期

D. 优化融资决策和资本结构管理

E. 增加投资

三、判断题

1. 净资产收益率反映的获利能力是企业经营能力、财务决策能力和筹资方式等各种因素综合作用的结果。（ ）

2. 如果息前税后利润大于投资各方期望的报酬，经济利润必然大于零，公司的价值将增加；如果息前税后利润小于投资各方期望的报酬，公司的价值将减少。（ ）

3. 如果两个公司未来各年的净收益完全相同，那么这两个公司的价值相同。（ ）

4. 要运用现金流量折现法评估公司的价值，必须取得公司现金净流量的信息，而不是公司所有者现金流量的信息。 （ ）

5. 以现金净流量为基础的评估方法比以会计收益为基础的评估方法更科学，是因为它考虑了资本支出时间不同对资本收益的影响。 （ ）

6. 利用市净率模型估计公司价值，在选择可比公司时，应考虑的因素要比市盈率模型多一个，即股东权益报酬率。 （ ）

四、名词解释

1. 杜邦分析法
2. 沃尔比重评分法
3. 综合评分法
4. 自由现金流量
5. 经济利润
6. 相对价值法

五、简述题

1. 简述怎样利用杜邦分析图进行公司财务分析。
2. 简述杜邦分析法有哪些缺陷。
3. 简述综合评分法的局限性。
4. 简述与现金流量折现法相比，经济利润法在评估公司价值时的优缺点。

六、计算与分析题

1. 练习杜邦分析法的运用

资料：某公司 2012 年的销售额为 500 万元，比上年提高 28%，有关的财务比率如下表所示。

财务比率	2011 年同业平均	2011 年本公司	2012 年本公司
应收账款回收期（天）	35	36	36
存货周转率	2.5	2.59	2.11
销售毛利率（%）	38	40	40
销售（营业）利润率（息税前）（%）	10	9.60	10.63
销售利息率（%）	3.73	2.40	3.82
销售净利率（%）	6.27	7.20	6.81
总资产周转率（%）	1.14	1.11	1.07
固定资产周转率（%）	1.40	2.02	1.82
资产负债率（%）	58	50	61.30
利息保障倍数	2.68	4.00	2.78

备注：该公司处于免税期。

要求：

(1) 运用杜邦分析法，比较 2011 年公司与同业平均的净资产收益率，定性分析其产生差异的原因。

(2) 运用杜邦分析法，比较公司 2012 年与 2011 年的净资产收益率，定性分析其产生差异的原因。

2. 练习沃尔比重评分法的运用

资料：下表列示了某企业财务比率的相关数据。

财务比率	比重	标准比率	实际比率	相对比率	评分
流动比率	25	2.00	1.80		
$\frac{净资产}{负债}$	25	1.50	2.15		
$\frac{资产}{固定资产}$	15	2.50	3.22		
$\frac{销售成本}{存货}$	10	8	9.05		
$\frac{销售额}{应收账款}$	10	6	8.36		
$\frac{销售额}{固定资产}$	10	4	2.51		
$\frac{销售额}{净资产}$	5	3	1.78		
合计	100				

要求：利用沃尔比重评分法进行计算并将结果填入上表内。

案例讨论

贵州茅台隐瞒利润了吗？

2009 年 3 月 25 日，贵州茅台（600519）公布了年报：2008 年实现营收 82.42 亿元，同比增长 13.88%；实现净利润 37.99 亿元，同比增长 34.22%。这份业绩看上去相当不错，同行业的五粮液（000858）净利润同比只增长了 23.27%。另据 Wind 资讯统计，3 月 30 日前已公布年报的 710 家 A 股上市公司中，只有 389 家的净利润同比有所增加，增幅在 30%以上的公司只有 187 家，仅占 26.34%。

虽然如此，年报公布后，贵州茅台的股价表现却不能令人满意。在分析贵州茅台的过程中，投资者及媒体痛感公司信息披露不足，且有盈余管理乃至舞弊之嫌，这为判断公司内在价值设置了严重障碍。其玄机尽在预收账款的大幅波动。

按贵州茅台公布的业绩推算，2008 年四季度每股收益仅为 0.70 元。不过，投资者另有一本账，“2008 年末，茅台预收账款高达 29.4 亿元，不仅较 2008 年三季度末 9.4 亿元的预收账款大幅上升 20 亿元，而且是 2007 年底 11.3 亿元预收账款的 2.6 倍。也就是说，如果茅台将 2008 年的预收账款维持在 2007 年年底的水平，2008 年四季度销售收入将达到 35.7 亿元，按 2008 年茅台 48%的净利润率计算，每股收益将高达 1.8 元”。按这个算法，贵州茅台 2008 年的每股收益为 5.13 元，而不是公司公布的 4.33 元。

市场如此在意贵州茅台的预收账款问题，恐怕与公司 2007 年预收账款大幅减少使业绩大幅超出市场预期有关。2007 年末，贵州茅台的预收账款由上一年的 21.41 亿元减少到 11.25 亿元，降幅为 47.45%，公司方面的解释是“主要是加强了物流管理，按计划给经销商发货所致”。

时隔一年，贵州茅台的预收账款又猛增了 160.93%，公司方面照样有理由解释，“主要是经销商预付的货款增加所致”。不过，2008 年贵州茅台为什么没有按计划给经销商发货呢？

贵州茅台董事长袁仁国的一番话可以视为对上述问题的回答，“（贵州茅台为了应对消费终端销售量下降的情况）要求经销商先打款预买酒……茅台酒一般是款到立即发货。这次预买的酒，茅台是一个月一个月地发货，目的是限量保价”。

一位分析师在研究报告中称，“经销商反映，2008 年 11 月中旬以后的货物基本上是 2009 年才开票的”。另一位分析师说，“出于业绩平滑考虑，自 2008 年 11 月下旬起公司出货已转开次年发票”。

尽管两位分析师的说法略有不同，但相同之处是他们都认为贵州茅台 2008 年 12 月销售出去的酒开的是 2009 年的发票，也就是说，公司方面确实是在平滑业绩。

对贵州茅台平滑业绩的动机，乐观者认为，“茅台公司有意往后挪业绩可能与两个因素有关：2008 年集团公司已完成百亿销售收入的目标；确保未来业绩持续较快增长”。而悲观者则认为：“为 2009 年的业绩稳定增长埋下伏笔，也从侧面表明公司对于未来行业景气度的判断。”

Wind 资讯提供的资料显示，在贵州茅台公布年报后，有 11 家券商发布了它们的评级，其中 8 家维持原评级，3 家下调了评级。

贵州茅台有关财务数据资料如下表所示：

贵州茅台公司合并资产负债表　　单位：元

项　目	2009 年	2010 年	2011 年	2012 年
流动资产：				
货币资金	9 743 152 155.24	12 888 393 889.29	18 254 690 162.04	22 061 999 850.17

续前表

项目	2009 年	2010 年	2011 年	2012 年
应收票据	380 760 283.20	204 811 101.20	252 101 396.08	204 079 117.80
应收账款	21 386 314.28	1 254 599.91	2 225 396.48	17 818 147.27
预付款项	1 203 126 087.16	1 529 868 837.52	1 861 027 424.03	3 872 870 407.89
应收利息	1 912 600.00	42 728 425.34	225 182 760.05	264 612 813.22
其他应收款	96 001 483.15	59 101 891.63	47 287 488.89	137 968 684.11
存货	4 192 246 440.36	5 574 126 083.42	7 187 117 552.86	9 665 727 593.42
一年内到期的非流动资产	17 000 000.00			
流动资产合计	15 655 585 363.39	20 300 284 828.31	27 829 632 180.43	36 225 076 613.88
非流动资产：				
持有至到期投资	10 000 000.00	60 000 000.00	60 000 000.00	50 000 000.00
长期股权投资	4 000 000.00	4 000 000.00	4 000 000.00	4 000 000.00
固定资产	3 168 725 156.29	4 191 851 111.97	5 426 012 349.61	6 807 333 231.09
在建工程	193 956 334.39	263 458 445.10	251 446 326.43	392 672 323.95
工程物资	24 915 041.53	18 528 802.46	4 918 294.64	2 676 942.59
无形资产	465 550 825.17	452 317 235.72	808 425 512.33	862 615 899.20
长期待摊费用	21 469 624.81	18 701 578.16	13 805 361.44	10 177 029.43
递延所得税资产	225 420 802.14	278 437 938.97	502 628 950.53	643 656 913.32
非流动资产合计	4 114 037 784.33	5 287 295 112.38	7 071 236 794.98	8 773 132 339.58
资产总计	19 769 623 147.72	25 587 579 940.69	34 900 868 975.41	44 998 208 953.46
流动负债：				
应付账款	139 121 352.45	232 013 104.28	172 343 585.06	345 280 977.68
预收款项	3 516 423 880.20	4 738 570 750.16	7 026 648 776.80	5 091 386 269.55
应付职工薪酬	463 948 636.85	500 258 690.69	577 522 908.06	269 657 755.58
应交税费	140 524 984.34	419 882 954.10	788 080 887.25	2 430 093 461.38
应付股利	137 207 662.62	318 584 196.29		
其他应付款	710 831 237.05	818 880 550.55	916 123 206.95	1 389 984 092.02
流动负债合计	5 108 057 753.51	7 028 190 246.07	9 480 719 364.12	9 526 402 556.21
非流动负债：				
专项应付款	10 000 000.00	10 000 000.00	16 770 000.00	17 770 000.00
非流动负债合计	10 000 000.00	10 000 000.00	16 770 000.00	17 770 000.00
负债合计	5 118 057 753.51	7 038 190 246.07	9 497 489 364.12	9 544 172 556.21
股东权益：				
股本	943 800 000.00	943 800 000.00	1 038 180 000.00	1 038 180 000.00
资本公积	1 374 964 415.72	1 374 964 415.72	1 374 964 415.72	1 374 964 415.72
盈余公积	1 585 666 147.40	2 176 754 189.47	2 640 916 373.35	3 036 434 460.46
未分配利润	10 561 552 279.69	13 903 255 455.61	19 937 119 181.96	28 700 075 247.50
归属于母公司所有者权益合计	14 465 982 842.81	18 398 774 060.80	24 991 179 971.03	34 149 654 123.68
少数股东权益	185 582 551.40	150 615 633.82	412 199 640.26	1 304 382 273.57
所有者权益合计	14 651 565 394.21	18 549 389 694.62	25 403 379 611.29	35 454 036 397.25
负债和所有者权益总计	19 769 623 147.72	25 587 579 940.69	34 900 868 975.41	44 998 208 953.46

贵州茅台公司合并利润表 单位：元

项　目	2009年	2010年	2011年	2012年
一、营业总收入	9 669 999 065.39	11 633 283 740.18	18 402 355 207.30	26 455 335 152.99
其中：营业收入	9 669 999 065.39	11 633 283 740.18	18 402 355 207.30	26 455 335 152.99
二、营业总成本	3 595 688 001.93	4 472 846 560.68	6 069 573 782.22	7 627 698 585.34
其中：营业成本	950 672 855.27	1 052 931 591.61	1 551 233 976.06	2 044 306 468.76
营业税金及附加	940 508 549.66	1 577 013 104.90	2 477 391 798.01	2 572 644 755.42
销售费用	621 284 334.75	676 531 662.09	720 327 727.89	1 224 553 444.02
管理费用	1 217 158 463.04	1 346 014 202.04	1 673 872 427.75	2 204 190 581.13
财务费用	−133 636 115.78	−176 577 024.91	−350 751 496.92	−420 975 922.49
资产减值损失	−300 085.01	−3 066 975.05	−2 500 650.57	2 979 258.50
投资收益（损失以“—”号填列）	1 209 447.26	469 050.00	3 383 000.00	3 103 250.00
三、营业利润（亏损以“—”号填列）	6 075 520 510.72	7 160 906 229.50	12 336 164 425.08	18 830 739 817.65
加：营业外收入	6 247 977.00	5 307 144.91	7 181 584.54	6 756 532.19
减：营业外支出	1 228 603.08	3 796 643.04	8 685 535.82	137 005 880.68
四、利润总额（亏损总额以“—”号填列）	6 080 539 884.64	7 162 416 731.37	12 334 660 473.80	18 700 490 469.16
减：所得税费用	1 527 650 940.64	1 822 655 234.40	3 084 336 666.18	4 692 039 766.99
五、净利润（净亏损以“—”号填列）	4 552 888 944.00	5 339 761 496.97	9 250 323 807.62	14 008 450 702.17
归属于母公司所有者的净利润	4 312 446 124.73	5 051 194 218.26	8 763 145 910.23	13 308 079 612.88
少数股东损益	240 442 819.27	288 567 278.71	487 177 897.39	700 371 089.29
六、每股收益：				
（一）基本每股收益	4.57	5.35	8.44	12.82
（二）稀释每股收益	4.57	5.35	8.44	12.82

贵州茅台公司合并现金流量表 单位：元

项　目	2009年	2010年	2011年	2012年
一、经营活动产生的现金流量：				
销售商品、提供劳务收到的现金	11 756 243 820.83	14 938 581 885.61	23 659 131 281.08	28 912 367 684.82
收到的税费返还	—	181 031.15	—	—
收到的其他与经营活动有关的现金	185 888 008.21	138 196 684.26	181 674 213.04	387 671 188.51

续前表

项　目	2009年	2010年	2011年	2012年
经营活动现金流入小计	11 942 131 829.04	15 076 959 601.02	23 840 805 494.12	29 300 038 873.33
购买商品、接受劳务支付的现金	1 557 075 938.70	1 669 804 222.04	2 353 687 717.48	2 707 393 653.33
支付给职工以及为职工支付的现金	1 229 305 038.48	1 492 813 443.35	1 925 571 991.79	2 953 919 072.54
支付的各项税费	4 160 350 102.49	4 885 737 303.37	8 286 279 154.84	10 170 840 319.22
支付的其他与经营活动有关的现金	771 463 605.18	827 128 112.69	1 126 701 940.48	1 546 575 218.99
经营活动现金流出小计	7 718 194 684.85	8 875 483 081.45	13 692 240 804.59	17 378 728 264.08
经营活动产生的现金流量净额	4 223 937 144.19	6 201 476 519.57	10 148 564 689.53	11 921 310 609.25
二、投资活动产生的现金流量：				
收回投资所收到的现金	25 000 000.00	17 000 000.00	—	10 000 000.00
取得投资收益所收到的现金	2 080 397.26	1 731 400.00	3 010 000.00	4 129 000.00
处置固定资产、无形资产和其他长期资产而收回的现金	—	—	41 600.00	79 000.00
收到的其他与投资活动有关的现金	—	56 315 726.51	212 533 826.84	340 299 568.00
投资活动现金流入小计	27 080 397.26	75 047 126.51	215 585 426.84	354 507 568.00
购建固定资产、无形资产和其他长期资产所支付的现金	1 356 601 530.09	1 731 913 788.52	2 184 528 163.11	4 211 900 807.91
投资所支付的现金	10 000 000.00	50 000 000.00	—	—
支付的其他与投资活动有关的现金	—	56 522 892.71	151 475 313.64	342 083 058.36
投资活动现金流出小计	1 366 601 530.09	1 838 436 681.23	2 336 003 476.75	4 553 983 866.27
投资活动产生的现金流量净额	−1 339 521 132.83	−1 763 389 554.72	−2 120 418 049.91	−4 199 476 298.27
三、筹资活动产生的现金流量：				
吸收投资所收到的现金	—	—	—	392 000 000.00
收到其他与筹资活动有关的现金	158 121.82	105 801.61	102 972.37	89 497.15

续前表

项目	2009 年	2010 年	2011 年	2012 年
筹资活动现金流入小计	158 121.82	105 801.61	102 972.37	392 089 497.15
分配股利利润或偿付利息所支付的现金	1 235 143 869.10	1 292 951 032.41	2 661 953 339.24	4 306 614 120.00
筹资活动现金流出小计	1 235 143 869.10	1 292 951 032.41	2 661 953 339.24	4 306 614 120.00
筹资活动产生的现金流量净额	−1 234 985 747.28	−1 292 845 230.80	−2 661 850 366.87	−3 914 524 622.85
四、汇率变动对现金的影响额				
五、现金及现金等价物净增加额	1 649 430 264.08	3 145 241 734.05	5 366 296 272.75	3 807 309 688.13
加：期初现金及现金等价物余额	8 093 721 891.16	9 743 152 155.24	12 888 393 889.29	18 254 690 162.04
六、期末现金及现金等价物余额	9 743 152 155.24	12 888 393 889.29	18 254 690 162.04	22 061 999 850.17

贵州茅台公司股利发放情况表

单位：元

项目	2009 年	2010 年	2011 年	2012 年
每股股利（元）	1.185	2.300	3.997	6.419

讨论

1. 请用杜邦分析法分析贵州茅台的净资产收益率的变动原因，并使用因素分析法分析各因素对净资产收益率的影响程度。

2. 结合现金流量分析贵州茅台的综合财务状况，并定性评价其价值。

3. 贵州茅台预收账款确认对公司价值评估会产生什么影响？

4. 假如你是投资者，你对贵州茅台的评价如何？假如你是银行风险控制人员，你对贵州茅台的评价又如何？

5. 请阐述财务报表分析在公司价值评估中的作用。

附录一

中国石油天然气股份有限公司合并资产负债表*

单位：百万元

项　目	2012年	2011年	2010年	2009年	2008年
流动资产					
货币资金	49 953	64 299	52 210	88 284	46 085
交易性金融资产					
应收票据	9 981	12 688	5 955	4 268	4 319
应收账款	64 450	53 822	45 005	28 785	16 810
预付账款	32 813	39 296	37 935	36 402	37 439
应收利息					
应收股利					
其他应收款	14 165	8 576	5 837	4 815	6 224
存货	214 117	182 253	134 888	114 781	90 685
一年内到期的非流动资产					
其他流动资产	32 561	24 486	8 050	18 378	25 894
流动资产合计	418 040	385 420	289 880	295 713	227 456
非流动资产					
可供出售金融资产	1 756	1 788	1 935	2 296	1 985
持有至到期投资					
长期应收款					
长期股权投资	79 615	70 275	63 546	27 562	28 000
投资性房地产					
固定资产	545 479	456 085	408 041	331 473	256 197
油气资产	733 583	644 605	590 484	519 459	473 090
在建工程	283 059	261 361	229 798	212 739	160 496

* 因四舍五入，个别数据存在误差。以下附录情况相同。

续前表

项　目	2012 年	2011 年	2010 年	2009 年	2008 年
工程物资	7 486	9 610	9 983	12 169	11 299
固定资产清理					
生产性生物资产					
无形资产	56 426	47 600	37 221	30 622	23 625
开发支出					
商誉	7 582	7 282	3 068	2 818	148
长期待摊费用	24 351	21 793	17 247	14 952	13 343
递延所得税资产	1 443	505	284	289	497
其他非流动资产	10 017	11 204	4 881	650	826
非流动资产合计	1 750 797	1 532 108	1 366 488	1 155 029	969 506
资产总计	2 168 837	1 917 528	1 656 368	1 450 742	1 196 962
流动负债					
短期借款	143 409	99 827	97 175	74 622	87 772
交易性金融负债					
应付票据	2 265	2 458	3 039	2 002	433
应付账款	278 427	232 618	209 015	156 760	118 286
预收款项	38 131	34 130	29 099	21 193	13 008
应付职工薪酬	4 161	5 991	5 696	5 105	6 377
应交税费	72 045	119 740	57 277	34 963	15 201
应付利息					
应付股利					
其他应付款	23 642	21 995	19 845	17 125	17 794
预计负债					
一年内到期的非流动负债	7 838	37 871	5 093	14 229	5 898
其他流动负债	4 830	5 408	3 497	62 554	882
流动负债合计	574 748	560 038	429 736	388 553	265 651
非流动负债					
递延收益					
长期借款	207 540	112 928	33 578	36 506	28 709
应付债券	86 234	67 747	97 774	48 965	4 143
长期应付款					
专项应付款					
预计负债	83 928	68 702	60 364	44 747	36 262
递延所得税负债	22 209	20 671	21 424	21 493	12 594
其他非流动负债	13 412	4 876	3 391	2 367	1 164
非流动负债合计	413 323	274 924	216 531	154 078	82 872
负债合计	988 071	834 962	646 267	542 631	348 523
股东权益					
股本	183 021	183 021	183 021	183 021	183 021

续前表

项　目	2012 年	2011 年	2010 年	2009 年	2008 年
资本公积	115 878	112 878	115 845	116 379	115 514
减：库存股					
一般风险准备（专项储备）	10 054	9 107	8 491	8 075	—
盈余公积	161 623	151 280	138 637	125 447	122 216
未分配利润	598 686	551 598	494 146	419 046	373 666
外币报表折算差额	－5 115	－4 999	－1 097	－4 186	－2 726
归属于母公司股东权益合计	1 064 147	1 002 885	939 043	847 782	791 691
少数股东权益	116 619	79 681	71 058	60 329	56 748
股东权益合计	1 180 766	1 082 566	1 010 101	908 111	848 439
负债和股东权益总计	2 168 837	1 917 528	1 656 368	1 450 742	1 196 962

附录二

中国石油天然气股份有限公司
合并利润表

单位：百万元

项　目	2012 年度	2011 年度	2010 年度	2009 年度	2008 年度
营业收入	2 195 296	2 003 843	1 465 415	1 019 275	1 072 604
减：营业成本	1 634 819	1 425 284	970 209	633 100	684 637
营业税金及附加	246 078	258 027	177 666	129 756	116 476
销售费用	55 032	52 946	57 655	48 210	46 285
管理费用	83 936	77 124	63 417	57 213	53 303
财务费用	16 824	9 816	6 017	5 192	2 324
资产减值损失	1 963	8 759	4 408	2 448	24 784
加：投资收益	8 787	12 630	7 043	1 409	4 725
营业利润	165 431	184 517	193 086	144 765	149 520
加：营业外收入	11 578	9 480	4 162	3 681	18 073
减：营业外支出	10 199	9 721	8 054	8 679	6 309
利润总额	166 810	184 276	189 194	139 767	161 284
减：所得税费用	36 192	38 269	38 519	33 389	35 187
净利润	130 618	146 007	150 675	106 378	126 097
归属于：母公司股东	115 323	132 984	139 871	103 173	113 820
少数股东	15 295	13 023	10 804	3 205	12 277
每股收益					
基本每股收益	0.63	0.73	0.76	0.56	0.62
稀释每股收益	0.63	0.73	0.76	0.56	0.62
其他综合收益（损失）	−42	−5 406	2 796	−3 347	−2 949
综合收益总额	130 576	140 601	153 471	103 031	123 148
归属于：母公司股东	115 337	129 078	143 065	101 853	112 411
少数股东	15 239	11 523	10 406	1 178	10 737

附录三

中国石油天然气股份有限公司
合并现金流量表

单位：百万元

项目	2012 年度	2011 年度	2010 年度	2009 年度	2008 年度
经营活动产生的现金流量					
销售商品、提供劳务收到的现金	2 552 815	2 332 019	1 699 461	1 190 291	1 255 128
收到的税费返还	3 966	3 974	616	2 212	14 270
收到其他与经营活动有关的现金	7 105	6 493	5 123	3 375	10 237
经营活动现金流入小计	2 563 886	2 342 486	1 705 200	1 195 878	1 279 635
购买商品、接受劳务支付的现金	1 704 242	1 529 811	957 898	603 992	725 616
支付给职工以及为职工支付的现金	108 031	96 866	82 737	67 310	67 389
支付的各项税费	433 420	345 082	270 819	191 803	255 722
支付其他与经营活动有关的现金	78 905	80 572	74 950	64 756	53 768
经营活动现金流出小计	2 324 598	2 052 331	1 386 404	927 861	1 102 495
经营活动产生的现金流量净额	239 288	290 155	318 796	268 017	177 140
投资活动产生的现金流量					
收回投资收到的现金	15 392	4 082	2 294	11 909	11 323
取得投资收益收到的现金	8 946	10 058	9 003	2 208	6 460

续前表

项　目	2012 年度	2011 年度	2010 年度	2009 年度	2008 年度
处置固定资产、油气资产、无形资产和其他长期资产收回的现金净额	607	837	849	4 079	473
处置子公司及其他营业单位收到的现金净额					
收到其他与投资活动有关的现金					
投资活动现金流入小计	24 945	14 977	12 146	18 196	18 256
购建固定资产、油气资产、无形资产和其他长期资产支付的现金	330 861	288 457	272 292	267 112	224 194
投资支付的现金	26 310	10 158	39 156	18 582	10 534
取得子公司及其他营业单位支付的现金净额					
支付其他与投资活动有关的现金					
投资活动现金流出小计	357 171	298 615	311 448	285 694	234 728
投资活动产生的现金流量净额	−332 226	−283 638	−299 302	−267 498	−216 472
筹资活动产生的现金流量					
吸收投资收到的现金	31 366	2 522	5 118	7 098	8 788
其中：子公司吸收少数股东投资收到的现金	31 366	2 522	5 118	7 098	8 788
取得借款收到的现金	575 558	471 072	271 022	225 456	157 916
收到其他与筹资活动有关的现金	2 417	389	297	398	158
筹资活动现金流入小计	609 341	473 983	276 437	232 952	166 862
偿还债务支付的现金	448 931	384 837	271 532	121 159	98 667
分配股利、利润或偿付利息支付的现金	84 806	78 430	62 899	57 755	60 506
子公司支付给少数股东的股利、利润	7 499	3 633	2 955	2 425	2 805
资本减少	21	1 239	2 368	671	3 754
支付其他与筹资活动有关的现金	227	218	582	290	158
筹资活动现金流出小计	533 985	464 724	337 381	179 875	163 085
筹资活动产生的现金流量净额	75 356	9 259	−60 944	53 077	3 777
汇率变动对现金及现金等价物的影响	−195	−313	234	179	−112

续前表

项 目	2012 年度	2011 年度	2010 年度	2009 年度	2008 年度
现金及现金等价物净增加额	−17 777	15 463	−41 216	53 775	−35 667
加：期初现金及现金等价物余额	61 172	45 709	86 925	33 150	68 817
期末现金及现金等价物余额	43 395	61 172	45 709	86 925	33 150

参考文献

[1] 张先治，陈友邦．财务分析．大连：东北财经大学出版社，2007

[2] 程隆云．财务报表分析．北京：经济科学出版社，2007

[3] 崔学刚．国际财务管理．北京：机械工业出版社，2009

[4] 谢志华．财务分析．北京：高等教育出版社，2008

[5] 陈力农．公司分析与价值评估．上海：上海财经大学出版社，2008

[6] 王立彦，崔学刚．现代公司财务管理．北京：电子工业出版社，2009

[7] 姜国华．财务报表分析与证券投资．北京：北京大学出版社，2008

[8] Krishna G. Palepu，Paul M. Healy，Victoy L. Bernard．运用财务报表进行企业分析与估价教材与案例．2 版．北京：中信出版社，2004

[9] 劳伦斯·雷夫辛等．财务报告与分析．2 版．北京：机械工业出版社，2004

[10] Stephen Penman．财务报表分析与证券定价．北京：中国财政经济出版社，2002

[11] 克蕾沙·G·帕利普等．经营分析与评价．大连：东北财经大学出版社，2008

[12] 罗伯特·C·希金斯等．财务管理分析．6 版．北京：北京大学出版社，2003

[13] 汤姆·科普兰等．价值评估——公司价值的衡量与管理．3 版．北京：电子工业出版社，2002

[14] 克莱德·P·斯蒂克尼等．财务报告与报表分析．4 版．北京：中信出版社，2004

[15] 阿斯沃思·达蒙德理．价值评估．北京：北京大学出版社，2003

[16] 中华人民共和国财政部. 企业会计准则. 北京：中国财政经济出版社，2006

[17] 中华人民共和国财政部. 企业会计准则——应用指南. 北京：中国财政经济出版社，2006

[18] 中国注册会计师协会. 财务成本管理. 北京：经济科学出版社，2008

[19]《证券市场周刊》2008、2009 年各期

[20]《首席财务官》2008、2009 年各期

图书在版编目（CIP）数据

财务报表分析/岳虹编著．—2版．—北京：中国人民大学出版社，2014.7
21世纪会计系列教材
ISBN 978-7-300-19629-9

Ⅰ.①财… Ⅱ.①岳… Ⅲ.①会计报表-会计分析-高等学校-教材 Ⅳ.①F231.5

中国版本图书馆CIP数据核字（2014）第144636号

21世纪会计系列教材
财务报表分析（第二版）
岳　虹　编著
Caiwu Baobiao Fenxi

出版发行	中国人民大学出版社		
社　　址	北京中关村大街31号	**邮政编码**	100080
电　　话	010－62511242（总编室）		010－62511770（质管部）
	010－82501766（邮购部）		010－62514148（门市部）
	010－62515195（发行公司）		010－62515275（盗版举报）
网　　址	http://www.crup.com.cn		
经　　销	新华书店		
印　　刷	北京昌联印刷有限公司	**版　　次**	2009年10月第1版
规　　格	185 mm×260 mm　16开本		2014年8月第2版
印　　张	18插页1	**印　　次**	2021年1月第17次印刷
字　　数	342 000	**定　　价**	32.00元

教师教学服务说明

中国人民大学出版社财会出版分社以出版经典、高品质的会计、财务管理、审计等领域各层次教材为宗旨。

为了更好地为一线教师服务，近年来财会出版分社着力建设了一批数字化、立体化的网络教学资源。教师可以通过以下方式获得免费下载教学资源的权限：

在中国人民大学出版社网站 www. crup. com. cn 进行注册，注册后进入"会员中心"，在左侧点击"我的教师认证"，填写相关信息，提交后等待审核。我们将在一个工作日内为您开通相关资源的下载权限。

如您急需教学资源或需要其他帮助，请在工作时间与我们联络：

中国人民大学出版社　财会出版分社

联系电话：010-62515987，62511076

电子邮箱：ckcbfs@crup. com. cn

通讯地址：北京市海淀区中关村大街甲 59 号文化大厦 1501 室（100872）

教师教学服务说明

[illegible]

[illegible]

[illegible]

[illegible]

[illegible]

[illegible]

[illegible]

[illegible]

[illegible]

[illegible]

[illegible]

[illegible]